Stephen Levine

Geleitete Meditationen

1. Auflage: 1995 / 3.000

Übersetzung: Matthias Wendt

CIP-Einheitsaufnahme

Levine, Stephen:
Geleitete Meditationen : Orientierung und Heilung / Stephen Levine. [Übers. Matthias Wendt. Bearb. Hans-Jürgen Zander]. – 1. Aufl. – Bielefeld : Context-Verl., 1995
Einheitssacht.: Guided meditations <dt.>
ISBN 3-926257-20-2
NE: Zander, Hans-Jürgen [Bearb.]

Bearbeitung: Hans-Jürgen Zander
Satz/Gestaltung: Context+ GmbH
Herstellung: Clausen & Bosse GmbH

Stephen Levine

Geleitete Meditationen

Orientierung und Heilung

Originaltitel:
Guided Meditations
– Explorations and Healings –

CONTEXT VERLAG

Inhalt

Vorwort

Als unser Verlag Ondrea und mir zum ersten Mal vorschlug, die am weitesten verbreiteten und während der letzten zwanzig Jahre in zahlreichen Artikeln und mehreren Büchern veröffentlichten Meditationen und Techniken zur Entwicklung heilenden Gewahrseins in einem einzigen Band zusammenzufassen, begrüßten wir diese Idee. Wir legten also unser neues Manuskript „In Liebe umarmen“ erst einmal zur Seite, um uns einer Aufgabe zu widmen, die uns auf den ersten Blick nicht allzu schwer erschien. Aber aufgrund der stetigen Ausweitung unserer Arbeit, der Entstehung neuer geleiteter Meditationen und der Weiterentwicklung früheren Materials erwies sich dieses Unterfangen als sehr viel umfassender und intensiver, als wir gedacht hatten. Zudem waren viele der bestehenden Techniken in den Jahren der Praxis, Beratungen und Workshops, die seit ihrem ersten Erscheinen vergangen waren, verfeinert worden. Beispielsweise ist die Mutterschoß-Meditation von einer Einzelübung zu drei verschiedenen, fortschreitenden Meditationen „herangereift“. Auch neue Meditationen der liebevollen Güte, des weichen Bauches, Achtsamkeits-, Schmerz-, Trauer-, Heil-, Widerstands- und Sterbe-Meditationen werden hier erstmals veröffentlicht. Und als ebenso neu erweist sich fast der gesamte Inhalt dieses Buches. Da es unsere Absicht ist, eine Art Handbuch über Techniken der Meditations-Unterweisung, der Beschäftigung mit dem Heilen und dem

Sterben zur Verfügung zu stellen, werden all jene, die unsere bisherigen Bücher *(WEGE DURCH DEN TOD – SEIN LASSEN – SCHRITTE ZUM ERWACHEN)* kennen, mit einigen dieser Meditationen und Inhalte bereits vertraut sein – gleichzeitig aber feststellen, daß sich ihre ursprüngliche Ausprägung weiter entfaltet hat. Dieses Buch soll Höhepunkt und Verfeinerung dieser „Techniken des Herzens“ sein. Wir verstehen sie als Experimente der „Heilung, für die wir Geburt annahmen“.

Einführung

Es werden derzeit viele bemerkenswerte psychologische Therapien und Heilmethoden angeboten, doch keine von ihnen kann dasselbe bewirken wie eine Meditationspraxis, die dich zu deiner tiefsten Wahrheit führt. Alle aber könnten durch die tiefere Klarheit und Kraft einer solchen Praxis an Wirkung gewinnen. Freud bekannte: „Meine Hilfe kann auch nur darin bestehen, eine neurotische Misere durch normales menschliches Unglücklichsein zu ersetzen." Dieses „normale menschliche Unglücklichsein" besteht in unserem einfachen, alltäglichen Kummer. Die heilende Arbeit aber, um deren Vollendung willen wir Geburt annahmen, besteht darin, jenem Kummer nicht mit Angst und Haß gegen uns selbst, sondern mit Erbarmen und liebevoller Güte zu begegnen. Wir könnten unseren Geist endlos damit beschäftigen, dem Gewirr der Konditionierungen, die unser Leben so verfälschen und komplizieren, entgegenzuwirken. Diese Arbeit ist hoch einzuschätzen, aber du darfst an diesem Punkt nicht aufhören. Der rationale Geist macht nur einen Teil unserer Unermeßlichkeit aus. Der Geist dringt auf eine Lösung und muß heftige Verwirrung erdulden. Das Herz jedoch bedarf nur einer Integration unseres Schmerzes in die Weite unseres wahren Wesens. Und das psychologische Dilemma, das unsere Aufmerksamkeit an das von ihm selbst produzierte Leid fesselt, kann leichter im Herzen des Erbarmens als im Geist der Furcht und Bewertung geheilt werden.

Wenn sich der Geist dem Herzen zuwendet, ist ein feines Geflüster zu vernehmen. Wir erfahren subtilere Aspekte des Daseins. Und im Geist erhebt sich die Frage: „Wie kann ich eine noch größere Tiefe erreichen?"

Der Aufbau dieses Buches stellt die Meditation liebevoller Güte an erste Stelle. Diese Wahl wurde bewußt getroffen, denn diese Meditation bietet die Grundlage für die innere wie auch die äußere Praxis. In ihrem Verlauf entwickelt sich eine beträchtliche Konzentration, indem sich mit dem Rhythmus der Atemzüge der leise Herzenswunsch nach Wohlergehen verbindet. Die Förderung dieser innigen Konzentration führt zu einem sich vertiefenden, teilnahmsvollen Gewahrsein – der Basis für eine spirituelle oder heilende Praxis.

Diese Meditation ist ein zweckmäßiger Weg, um die Konzentration zu entwickeln, welche für eine auf die Befreiung des Bewußtseins zielende Erforschung notwendig ist. Es ist jene Qualität der Konzentration, die das diffuse Licht des Geistes zu einer Brillanz bündelt, welche auch die subtilsten Nuancen der ablaufenden Geistesimpulse zu erhellen vermag. Eine solche Konzentration erlaubt dem Gewahrsein eine beständige Ausrichtung auf den Augenblick und auf die bevorstehenden Aufgaben. Auf diese Qualität wird zumeist Bezug genommen, wenn von „innerer Stärke" die Rede ist.

Im Verlauf meiner eigenen Praxis erhielt ich einmal von einem Lehrer eine blaue *kasina* (Meditationsscheibe), auf die ich mich täglich für einige Stunden ausrichten sollte, um meine Konzentrationsfähigkeit zu schärfen. Das Ziel war nicht, „den Kreis zu sehen", sondern vielmehr „unbeirrbar zum Blau zu werden". Nachdem ich dies einige Wochen geübt hatte, traf ich eine befreundete Heilerin, und als wir uns umarmten, sagte sie: „Wenn ich dich umarme, sehe ich nichts als Blau!" Ich dachte mir: „Warum meditiere ich eigentlich auf eine blaue Kasina, wenn ich doch meine Energien ebenso stark bei einer Meditation liebevoller Güte konzentrieren und den essentiellen Segen, der so dringend in der Welt gebraucht wird, ausstrahlen könnte? Warum begnüge ich mich mit einer Abweichung?"

Wenn man beginnt, die Meditation liebevoller Güte als ein Mittel einzusetzen, um den Geist im Herzen, oder genauer gesagt, das Herz *des* Geistes (die Essenz des Seins, reines Gewahrsein) zu konzentrieren, können die Worte „Möge ich glücklich sein – möge ich frei sein von Leid – möge ich Frieden erfahren" recht hilfreich sein. Die Worte sind ein Mittel der Hinwendung zu sich selbst, getragen von einer Fürsorge und einem Wohlwollen, dem wir nur selten begegnen, insbesondere bei uns selbst. Eine völlig neue Situation entsteht und ist durchaus nicht so einfach oder so geradlinig zu meistern, wie wir gehofft hatten. In uns regt sich vieles, was dieses nach innen gerichtete Erbarmen blockiert. Selbstbewertung, Furcht, Zweifel, tiefe Verneinung. Und so finden die Worte ihren Weg auf den Wellen des Atems. Der Geist wird durch die Worte zielgerichtet und durch das stetige Gewahrsein des Atems sensibilisiert. Atem und Worte verschmelzen im Herzen und führen den Geist zur Klarheit und heilenden Güte.

Gewahrsein läßt ein Gefühl der Präsenz entstehen. Konzentration festigt dieses Gefühl. Je konzentrierter der Geist, desto tiefer die Ruhe und desto umfassender auch das Gefühl reinen Seins. Es entsteht eine Gelassenheit gegenüber allem, was in uns abläuft, das leuchtende Gewahrsein aber nicht beflecken kann.

So ist die Meditation liebevoller Güte auf vielen Ebenen imstande, uns auf eine tiefergehende Praxis vorzubereiten. Sie fördert eine beachtliche Konzentration, indem sie die Objekte der Konzentration so konkret wie gesprochene Worte und so greifbar wie die groben Empfindungen des Atems macht, der an den Nasenlöchern vorüberstreicht. Sie ahmt im oberflächlichen Geist das Wesen des tiefen Herzens nach.

Anfangs versuchen wir, liebevolle Güte in uns zu erwecken. Später ist es dann die liebevolle Güte selbst, die *uns* erweckt. Auch im fortgeschrittenen Stadium ist die Entwicklung liebevoller Güte dazu geeignet, unseren Weg zu ebnen. Während sich das Gewahrsein vertieft, ermöglicht sie verdrängten Inhalten, in einem weitherzigen Bewußtsein in Erscheinung zu treten. Wenn die Achtsamkeitspraxis aus dieser konzentrierten Präsenz hervorgeht, wird uns vieles bewußt, was bis dahin verborgen blieb. Und wir nehmen jede sich uns bietende Hilfe an, um für die Dinge offen bleiben zu können, denen wir uns so lange verschlossen hatten. Denn wenn sich das Ungeliebte in einem Raum liebevoller Güte entfalten kann, begegnen wir dem Augenblick nicht mehr furchtsam, sondern sind fasziniert und dankbar, ja sogar erfreut über diese oft beschwerliche Heilung. Liebevolle Güte stellt eine ideale Vorbereitung auf den Kampf dar. Später wird sich erweisen, daß sich dieser Kampf zwischen verschiedenen Aspekten einer einzigen Sache abspielt, und daß uns diese „eine Sache" zu einem Frieden führen wird, der alles Begreifen übersteigt.

In der Konzentration auf die Worte und den Atem, die sich in der Meditation liebevoller Güte entwickelt, bereiten wir uns auf eine tiefergehende Praxis vor. Mit dieser Praxis erweitern wir die Grundlage, auf der all unser späteres Fortschreiten beruht.

Auf dem weiteren Weg des Lernens folgt als nächstes die Meditation des weichen Bauches. Wir tragen das Ausüben liebevoller Güte in den Körper hinein und in die Welt hinaus. In der ständig wiederholten Rückbesinnung auf den weichen Bauch fühlt man sich vom achtsamen Atmen im Bauch getragen. Gedanken ziehen vorbei, Gefühle ziehen vorbei. Selbst der Eindruck eines meditierenden „Jemand" wird nur zu einer weiteren Seifenblase, die durch die unermeßliche Weite des weichen, teilnahmsvollen, offenen Bauches schwebt. Liebevolle Güte erfüllt Körper und Geist, welche sich im Atem begegnen. Augenblick für Augenblick schweben wir in der Weiträumigkeit des Seins, nur einen Atemzug von der Grenzenlosigkeit entfernt.

Die Achtsamkeitspraxis baut sodann auf der Verbindung zum Atem und der entstandenen Konzentration auf und setzt sich in der Ausrichtung auf die stetige Entfaltung der Empfindungen fort, die jedes Ein- und Ausatmen begleiten. Vor dem wortlosen Hintergrund der Empfindung wird auch der leiseste Anflug des Denkens, das erste Flüstern und Sich-Äußern, jede erste aufflackernde Vorstellung sofort erkennbar. Alles, was sich vom Atem unterscheidet, wird schon in seinem Entstehen registriert. Lange bevor die Gedanken ihrer eigenen Aktivität gewahr werden, begegnen sie der Achtsamkeit, die ihren Eintritt durch das Tor bemerkt und sie begrüßt. Sie bittet auch das Unerwünschte herein und löst sich von allem Widerstand oder Kontrollbestreben, um die innere Natur der Gedanken zu ergründen. Um sie so zu sehen, wie sie sind: spontan, unbeständig, leer. Und schmerzhaft, wenn sie ergriffen werden.

Achtsames Atmen entwickelt sich zu einem punktförmigen Ausgerichtetsein auf den gerade ablaufenden Inhalt – einen Augenblick des Denkens, einen Augenblick der Furcht, einen Augenblick des Erstaunens, einen Augenblick körperlichen Unbehagens, einen Augenblick des Stolzes, einen Augenblick der Enttäuschung, einen Augenblick der Freude. Wir erfahren den Inhalt des Bewußtseins auf eine ganz neue Weise, indem wir beobachten, wie die Gedanken enden. Wie jeder geistige Impuls, obschon schneller als ein Blitzstrahl, einen Anfang, einen Mittelpunkt und ein Ende hat. Blitze innerhalb eines Blitzstrahls. Die Entfaltung unaufhörlicher Wandlung. Augenblick für Augenblick geistigen Ineinanderfließens.

Wenn wir diesen Strom der Unbeständigkeit beobachten, wird *der Prozeß* selbst deutlich erkennbar. Ein Moment des Fühlens geht in einen Moment des Denkens über, dieser wiederum in einen Moment des Hörens, des Sich-Erinnerns. Die Momente addieren sich zu einem ganz von selbst ablaufenden Prozeß – einem verblüffend unpersönlichen Strom der Unbeständigkeit, angetrieben von vorausgehenden unbeständigen Momenten.

So nehmen wir also zuerst den Inhalt und dann erst den Prozeß wahr – eine sehr heilsame und befriedigende Erkenntnis. Die Einsicht, daß das eigene Leben wie auch das Leben selbst aus einer Abfolge von Geisteszuständen bestehen, gibt dem Herzen die Freiheit, sich in seiner Reaktion auf eine Welt der Verwirrungen und Schmerzen von tief eingewurzelten Mustern zu lösen und den „passenden", den intuitiven Zeitpunkt zu finden.

Wenn dieser Prozeß in den Brennpunkt gerückt und erforscht wird, beginnen wir den Raum wahrzunehmen, in dem er dahinfließt. Und dieser weite Raum wird zum Kontext einer tieferen Heilung. Welcher Inhalt auch immer erscheint, wie auch immer der Prozeß sich entfaltet, wir sehen ihn in der Weiträumigkeit reinen Gewahrseins schweben – in der Grenzenlosigkeit des Seins, das so viel größer ist als die Fragmente, die den Raum durchlaufen.

Während sich die Achtsamkeit vertieft, stoßen wir vielleicht auf abgestumpfte und verleugnete Bereiche unseres Gefühlslebens, die sich als seelische Unruhe oder als eine Verhärtung im Bauch bemerkbar machen. Wir begegnen unserer rostigen Panzerung. Dieses problematische Material kann sich trotz seiner offenkundig nur vorübergehenden Natur manchmal mit erheblicher Macht zur Geltung bringen. Es verlangt nach Heilung, und wir erkennen die Arbeit, die notwendig ist, um diesen Hindernissen zu begegnen und den Weg für unsere Weiterentwicklung zu ebnen.

An diesem Punkt erweisen sich Meditationen wie die der Öffnung des Mutterschoß-Herzens, der Vergebung, der Trauer und vielleicht auch derjenigen über das Essen als hilfreiche Heilmethoden, die wir in unsere tägliche Praxis integrieren können.

Wenn Achtsamkeit und liebevolle Güte auch als Praktiken für ein ganzes Leben gelten können, so erfordern manche Umstände dieses Lebens doch eine unmittelbare Aufmerksamkeit. Für solche Situationen bieten sich die Meditation bedrückender Zustände, die Schmerz-Meditationen, die Heil-Meditation und die Widerstands-Meditation an. Es sind ergänzende Übungen, die angewendet werden können, wenn körperliche wie auch seelische Beschwerden auftreten, wenn die Praxis durch Rationalismus und Zweifel behindert oder erstickt wird.

Ob wir Fortschritte gemacht haben, zeigt sich, wenn wir das wechselvolle Wesen unseres alltäglichen Kummers beobachten. Anfangs betrachten wir ihn vielleicht als „mein Leid", doch wenn wir die Anteilnahme an unserem Leben vertiefen und die Natur des Geistes erforschen, erweisen sich die wechselnden Gedanken und Gefühle, die wir immer für etwas sehr Persönliches gehalten und unserem Urteil unterworfen hatten, als spontane Produkte eines sich entwickelnden Prozesses. Und wir erkennen, daß es nicht *unser* Geist ist, der uns so ängstigt, sondern *der* Geist. Daß es nicht *unser* Leid ist, sondern *das* Leid. Das Herz erhebt sich aus der Abgeschlossenheit, um sich dem Universalen anzuschließen. Und wir entdecken, daß es unser tief verwurzelter Widerstand gegen *den* Schmerz ist, der *unser* Leid erschafft.

Immer wieder beobachte ich diese Weiterentwicklung bei Menschen, die in diesen Meditationen Heilung suchen. Anfangs bedienen sie sich dieser Techniken, um *meinen* Körper zu heilen. Sie widmen sich der Praxis aus einem Zustand der Isolation heraus – Isolation inmitten einsam ertragenen Schmerzes, vielleicht auch inmitten von Hilflosigkeit. Mit zunehmender geistiger Konzentration und tieferem Eindringen des Herzens in die heilungsbedürftigen Wesenszüge jedoch schwächt sich das Gefühl der Isolation ab, und es vollzieht sich ein tiefgreifender Eintritt in *den* Körper – eine Teilhabe am universalen Aspekt des Seins und der Heilung. Es ist nicht mehr *mein* Krebs, sondern *der* Krebs, die Krebskrankheit, die wir alle teilen. Es ist der Weg der Heilung, auf dem sich jeder Mensch nicht alleingelassen fühlt, sondern mit Zehntausenden anderer Menschen verbunden weiß, die sich in derselben mißlichen Lage, in demselben Körper befinden.

Und zugleich sehen wir der größten aller Heilungen entgegen. Sie kommt zustande, wenn wir uns nicht einfach mit einer Gesundung des Körpers begnügen wollen, sondern den Eingang in *die* Wahrheit suchen.

An diesem Punkt trachten wir danach, selbst über das Universale, über *den* Körper hinauszugehen und zum *Wirklichen* Körper zu gelangen, dem Körper des Seins, dem ungeteilten und unteilbaren, dem ungeborenen, unsterblichen Körper reiner Bewußtheit. Dies ist die Heilung, für die wir Geburt annahmen – um erst *meinen*, dann *den* und schließlich den *Wirklichen* Körper zu heilen, den Körper des Gewahrseins, der Einsicht in alles andere schenkt. Der *Wirkliche* Körper, unser wahres Wesen, ist in Wahrheit das, wonach wir ein ganzes Leben lang gesucht haben.

Die letzten in diesem Buch enthaltenen Meditationen sollen der Annäherung an das Sterben und dem Hinausschreiten über den Tod dienen. Sie bieten Gelegenheit, direkt in das gewaltige Maß an Energie und Licht einzutauchen, das freigesetzt wird, wenn das Formlose in die Form hereinbricht und wenn es wieder in die Grenzenlosigkeit zurückkehrt. Eine weitere Gelegenheit, voll und ganz zu leben, ja sogar über das Rad der Geburten und Tode hinauszugehen und den Raum zu erreichen, in dem es sich dreht. Sich aufzulösen im Wirbel der Energie, dem unser Licht entstrahlt.

Die Praxis festigen

Meditation ist ein Weg zu einer Endlosigkeit. Sie ermöglicht uns ein direktes Erfahren unseres wahren Wesens – des Ewig-Heilen, des Absoluten, der Unsterblichkeit. Aus dieser unvorstellbaren Weite und Klarheit stammen der Friede und die Weisheit, nach der wir uns so sehnen. Sie ist der Raum, in dem wir uns so annehmen können, „wie wir sind", in dem wir unserer gewaltigen heilenden Kraft, auf die wir ein angestammtes Recht besitzen, gewahr werden.

Viele Praktiken, einschließlich der Meditationen in diesem Buch, die man als „Blockaden-Räumer" bezeichnen könnte, lassen ein tieferes Eindringen zu, das die Hindernisse auf dem Pfad zu unserer Befreiung freilegt. Diese Blockaden werden erkannt und tief im Herzen eines barmherzigen Gewahrseins aufgenommen. Meditation kennt aber keinen Endpunkt, denn bekanntermaßen ist jede Basis, mit der wir „zufrieden" sind oder auf der wir uns vorübergehend ausruhen möchten, zu unbeständig und zerbrechlich, um unser Gewicht zu tragen.

Meditation stößt in den Geist vor, um den Geist zu heilen, aber sie erreicht auch Ebenen, die so tief und universal sind, daß sie nur mit dem Wort „Herz" umschrieben werden können.

Meditation erlaubt es uns, direkt an unserem eigenen Leben teilzuhaben, anstatt es in Form nachträglicher Reflexionen ablaufen zu sehen.

Vertiefung des Gewahrseins heißt Erwachen. Erwachen bedeutet, eine „Stetigkeit des Herzens“ zu bewahren. Allen Gegebenheiten bewußt zu begegnen – nicht nur der verwirrenden Bedingtheit des Geistes, sondern auch der weiträumigen, unbedingten Präsenz, die dahinter liegt. Meditation stellt in keiner Weise eine Verweigerung dar, weder gegenüber jener oft so widersprüchlichen Bedingtheit noch gegenüber dem Ewig-Heilen, das jenseits des Horizontes existiert. Sie ist ein unmittelbarer, teilnahmsvoll und klarsichtig vollzogener Eintritt in das Bewußtsein. Sie ist ein tiefer Einblick in jene Ursachen, die den Schmerz in Leid verwandeln. Sie zeigt uns, wie sehr wir uns an dieses Leid klammern, statt in die unbekannte Weite hinein loszulassen – in die unserem wahren Wesen innewohnende Freiheit. Und so erkunden wir den Geist, nicht um ihn zu beherrschen, sondern um nicht von ihm beherrscht zu werden. Wir erklären dem Geist nicht den Krieg, sondern schließen mit ihm Frieden.

Obgleich wir den Wert einer täglichen Meditationspraxis jahrelang betont haben, weil sie unser eigenes Leben so überaus bereichert hat, scheint mir im Hinblick auf viele Meditierende, die sich „auf lange Sicht“ festgelegt haben, der Begriff einer *regelmäßigen Praxis* doch besser geeignet zu sein. Selbst ein hoch geachteter Meditationslehrer erwähnte kürzlich, daß es ihm trotz seiner beständigen Praxis schwerfalle, ein tägliches Sitzen außerhalb der von ihm so regelmäßig durchgeführten Retreats beizubehalten. Vermeintliche Prioritäten gewinnen im Geist die Oberhand und vermitteln das Gefühl, daß etwas anderes „noch wichtiger“ sei. Was Wunder, der Geist besitzt schließlich seinen eigenen Geist! Und nichts ist besser geeignet als eine regelmäßige Praxis, um dies auf eine sehr heilsame Weise zu offenbaren.

Wir tun unser Bestes. Es ist wichtiger, ein stetiges Gefühl der Zuversicht und der Bereitschaft zu haben, die Gegenwart mittels des Gewahrseins der Extravaganzen von Geist und Körper zu erforschen, als sich in irgendeiner Vorstellung festzufahren, wer wir sein *sollten* und wie wir praktizieren *sollten*.

Bei dem Verlangen, uns selbst zu befreien, sollten wir auf die Neigung zur Bewertung achten (was in der Natur solchen Bemühens liegt), die immer entsteht, wenn wir eine Aufgabe zu lösen versuchen. Je größer unser Wunsch nach friedlichen Sitzungen ist, desto weniger Frieden werden wir bei ihnen empfinden. Dieses Wünschen, diese Sehnsucht danach, daß es sich mit den Dingen anders verhalten möge, erzeugt Unruhe. Aber in der Meditation wird nichts umgangen oder beiseite geschoben, wir versuchen nicht, um diesen Widerstand oder diese Unruhe „herumzukommen", sondern konzentrieren uns direkt darauf. Das Objekt unserer Konzentration ist dabei eigentlich weniger von Bedeutung als die Qualität unserer Konzentration, die Qualität der Aufmerksamkeit, die wir auf den Augenblick verwenden. Er kann sich durch die Beobachtung von Zorn oder Angst ebenso schnell erhellen wie durch die Beobachtung jedes anderen Geisteszustandes. Denn es sind nicht die Inhalte des Geistes, die uns heilen und befreien, sondern die Qualität des Gewahrseins, mit der wir uns diesen Geistesmerkmalen nähern. Unsere Aufgabe besteht nicht darin, Heilige zu werden, sondern unsere Menschlichkeit zu verwirklichen.

Klammere dich nicht an Vorstellungen, wie eine Meditation abzulaufen habe – meditiere einfach. Auch wenn manche Worte in diesem Buch solche Vorstellungen nahezulegen scheinen – vertraue deinem eigenen Prozeß. Entwickle eine fortschreitende Beziehung zum Geist, eine Stetigkeit des Gewahrseins, welche dir immer wieder erlaubt, dem Boden unter deinen Füßen zu vertrauen, der den nächsten notwendigen Schritt deutlich macht.

Immer wenn wir das Gewahrsein auf ein Ziel richten, bringen wir den nächsten Augenblick der Klarheit näher. Wir lernen, mit dem Herzen zu navigieren. Während sich der alte Geist mit seinen alten Konzepten und Mustern im Prozeß aufzulösen beginnt, treten die klagenden Stimmen in den Hintergrund zurück, und unser Handeln entspringt aus dem Naheliegenden, aus dem Augenblick – nicht aus alten, oft mißglückten Verhaltensweisen des Anstands. Alles, was wir suchen, ist präsent, und zwar im Sinne einer Präsenz, die uns spüren läßt, daß wir lebendig sind. Diese Freude einfachen Seins ist es auch, aus der die Heilung im Geiste entspringt, die uns nach Hause, ins Herz der Einsicht führt.

Um die Worte des gottestrunkenen Dichters Kabir zu gebrauchen, bleibt für einen Menschen, „der die Flöte vernahm" – das Lied unseres wahren Herzens – und der auch nur für einen Augenblick in seinem wirklichen Körper, dem Körper reinen Gewahrseins lebte, keine Frage mehr übrig. Nur eine Offenheit, ein großes „Nicht-Wissen", das unseren Kurs über das kleine Wissen hinaus in die Unermeßlichkeit des Seins bestimmt. In den Raum, wo all dies kleine Wissen umherschaukelt: das weite Gewahrsein, in dem diese Objekte des Gewahrseins dahinschweben und Heilung finden.

Als unser Lehrer Neem Karoli Baba einmal gefragt wurde, wie man tiefes spirituelles Gewahrsein erreichen könne, sagte er: „Liebe einfach alle Menschen." Die Praxis zu festigen heißt, zum Wohle aller fühlenden Wesen Erbarmen und Gewahrsein in uns zu entwickeln.

Diese Techniken dienen der „Pflege des Gartens". Jede von ihnen ist für den Garten ein Werkzeug.

Wenn wir uns dem unerforschten Geist zum ersten Male nähern, breitet er sich wie ein verwildertes, vernachlässigtes Grundstück vor uns aus. Alles, was dort wächst, entspringt ungewollt flüchtigen Zufälligkeiten und zurückliegenden Bedingungen. An manchen Stellen werden die Blumen vom Unkraut erstickt. Woanders ist der Boden unfruchtbar und undurchdringlich für das Leben. Hier und da kommen die Samen nicht zum Keimen. Ringsherum verdecken abgestorbene Pflanzenreste die reiche Erde. Und unter der Oberfläche lassen alte Wurzeln, die nur langsam vermodern, dem neuen Wachstum fast keinen Raum.

Einige der in diesem Buch angebotenen meditativen Werkzeuge werden benutzt, um diesen harten Boden des Gartens aufzubrechen – dazu gehören die Meditationen liebevoller Güte und des weichen Bauches. Meditationen wie die der Vergebung und die über die Barmherzige Mutter sollen der Kultivierung des Bodens dienen. Andere sind dazu bestimmt, den Boden aufzulockern und umzugraben – zum Beispiel die Achtsamkeits-Übung und die Meditationen körperlichen Forschens, die immer wieder benötigt werden, um den Boden zu reaktivieren und das Unkraut zu jäten. Meditationen wie die über die Trauer, den Widerstand oder das Essen sollen die Saat zum Keimen bringen und zarte Triebe mit Humus umgeben. Sie alle können uns auf den „schwierigen Abschnitten" unserer Wanderung durch den Garten von Nutzen sein. Jede kann auf ihre eigene Weise die Bedingungen verbessern, unter denen die wilden Blumen der Gnade gedeihen können.

Weil dieser Garten so lange vernachlässigt wurde, konnte vieles um sich greifen, was das Wachstum behindert. Diesen Beschränkungen, diesen Hindernissen für weiteres Keimen müssen wir uns direkt zuwenden. Dabei helfen uns die „Blockaden-Räumer", mit denen sich Felsen bewegen und Baumstümpfe roden lassen, um fruchtbarem Boden Platz zu schaffen. Viele dieser Übungen, wie zum Beispiel die Meditation bedrückender Emotionen, die Meditation des Mutterschoß-Herzens sowie die Schmerz- und Heil-Meditationen sind spezielle Werkzeuge für die Beseitigung spezieller Hindernisse. Jede korrespondiert mit einem bestimmten Aspekt der Vorbereitung, Anpflanzung und Ernte der außergewöhnlichen Früchte, die während des Prozesses unserer Befreiung spontan erscheinen. Dieser im Herzen begründete Prozeß dehnt sich in Geist und Körper hinein aus und kehrt in einem Kreislauf zum Herzen zurück. Jede Meditation besitzt das Potential für die Bereinigung einer bestimmten hemmenden Schicht zwischen Herz und Geist.

Achtsamkeit und liebevolle Güte sind fundamentale Übungen und so wichtig wie Sonne und Regen für den Garten. Regelmäßige Anwendung fördert das Wachstum und vertieft die Wurzeln des Herzens.

Man beginnt im Herzen, um den Weg für Geist und Körper zu ebnen, auf dem sie ohne Urteil oder Furcht ganz und gar erfahren werden können. Wenn wir unser Herz öffnen, können gewisse Hindernisse innerhalb des seelischen oder körperlichen Schmerzes zutage treten. Hier bieten sich spezielle Meditationen an, mit deren Hilfe wir uns ihnen mit der heilenden Weisheit und Bewußtheit zuwenden können, die den Augenblick teilnahmsvoll in einer neuen Milde und Einsicht erfährt. Und der Prozeß setzt sich mühelos fort. Im Zen-Buddhismus heißt es dazu: „Der Frühling kommt und das Gras wächst ganz von allein."

Oft kommen wir anfangs nur langsam voran, denn unsere Konzentration muß sich erst entwickeln, und das kann eine Weile dauern. Aber die Befreiung ist ein Prozeß, und jeder einzelne Schritt ist sehr wichtig. Zweifellos kann es bei den ersten Meditationsversuchen, sei es allein oder mit einem geeigneten Lehrer, zu Schwierigkeiten kommen. Wenn diese geleiteten Meditationen in größeren Gruppen durchgeführt werden, ist es nicht ungewöhnlich, daß jemand anschließend von außerordentlichen inneren Durchbrüchen erzählt, während andere daneben sitzen und etwas verdrossen denken: „Warum ist bei mir nichts passiert? Was bin ich doch für eine Niete! Ich bin mal wieder der einzige, der nicht erleuchtet wird." Aber gerade diejenigen, die meinen, daß sie es „nicht so richtig gepackt" haben, lassen später oft erkennen, daß sie tiefe Einsicht in Dinge gewonnen haben, die ihrem Glück im Wege stehen. Sie können die Natur dessen, was ihr Gewahrsein, ihre Vergebung, ihr Erbarmen oder ihr Loslassen einschränkt, durchaus klarer erkannt haben als jemand, der „in einem glücklichen Moment" in der Lage war, über die von ihm erkundeten Qualitäten vorübergehend hinauszuschreiten. Gerade wenn es „nicht funktioniert", eröffnet sich oftmals ein klarer Blick auf die Arbeit, die zu tun ist.

Mache dir diese Meditationen zu eigen. Experimentiere! Finde die Sprache und Ausdrucksweise, die dir geeignet erscheint. Vertraue deiner eigenen großartigen Gabe zur Heilung. Laß das Herz bestimmen, in welcher Weise dir diese Meditationen helfen. Vielleicht erwecken nur ganz wenige von ihnen dein Interesse. Arbeite mit denen, die dir ein „gutes Gefühl" vermitteln, nicht mit jenen, von denen du meinst, daß du sie wählen „solltest". Überlasse es dem Herzen, Geist und Körper zu heilen. Eigne dir diese Meditationen innerlich an.

Unsere eigene grundlegende Praxis während der letzten dreißig Jahre ist die Achtsamkeits-Meditation und die Meditation liebevoller Güte gewesen. Aber es gab auch Perioden, in denen Ondrea und ich unsere Praxis ausweiteten, um die Erkenntnisse unserer Meditation noch besser anzuwenden zu können. Heil- und Schmerzübungen waren Bestandteil unseres speziellen Karmas, und wir haben sie mit ansehnlichem Erfolg je nach Notwendigkeit für längere Perioden eingesetzt.

Von keiner der zahlreichen Meditations- und Heilpraktiken kann man sagen, daß sie besser wäre als irgendeine andere. Es gibt lediglich Übungen, die einem bestimmten Temperament besonders entgegenkommen. Es ist nicht einmal die Praxis selbst, die zur Befreiung führt, sondern die Intention, die Motivation und das innige Bemühen, welche in die Praxis eingebracht werden. Selbst in einer Übung wie der Achtsamkeits-Meditation, die auf der Entwicklung eines absichtslosen, barmherzigen Gewahrseins gründet, kann sich aus einem falsch verstandenen Sinn für Kontrolle eine subtile Selbstgefälligkeit oder Bewertungstendenz entwickeln, welche die Heilung bremst. Auch Körpererfahrungs-Übungen können zu Schwierigkeiten führen, wenn sie nicht im Geiste der Erforschung, sondern um einer „Überwindung“ willen ausgeführt werden. Potentiell kann jede Übung zu einer Falle werden, wenn wir sie nicht als ein Mittel der Vertiefung unseres Mitempfindens und der Verminderung unseres Urteilsstrebens gebrauchen.

Je mehr eine Übung aus dem Gefühl heraus unternommen wird, daß man sie praktizieren „sollte“, desto mehr Ichgefühl (Abgetrenntheit, Angst, Isolation) wird sie erzeugen. Je mehr Ich vorhanden ist, desto mehr wird man zum Leidenden. Manche Übungen, die sich auf den Schmerz konzentrieren, können sogar, wenn sie unsachgemäß ausgeführt werden, den „heiligen Krieg“ in Geist und Körper noch mehr stimulieren – ein Ringen um eine Vernichtung des Schmerzes, welches das Leid noch verstärkt. Wenn wir also beispielsweise die Schmerz-Meditation praktizieren, konzentrieren wir uns manchmal etwa fünfzehn Minuten lang auf das eigentliche Schmerzzentrum, doch dann machen wir eine Pause und lassen uns vom Atem tragen wie ein Surfer von einer idealen Welle.

Man kann dies alles mit einem Balanceakt vergleichen. Worte wie „loslassen“ oder „Hingabe“ können vom alten Geist leicht mißverstanden werden und dann in die Irre führen. Solche Vorstellungen müssen mit einem Sinn für das Naheliegende und Geeignete ausbalanciert werden.

So sollte also jede Technik mit der nötigen Balance und Einfühlsamkeit ausgeübt werden, damit uns das Praktizieren über die reine Methodik hinausführen kann und wir nicht einfach nur Meditierende bleiben, sondern selbst zur Meditation werden. Heilen ist ein Hochseilakt, ein Ausbalancieren von Energie und Anstrengung, von Konzentration und Aufnahmefähigkeit, von Weisheit und Mitempfinden, von Gewahrsein und Erbarmen, von Einsicht und Loslassen. Es ist ein Ausbalancieren dessen, was wir Geburt nennen, und dem, was wir unter Tod verstehen – und von allem, was vor diesen Dingen kommt und über sie hinausgeht.

Es mag sein, daß du anfangs nur mit einigen dieser Praktiken arbeitest und dich erst nach Monaten oder Jahren dazu motiviert fühlst, auch andere auszuüben. Vertraue jener „stillen, kleinen inneren Stimme", mit der das Herz dem Geiste mitteilt, welcher Schritt als nächster folgen könnte.

Wenn du diese Meditationen wiederholt praktiziert hast und sie auswendig kennst, spürst du vielleicht, daß sie auch einer anderen Person zugute kommen könnten. So mögen die Heil- und Schmerzmeditationen, die Meditationen bedrückender Emotionen und die Sterbe-Meditationen (ebenso wie fast alle weiteren Meditationen in diesem Buch) für einen erkrankten oder nahestehenden Menschen von speziellem Nutzen sein. Denn die Arbeit, die wir an uns selbst verrichten, tun wir eigentlich zum Wohle aller fühlenden Wesen. Unser innerer Raum weitet sich ein wenig aus. Wir wandeln uns selbst zu einer Lehre des Heilens und Loslassens. Doch es sollte erwähnt werden, daß sich nicht wenige Menschen leicht kontrolliert fühlen (dabei handelt es sich nie um jemand anderen, sondern immer um einen Teil unser selbst) und daher eine „Führung" nicht sonderlich schätzen werden. Wenn wir solche Werkzeuge offerieren, sollten wir daran denken, daß wir auf eine Gemütsverfassung treffen können, die sich auch den besten Absichten widersetzt. Manchen gebietet es ihre Würde, ganz allein zurechtzukommen. Tritt also nicht als Heiler oder Heilerin auf. Sei einfach barmherzig. Das Gefühl für den rechten Zeitpunkt ist ein überaus wichtiger Faktor, wenn wir diese Techniken anderen wie auch uns selbst vermitteln wollen.

Laß die Blüte sich öffnen, aber greife nicht nach der Frucht. Laß die Samen in die Erde fallen und in deiner eigenen großen Natur zum Keimen gelangen.

Achte dich selbst.

Diese Einsichten und Entwicklungsprozesse sollen dem Wohle aller dienen, die sich dazu hingezogen fühlen, den Blick nach innen zu richten.

Auch wir, die wir selbst nicht erleuchtet sind, obschon unsere Praxis viel Licht in unser Leben brachte, stehen inmitten desselben Prozesses, den jeder Leser, jede Leserin bei sich beobachtet. Wir alle bewegen uns an unseren Grenzen. Wir alle nähern uns dem Unerforschten, wo das wirkliche Wachstum beginnt.

Das Ziel besteht einfach darin, bewußter zu werden, in jedem einzelnen Augenblick eine größere Lebensfülle zu erfahren, voll und ganz lebendig zu sein. Es kommt weniger darauf an, „gut im Meditieren“ zu werden, als vielmehr darauf, meditativ zu sein. Den Blick nach innen, auf die Wahrheit zu richten. Und auf jene Wahrheit, die noch tiefer liegt. Es gibt keinen Endpunkt, das Forschen geht immer weiter. So erleben wir Augenblick für Augenblick, Minute für Minute, Stunde für Stunde, Tag für Tag, Leben für Leben.

Wenn Meditation nicht mehr nur eine geistige Übung ist, die sich auf die Dauer einiger Augenblicke beschränkt, sondern zu einer Offenbarung des Herzens wird, die auch unsere trübsten Tage erfüllt, haben wir uns die Meditation ganz zu eigen gemacht. Wenn Weisheit von Erbarmen getragen wird, dann sind wir selbst zur Meditation geworden.

Vertraue dem Prozeß.

Über den Gebrauch geleiteter Meditationen

Geleitete Meditationen sind Übungen, mit denen wir sofort in die Materie einsteigen. Durch fortgesetzte Wiederholung verinnerlichen wir sie mehr und mehr, bis sie uns ganz und gar angehören. Wir lassen uns nicht mehr von gedruckten Worten führen, sondern vom Herzen der unmittelbaren Erfahrung.

Lies diese Meditationen im stillen für dich allein, oder lies sie einem Partner langsam vor. Du kannst sie auch auf Tonband sprechen, ihre Worte auf deinem Atem schweben lassen und jede Zeile mit einer kurzen Stille umgeben. Die meisten dieser Meditationen, mögen sie gedruckt auch nicht viel Raum einnehmen, sind für eine Ausdehnung auf etwa eine halbe Stunde bestimmt. Für dich selbst, für einen Freund oder eine Freundin auf Band gesprochen, erlauben es diese geleiteten Meditationen, von innen heraus das Wesen sowohl derjenigen Elemente zu betrachten, die den Geist verdunkeln, als auch die Natur dessen zu erfahren, was diese Verdichtung zerstreut und heilt.

Da es im Sinn dieser Übungen liegt, viele Male wiederholt zu werden, sind bestimmte Erkenntnisse in den Meditationsprozeß „hineinprogrammiert", um die Weisheit zu beflügeln und zu vertiefen. „Arbeitet" man mit diesen Erkenntnissen, werden sie auf eine überaus heilsame Weise in das Herz integriert.

Wenn du diese Meditationen zum ersten Mal anwendest, sie aus deinem Herzen zur Entfaltung kommen läßt und dabei feststellst, daß der Geist an bestimmten Zeilen hängenbleibt (weil irgendein Konzept oder eine Vorstellung zu gedanklichen Reaktionen führt), dann registriere einfach, daß dich diese Vorstellungen beschäftigen, und denke später über sie nach. Befasse dich den restlichen Tag über mit ihnen. Mache die Vorstellungen, die deine Aufmerksamkeit erregten, zur Kontemplation. Tauche direkt in sie ein, um festzustellen, welche Bedeutung sie für dich haben. Im Erforschen dessen, was sie zu lehren haben, hört die Meditation niemals auf. Und dein ganzer Tagesablauf wird erhellt.

Im Gebrauch dieser Praktiken lassen sich drei Ebenen unterscheiden:

Auf der ersten Ebene lesen wir die Meditationen im stillen durch, so als lauschte der Geist den „guten Ratschlägen" des Herzens. Wenn die Arbeit mit diesen Techniken beginnt und sie vielleicht laut vorgelesen werden, wird der Pfad der Heilung konkret beschritten. Solche Lesungen machen den Geist mit dem Prozeß vertraut und ermutigen das Herz zur Teilhabe.

Auf der nächsten Stufe können diese Meditationen als Objekt der inneren Einkehr, der Kontemplation eingesetzt werden. Hierbei vertieft sich das Gefühl für ihre Anwendbarkeit. Solche Kontemplationen stärken das Vertrauen in die eigene Fähigkeit, auch mit den Schatten und der Dunkelheit bedrückender Emotionen umgehen zu können, die das Licht unseres wahren Wesens manchmal blockieren. Diese kontemplative Reflexion läßt es auch zu, mit einer Erkenntnis „arbeiten" zu können und sie in der Vergegenwärtigung ihrer Bedeutung für unser Leben in einen „Durchbruch" zu verwandeln. Es ist ein Akt der beständigen, konzentrierten Betrachtung dessen, was dem denkenden Geist vorausgeht, um es schließlich im Herzen zu empfangen. Es ist jene Fähigkeit tiefer Reflexion, die uns dabei hilft, *unseren* Weg auf *dem* Weg zu finden.

Die dritte Möglichkeit der Anwendung dieser geleiteten Meditationen besteht darin, direkt in das Bewußtsein einzutreten und die Dinge klar zu erkennen, *so wie sie sind*. Das ist die tiefste jener drei Ebenen, die sich in jeder Meditation eröffnen. Wir erhalten direkten Zugang zum Geist und heilen in das Herz hinein. Wir gehen über das Wissen und den Wissenden hinaus zu der Wahrheit, die alle Dinge durchdringt.

Der Unterschied zwischen Meditation und Kontemplation liegt darin, daß die Meditation den unmittelbaren Eintritt in den

Prozeß gestattet, aus dem Einsicht und Wahrheit entspringen, während die Kontemplation die eigene oder von anderen stammende Einsicht als Mittel gebraucht, um auf die Wahrheit zu schließen.

So können wir die Übungen also auf dreierlei Weise verwenden: Du liest sie dir selbst oder einem Partner laut vor, je nach Belieben wie eine Bedienungsanleitung für den Geist oder wie ein Liebesgedicht. Du läßt den Atem die Worte tragen und den Weg zur Vertiefung der Praxis klären. Zum zweiten schlägst du die Richtung der Kontemplation und Verinnerlichung der Meditationspraxis ein. Und zum dritten erforschst du die Natur des Seins von innen heraus. Jede Ebene bringt dich der Wahrheit näher. Jede vertieft den inneren Reichtum. Und zuletzt verlangt dieser Prozeß deine Hingabe an den eigentlichen Wesenskern der Erfahrung, an das reine Sein. Die tiefste Heilung, die in geleiteten Meditationen liegt, findet auf dieser dritten Ebene des Eintritts in die Erfahrung statt. Die Annäherung an die Wahrheit vollzieht sich langsam und stetig, bis der Suchende und das Gesuchte schließlich im Suchen selbst aufgehen. Und das Suchen löst sich in der unermeßlichen Weite auf, die wir in Ermangelung eines erhabeneren Begriffes „Gott“ nennen.

Die erste Stufe unterrichtet den Geist. Die zweite reflektiert über diesen Geist. Die dritte geht über den Geist hinaus in das Herz der Dinge.

Eine Erkundung des Herzens

Der Weg der Erkundung des Geistes und dessen, was jenseits des Geistes liegt, beginnt und endet im Herzen.

Der erste Schritt unserer Befreiung ist die Entwicklung des dem Herzen eigenen natürlichen Mitempfindens. Meditation beginnt mit dem Nicht-Verletzen, mit einer tiefen Bereitschaft, das Leid in der Welt und in uns selbst zu beenden. In Wirklichkeit mag es unmöglich sein, in einem Körper zu leben, ohne anderen Wesen oder Spezies Schmerz zuzufügen, aber es sollte unsere *Absicht* sein, so wenig Schmerz wie möglich hervorzurufen und dieses Leben zum Wohle aller anderen einzusetzen. Nicht-Verletzen ist eine Zielsetzung, eine Richtschnur für den Geist, die aus der Natur des Herzens kommt.

Wir essen. Wir geben unserer Liebe verworrene Formen. Wir stolpern und fallen über Zustände des Geistes. Und wir erlernen die Kunst der Balance. Wir lernen, die uns vom Herzen empfohlenen Veränderungen umzusetzen, ohne dem Geist aggressiv gegenüberzutreten. Wir lernen, andächtig zu leben.

Gefordert sind weder Gewalt noch Ergebung, sondern eine aktive Teilhabe am Augenblick. Es ist ein Sich-Öffnen, um die Heilung einzulassen. Als man Mahatma Gandhi einmal über den „passiven Widerstand" befragte, den er in ganz Indien propagierte, erwiderte er: „Es gibt nichts Passives an meinem Widerstand. Er ist einfach nur nicht-gewaltsam." Gandhis „Nicht-Gewalt" ist ein gangbarer Weg zu einem friedvollen

Geist und einer friedlichen Welt. Gewalt entstammt dem denkenden Geist. Heilung entspringt im Herzen.

So dient das Herz mit seiner „stillen, kleinen inneren Stimme“ als Führer auf dem Pfad der Befreiung. Und Nicht-Verletzen ist seine klarste Eigenschaft. Nicht-Verletzen reicht von der Selbstvergebung bis zu einer Welt ohne Hunger. Wenn wir uns im Nicht-Verletzen zu üben beginnen, lassen wir die Beschimpfungen des urteilenden, über unser Bemühen erbosten Geistes nicht zu, ohne den tiefen Widerhall teilnahmsvoller Bewußtheit zu empfangen. Nicht-Verletzen bedeutet, die anderen – wie auch uns selbst – als das Subjekt des Herzens statt als ein Objekt unseres Geistes zu behandeln.

Dies ist nicht wie der urteilsbegründende Machtspruch der Zehn Gebote zu verstehen. Es ist eine Verpflichtung zur Heilung und Läuterung – ein Wille zu klarem Handeln. Gleich den buddhistischen Regeln – wie dem Nicht-Töten, dem Nicht-Stehlen, dem Nicht-Lügen und dem Nicht-Ehebruch – sind Nicht-Verletzen und Mitempfinden keine göttlichen, in Stein gemeißelten Gesetze, sondern einfach nur geistige Reflexionen der Natur des Herzens, die zur Förderung der Stabilität und Balance auf dem Pfad eingesetzt werden. Es sind sanfte Mahnungen und lehrende Wegweiser auf dem leuchtenden Pfad zwischen den Kräften, die gelegentlich als krasse Gegensätze erscheinen.

Es geht nicht um die selbstquälerische Moral, die *den* Schmerz in *meinen* Schmerz verkehrt. Es ist vielmehr ein „Sinn für Angemessenheit“, der ganz elementar aus Ebenen des Gewahrseins entspringt, die tiefer als unsere Masken und Posen liegen, tiefer als die Persönlichkeit und auch tiefer als das erworbene Selbst. Indem wir in unser absolutes Sein – das Herz der Dinge – eintreten, ist unsere „natürliche Güte“ immerfort sichtbar. Klares Handeln klärt den Weg für klarere Handlungen. Güte besänftigt den Geist.

Eine Einführung in die liebevolle Güte

Zur Klärung des Pfades stehen wir vom Herzen aus mit dem Geist in Beziehung. Auf der begrifflichen Ebene wird der Namensschöpfer, der Bilder-Geist, der „Ich-Träumer", der an die Stelle der lebendigen, vibrierenden Gegenwart tritt, teilnahmsvoll beobachtet.

Die Meditation liebevoller Güte setzt die Beschäftigung mit jener Ebene des Denkens – der Namen und Formen, der Dualität, der Begriffe „Ich" und „die Anderen" – als Methode ein, um die permanent konditionierte Abgrenzung in der unkonditionierten Einheit des Seins zu heilen. Die Meditation liebevoller Güte konzentriert die Heilung auf einer Ebene des Geistes, die gewöhnlich das Herz betäubt. Tatsächlich arbeiten wir nicht in erster Linie daran, das Herz zu öffnen – dessen Licht, wenn auch oftmals verschleiert, gleich dem der Sonne immer erstrahlt – sondern daran, den Geist zu öffnen, damit das innerste Licht der geistigen Essenz, die wir als Herz bezeichnen, durchscheinen kann.

Indem wir liebevolle Güte in jenem Aspekt des Geistes entwickeln, für den sich das Leben meist in Form nachträglicher Reflexionen abspielt, verändern wir den Kontext unseres Daseins. Wir beginnen, ganz unmittelbar zu leben. Wir erwachen.

Diese Meditation schöpft den an Begriffen und Worten orientierten Geistesbezirk so sinnvoll wie möglich aus. Sie macht ein Hindernis zu einem Bundesgenossen.

Die Erfahrung des Denkens in teilnahmsvollem Gewahrsein unterscheidet sich von einer Verstrickung in den Gedanken in gleicher Weise wie Befreiung von Knechtschaft. Liebevolle Güte vertieft die Empfänglichkeit, während sie die Reaktivität mildert.

Die Entwicklungsfähigkeit von Wesenszügen beschränkt sich natürlich nicht auf liebevolle Güte allein. Jedes Geistesmerkmal läßt sich entwickeln. Die meisten von uns haben Angst und Zorn gefördert, indem sie immer wieder an den Geistesinhalten als ihrer gesamten Identität festgehalten haben. Übung macht in jedem Fall den Meister, und so haben wir unsere Angst bis zu einem beängstigenden Grad perfektioniert. Das Praktizieren von Neid oder Zorn führt zur Neubildung neidvoller oder zorniger Gefühle. Die Übung liebevoller Güte jedoch erweckt Erbarmen und Bewußtheit, sie bewirkt das Loslösen von den Gegenkräften des Herzens – Eigennutz, Angst, Separatismus, Bewertung. Diese Kräfte beschränken unsere direkte Teilhabe am Mysterium.

Im erworbenen, anerzogenen Geist schwebt eine Seifenblase namens „Ich" und eine weitere Seifenblase namens „du", doch in Wirklichkeit existiert nur ein Summen des Seins, eine Soheit. Und wir meinen, den Unterschied beurteilen zu können. Aber so ist das Denken eben! Für den urteilenden Geist, den lieblosen Ankläger, sind alle, auch wir, „die Anderen". Und in dem Maß, in dem er über die anderen urteilt, urteilt er auch über sich selbst. Hierin liegt die heilende Kraft der Aussage Jesu: „Richtet nicht, auf daß ihr nicht gerichtet werdet."

Erbarmen ist das Gegenteil von Beurteilung. Es ist ein inniges Offensein, kein blindes Sich-Verschließen. Es festigt den Sinn für Angemessenheit. Erbarmen ist der Inbegriff der Verantwortlichkeit, ein weites Firmament möglicher Erwiderung im Gegensatz zum engen Winkel lebensbegrenzender Reaktivität. Re-agieren bedeutet, unseren inneren Schmerz immer wieder in den alten Leidensmustern durchzuspielen. Erbarmen vereint, Urteil trennt. Erbarmen ist die Stimme des Einenden, die Stimme unserer „natürlichen Güte". Urteil ist der kalte Wind im Abgrund zwischen Herz und Geist. Erbarmen urteilt nicht einmal über seine eigene Abwesenheit. Es steht sogar unserem Verschlossensein gegenüber offen. Urteil betrachtet alles mit der gleichen Gnadenlosigkeit. Urteil verletzt, Erbarmen heilt.

Manche definieren Erbarmen als Mitleid, aber Mitleid wird aus Angst geboren – es möchte den Schmerz der anderen oder seiner selbst nicht erfahren. Wenn wir dem Schmerz mit Angst begegnen, entsteht daraus Mitleid. Wenn wir uns vor dem eigenen Schmerz fürchten, entsteht Selbstmitleid. Doch wenn wir uns dem Schmerz mit Liebe nähern – dann ist dies Erbarmen. Erbarmen ist ein Segen. Mitleid ist eine Barriere.

Wir lernen zu lieben, indem wir beobachten, wie lieblos wir sind. Wir erkennen die schmerzvollen Merkmale von Furcht und Zorn, erleben die unerträgliche Verschlossenheit in Geist und Körper und werden dabei gewahr, wie sich unsere natürliche Weiträumigkeit verengt. Indem wir die Regionen der Widerstände, der Schuldgefühle und der Abgrenzung von den anderen und von unserem innersten Selbst erforschen, erspüren wir die „Richtigkeit" der meditativen Praxis.

Wir beginnen die Meditation mit der Ausstrahlung liebevoller Wünsche des Wohlergehens auf uns selbst, indem wir Worte gebrauchen wie: „Möge ich glücklich sein." „Möge ich frei sein von Leid." Vielleicht erscheinen uns diese Worte anfangs ein wenig mechanisch – eben nur wie Worte. Vielleicht treffen diese Worte auch auf eine altgewohnte Unnachsichtigkeit, die Gefühle der Unzulänglichkeit und Unwürdigkeit erzeugt: „Ach, das ist ja nichts weiter als Selbstverwöhnen. Drükkebergerei!" Wenn wir uns selbst zum ersten Mal Liebe entgegenzubringen versuchen, tritt die Befürchtung, daß wir sie gar nicht verdienen, recht deutlich zutage. Der alltägliche Kummer steigt empor und versucht uns mit zahlreichen Argumenten von einem tieferen Eindringen abzuhalten. Angst behindert das Forschen, das Loslassen, den heilenden Frieden. Solche Argumente ergeben sich aus Konditionierungen, deren Beobachtung sehr nützlich ist. Sie warnt uns vor vielen Faktoren, die uns blind für die Vollkommenheit, für die Faszination des Augenblicks machen. Es sind Verhaftungen an engen Selbstbildern, die uns gegenüber unserer eigenen Schönheit abstumpfen und uns suggerieren, daß wir nichts wert seien. Daß wir zur „Erleuchtung" gar nicht fähig wären. Daß wir innerlich zerrissene Wesen seien, bei denen sich auch nie etwas ändern werde. Diese schmerzlichen Gedanken sind immer wieder in Gang gehalten und gefördert worden. Nun aber entwickeln wir etwas, das diesen Schmerz ersetzen kann. Wir lassen gegenüber jenen verzerrten Strukturen eine sehr viel fruchtbarere Art von

Bewußtsein zu. Und es entspricht dem Wesen dieser positiven Wesenszüge, ganz von selbst an die Stelle der weniger heilsamen Energien zu treten.

Ein Weg, liebevolle Güte gegenüber sich selbst zu entwikkeln, besteht darin, sich auf die eigenen positiven Eigenschaften zu besinnen und gut von sich selbst zu denken. Wir haben mit Menschen gearbeitet, die von sich sagten: „Ich habe keine positiven Eigenschaften. Ich wüßte nicht, was an mir liebenswert sein sollte."

Denen sagten wir: „Das muß wirklich ein sehr schmerzliches Gefühl sein, wenn man sich so ungeliebt vorkommt und für so wenig liebenswert hält."

„Ja, das ist wirklich schlimm, wenn man niemanden lieben kann und sich selbst auch nicht – nicht mal ein kleines bißchen."

„Es gibt bestimmt Millionen von Menschen, denen es so geht."

„Ja, diese armen Typen. Es ist furchtbar, wenn man sich so fühlt. Sie sind so einsam, so abgeschnitten von den anderen."

Hier tritt also das tiefe Mitempfinden zutage, das diese Person für die allgemeine menschliche Situation aufbringt. Sie spricht so liebevoll von ihrer eigenen Lage, wenn diese sich bei anderen zeigt, und sie offenbart hierdurch ihr Mitgefühl für die Vereinsamung der anderen, das nur von ihrer eigenen ängstlichen Selbstverneinung überdeckt gewesen ist. Nun hat sie eine Beziehung zu jemandem, der sich in einer mißlichen Lage befindet, und in diesem Jemand kann sie sich selbst wiederfinden. Jetzt kann sie Gefühle des Wohlwollens und der Güte auf jenen Raum in sich selbst ausstrahlen, der sich so sehr nach Ganzheit sehnt. Buddha sagte: „Du könntest dich in der ganzen Welt umschauen und würdest doch kein einziges Wesen finden, daß die Liebe mehr verdiente als du."

Und genau auf diese Weise wird Meditation vollzogen. Wir strahlen konzentrierte Liebe auf dieses Wesen aus, das der Liebe so sehr bedarf und sie so sehr verdient. Und schließlich verströmen wir diese liebevolle Energie, diese Sorge um das Wohlergehen der anderen, auf alle fühlenden Wesen.

Als ich mich die ersten Male mit dieser Praxis beschäftigte und dabei in eine Auseinandersetzung mit jemandem geriet, begann ich, ihm meine liebevolle Güte nicht etwa *zu*zusenden, sondern *entgegen*zusenden. Ich dachte, das würde ihn „abregen" und mein eigenes „hohes Meditationsniveau" unter Beweis stellen. Und doch war ich wütend! Denn es war in Wirklichkeit mein eigenes Leid, dem ich gegenübertreten mußte. Ich selbst war derjenige, der liebevoller Güte bedurfte. Und so lernte ich allmählich, daß ich erst einmal Liebe zu mir selbst entwickeln mußte, bevor ich mich einer anderen Person öffnen konnte. Jemandem liebevolle Güte *entgegen*zubringen, über den ich mich ärgerte, war nichts als ein uralter „Egotrip", der zu weiterer Abgrenzung führte – dem anderen tat ich damit keinen Gefallen. Mein Handeln hatte den bitteren Beigeschmack spiritueller Überheblichkeit – des Gebrauchs von Liebe und Spiritualität, um den anderen zu unterdrücken und zum Unterlegenen zu machen. Machtpolitik und Rollenspiel. Als ich mir jedoch selbst in meinem Herzen Raum gab, wurde ich zunehmend fähig, meine Verärgerung und Frustration zu akzeptieren, ohne mich von ihr bedroht zu fühlen. Und indem ich sie so akzeptierte, wie sie war, konnte ich mich ihr mit barmherzigem Gewahrsein nähern und den Leim des schmerzenden Selbstbildes auflösen, der unser Leid zusammenhält. Und dies gab vielleicht auch der anderen Person ein wenig mehr Raum, sich von ihrem Zorn zu lösen. Bevor wir jemandem Liebe zusenden können, müssen wir erst einmal in unserem eigenen Herzen sein.

Die Kraft liebevoller Güte ist so gewaltig, daß jemand, auf den wir sie konzentriert projizieren, sie oftmals spüren kann. Es ist eine subtile, aber fühlbare Energie, die – wie das Gewahrsein im Herzen oder das Sonnenlicht mit einer Lupe – bewußt zu einem schimmernden Lichtpunkt gebündelt werden kann.

Im Verlauf unserer Praxis erleben wir Augenblicke großer Offenheit und Augenblicke tiefer Verschlossenheit. Die Ironie der Öffnung des Herzens liegt darin, daß es, je weiter es sich öffnet, auch um so weiter gehen muß, um sich zu schließen. Wenn sich das öffnende Herz derart verschließt, haben wir das Gefühl, als wäre es niemals zuvor so verschlossen gewesen. Die Meditationspraxis aber forscht stetig nach neuen und tieferen Ebenen des Lernens, um die Offenheit des Herzens – selbst die seinem eigenen Verschlossensein gegenüber – zu bewahren und das Lieblose mit liebevoller Güte zu berühren. Es ist die Heilung im Innern der Heilung.

Von vielen habe ich schon gehört, daß sie gerne mehr Liebe in sich fühlen möchten. Sie beklagen sich darüber, daß ihr Herz, wenn sie „ganz ehrlich" seien, kaum länger als einige Augenblicke am Tag offen sei – und dies sei dann schon ein recht geglückter Tag!

Wir sind uns selbst gegenüber äußerst unbarmherzig. Jede Regung der Liebe in diesem Leben der Achtlosigkeit und Gewalt ist ein Wunder. Jede Regung der Liebe in dieser Welt, die nach Heilung und Frieden schreit, ist wahrhaftig eine Gnade. Schon wenige Augenblicke des Friedens und der liebevollen Güte sind ein Triumph über die Angst und die alte Beschränkung.

Bei all unserer eingebildeten Unwürdigkeit und Furcht, bei all unseren Zweifeln und Verlangen ist es schwer, immer nur Liebe zu empfinden. Noch schwerer aber ist es, ganz ohne Liebe zu leben.

Zur Veranschaulichung der Kraft des Herzens, uns über die Barrieren des denkenden Geistes hinauszuführen, bieten wir diese Meditationsübung über die liebevolle Güte an. Es ist eine grundlegende Übung, mit der wir uns für uns selbst, für unsere Lieben und für diese ganze Welt des Leidens und der Freude, in der wir leben, öffnen können. Wenn wir einige Wochen lang täglich fünfzehn Minuten mit dieser Meditation experimentieren, entfaltet sie ihr Potential, unser Leben zu vertiefen und unser Gefühl für das Spiel auf den Feldern des ewigen Geistes zu erweitern. Viele Menschen haben sie über Jahre hinweg regelmäßig praktiziert.

Liebevolle Güte macht es uns möglich, den rationalen Geist konzentriert im Herzen aufzunehmen. Während sich die Aufmerksamkeit schrittweise vertieft, werden die ruhig wiederholten Worte mit dem Ein- und Ausatmen in Einklang gebracht. In einer sanften Beharrlichkeit, die den Pfad zum Herzen klärt, werden sie mehr und mehr vom Atem getragen.

Wie auch bei allen weiteren angebotenen Meditationen und Übungen werden uns die Worte während der Verinnerlichung des Prozesses ganz und gar vertraut. Liebevolle Güte ist ebenso wie Achtsamkeit eine fundamentale Praxis. Eine Lebensaufgabe. Ein Lebensspiel.

Eine erweiterte Version der Meditation liebevoller Güte (Metta) findet sich in Stephen Levines Buch *SCHRITTE ZUM ERWACHEN – MEDITATION DER ACHTSAMKEIT*, das ebenfalls in diesem Verlag erschienen ist.

Eine geleitete Meditation liebevoller Güte

(Man kann sie einem Partner langsam vorlesen oder auch allein mit ihr arbeiten.)

Nimm eine bequeme Sitzhaltung ein und lenke die Aufmerksamkeit allmählich auf den Atem.

Der Atem kommt und geht ganz von allein – tief im Innern des Körpers.

Gib der Aufmerksamkeit ein wenig Zeit, sich im gleichmäßigen Rhythmus der Atemzüge zu sammeln.

Wende dich voller Ruhe nach innen und lasse den innigen Wunsch nach deinem eigenen Wohlbefinden in dir entstehen.

Betrachte dich so, als wärst du selbst dein einziges Kind. Erbarme dich deiner selbst.

Sage im Herzen still zu dir selbst: „Möge ich frei sein von Leid. Möge ich Frieden finden."

Fühle einfach nur den Atem, der in den Raum des Herzens strömt, während du freundlich und fürsorglich mit dir selbst verbunden bist.

Laß das Herz lautlose Worte der Barmherzigkeit flüstern, die dich heilen – die dich öffnen. „Möge ich frei sein von Leid. Möge ich Frieden finden."

Erlaube es dir, geheilt zu werden.

Sende dir in stillem Flüstern den Wunsch nach deinem eigenen Wohlbefinden zu:

„Möge ich frei sein von Leid. Möge ich Frieden finden."

Immer wenn der Atem in dein Herz hineinströmt, wiederholst du ganz sanft: „Möge ich frei sein von Leid." Und wenn du ausatmest: „Möge ich Frieden finden."

Du atmest ein. „Möge ich frei sein von Leid."

Du atmest aus. „Möge ich Frieden finden."

Wiederhole diese Worte ruhig und sanft bei jedem Einatmen, bei jedem Ausatmen. Nicht als Gebet, sondern als die Ausstrahlung einer liebevollen Fürsorge auf dich selbst.

Beobachte, was auch immer diese Liebe, dieses Erbarmen, diese Bereitschaft zur Ganzheit und zur Heilung begrenzen mag.

„Möge ich frei sein von Leid. Möge ich Frieden finden."

Folge weiter diesem Rhythmus, dieser Vertiefung barmherziger Freude und liebevoller Güte, die mit jedem Einatmen in dich einströmt. Die sich mit jedem Ausatmen weiter entfaltet.

„Möge ich frei sein von Leid. Möge ich Frieden finden."

Laß den Atem ganz natürlich weiterfließen, als Erbarmen mit dir selbst, deinem einzigen Kind, mit diesem Wesen im Innern.

Auch wenn es anfangs so erscheint, als wären diese Worte nur ein Echo deines Geistes – setze sie ganz sachte fort. Keine Gewalt kann hier bestehen. Gewalt verschließt das Herz. Laß das Herz den Geist in neuer Zärtlichkeit und Anteilnahme empfangen.

„Möge ich frei sein von Leid. Möge ich Frieden finden."

Jedes Einatmen vertieft die kraftspendende Wärme dieser liebevollen und mitfühlenden Beziehung zu dir selbst. Jedes Ausatmen weitet sich zu einem tiefen Frieden, dehnt sich aus in die Weite des Seins, führt in die unerschöpfliche Geduld, die nicht erwartet, daß sich die Dinge ändern, sondern in liebevoller Güte mit ihnen verbunden ist – so wie sie sind.

„Möge ich frei sein von Leid. Möge ich Frieden finden."

Nimm die Heilung mit jedem Atemzug in dir auf. Laß deine wahre, grenzenlose Natur sich entfalten.

Spüre noch einige Atemzüge lang dieses Einströmen, dieses offene Empfangen der liebevollen Güte. Fühle dich in inniger Zärtlichkeit mit dir selbst verbunden und strahle Wohlbefinden auf Geist und Körper aus. Nimm dich selbst mit diesen sanften Worten der Heilung ganz und gar an.

Besinne dich nun sanft auf einen Menschen, mit dem du dich herzlich verbunden fühlst. Jemanden, den du liebst, der dich etwas lehrt oder mit dem du befreundet bist.

Laß das Bild dieses lieben Menschen in deinem Herzen Gestalt annehmen. Flüstere ihm bei jedem Einatmen zu: „Mögest du frei sein von Leid. Mögest du Frieden finden."

Mit jedem Einatmen nimmst du diesen Menschen in deinem Herzen auf: „Mögest du frei sein von Leid."

Bei jedem Ausatmen erfüllst du ihn mit deiner liebevollen Güte: „Mögest du Frieden finden."

Beim nächsten Einatmen ziehst du sein Herz noch näher an deines heran. „Mögest du von allem Leid befreit werden."

Mit dem nächsten Ausatmen breitet sich der Wunsch nach seinem Wohlergehen von dir aus. „Mögest du Frieden finden."

Atme dieses Wesen weiter in dein Herz hinein und flüstere ihm und dir selbst lautlos zu: „Mögest du frei sein von Leid. Mögest du Frieden finden."

Setze das sanfte Atmen fort, das euch verbindet, den innigen Wunsch nach dem Glück und der Ganzheit dieses Wesens.

Laß den Atem ganz natürlich, weich und liebevoll in das Herz hineinströmen, im Einklang mit deinen Worten, mit deinen konzentrierten Gefühlen der liebevollen Güte und Zuwendung.

„Möge alles Leid für dich enden. Mögest du die tiefsten Ebenen des Friedens erleben."

Sende diesem Wesen deine Liebe, dein Mitempfinden, deine Fürsorge zu.

Atme es in dein Herz hinein und durch dein Herz hindurch.

„Mögest du frei sein von Leid. Mögest du deine innigste Freude erfahren, deinen tiefsten Frieden."

Und während du dieses Wesen in deinem Herzen spürst, fühlst du auch die Sehnsucht dieser ganzen Welt, geheilt zu werden, ihre wahre Natur zu erkennen, Frieden zu finden.

Sage dir selbst im stillen: „So wie ich es mir wünsche, glücklich zu sein, so wünschen es sich alle fühlenden Wesen."

Und flüstere in deinem Herzen bei jedem Einatmen, bei jedem Ausatmen: „Mögen alle Wesen frei sein von Leid. Mögen alle Wesen Frieden finden."

Laß deine liebevolle Güte auf all diese Wesen ebenso ausstrahlen wie auf den von dir geliebten Menschen. Fühle, daß sie alle nach der Heilung suchen, nach dem Frieden ihrer wahren Natur.

„Mögen alle Wesen Frieden finden. Mag all ihr Leid ein Ende haben."

„Mögen alle fühlenden Wesen, auch die, die erst jetzt geboren werden, frei sein von Furcht, frei von Schmerz. Mögen alle Wesen in ihrer wahren Natur Heilung finden. Mögen alle Wesen die vollkommene Freude absoluten Seins erfahren."

„Mögen alle Wesen Frieden finden, wo auch immer sie sind. Mögen alle Wesen frei sein von Leid."

Wie eine Seifenblase schwebt dieser ganze Planet durch den Ozean deines Herzens.

Mit jedem Atemzug strömt die Liebe in dich ein, die der Welt Heilung bringt, die den Frieden vertieft, den wir alle suchen.

Jeder Atemzug nährt die Welt mit Erbarmen und Mitgefühl, erfüllt sie mit der Wärme und Geduld, die den Geist besänftigt und das Herz öffnet.

„Mögen alle Wesen frei sein von Leid. Mögen alle Wesen Frieden finden."

Weich und sanft entstehen und vergehen die Atemzüge. Wünsche des Wohlergehens und des Erbarmens, der Fürsorge und der liebevollen Güte breiten sich aus über diese Welt, die wir alle miteinander teilen.

„Mögen alle Wesen frei sein von Leid. Mögen alle Wesen im Herzen der Heilung leben. Mögen alle Wesen Frieden finden."

Da ist ein Phantom
in diesem quälenden Traum
eines Jemand, der wir sein wollen –
das eingebildete Selbst.

Laß dich nicht zum Narren halten
von einem Gedanken
des Glaubens (wieder ein Gedanke) –
du wärst weniger
als Gott.

Weicher Bauch

Wir sind darauf konditioniert, zu leiden. Die Gesellschaft der Hartbäuchigen, schwer Gepeinigten fügt sich dem kleinsten gemeinsamen Nenner. Wir wandern gebeugt und verloren durch unser Leben, bis wir mit einem tiefen Seufzer des Loslassens erwachen und uns dem Pfad des Erbarmens ergeben.

Hat inneres Wachstum Vorrang erhalten, bildet der weiche Bauch den Hintergrund unseres Loslassens. Das Beobachten der relativen Offenheit oder Verschlossenheit des Bauches läßt uns verstehen, wann und auf welche Weise wir an unserem Schmerz festhalten. Ist der Bauch verhärtet, besteht Verklammerung. Zu einem bestimmten Grad sträubt und verhärtet sich das Ankämpfen oder Ausweichen gegen den Augenblick, ringt um Kontrolle. Vielleicht mußt du mehrere dutzendmal in einer einzigen Stunde zum weichen Bauch zurückkehren.

Der Bauch ist ein außerordentliches diagnostisches Instrument. Seine Anspannung gibt Aufschluß über die Panzerung des Herzens. Je tiefer unsere Beziehung zum Bauche ist, desto eher erkennen wir, ob wir uns im Geist verklammern oder in das Herz hinein öffnen. Anstrengung zieht den Bauch zusammen. Anstrengung löst Bewertung aus. Ein harter Bauch ist oft ein urteilender Bauch. Selbst die Anstrengung, das hier Gesagte zu verstehen, kann eine Anspannung des Bauches bewirken.

Versuche nicht, nur zu verstehen. Gehe in den Prozeß hinein. Laß einfach das Erwachen von Verständnis im weichen

Bauche zu – ganz von allein, aus deinem wahren Wesen heraus.

Alles, was du im Geiste zu wissen erstrebst, befindet sich jenseits des Geistes. Die große Ironie der spirituellen Suche aber liegt darin, daß wir genau dasjenige suchen, *was sucht.*

Das zu sehen, *was sieht,* ist zwar schwierig, aber nicht unmöglich. Es bedarf einiger Arbeit, sich von alten Sichtweisen zu lösen. Die Entspannung des Bauches ist ein Anfang.

Wir sind tatsächlich darauf programmiert, an unserem Schmerz festzuhalten und ihn in Leid zu verwandeln. Wir haben gelernt, den Bauch fest zu machen, seine Fülle zu verbergen, seine Rundung, seine Weite. Insbesondere Frauen sind darauf programmiert, „attraktiv" zu sein. Sie werden dazu bewogen, Unterwäsche zu tragen, die den Bauch zusammenpreßt und das Gefühl von Weite beschränkt. Auch bei Männern ist oft zu beobachten, daß sie den Bauch einziehen, um akzeptiert zu werden. Zur Hartbäuchigkeit beschworen von einer Kultur, die Härte mit Schönheit verwechselt, zu einer gefährlichen Lebensweise, wenn man ganz und gar lebendig sein möchte.

Je mehr wir denken, daß wir der Körper *sind,* desto mehr Spannungen werden immer wieder im Bauch entstehen. Es gibt viele Ebenen, auf denen wir in die Grenzenlosigkeit des Seins loslassen können, doch sobald der Bauch eingezogen wird, ist das Herz nicht mehr völlig zugänglich.

Ondrea und ich üben diese Praxis seit vielen Jahren. Und dennoch bemerken wir immer wieder, daß der Bauch an seine unbewußte Anspannung erinnert werden muß, wenn etwas eintritt, dessen wir uns eigentlich nicht bewußt werden wollen. Also atmest du tief in deinen Bauch hinein. Und du atmest über das Herz wieder aus. Der Bauch wird weich, und du findest in deinem Körper den Raum zur Heilung, zum Sein, zur Befreiung. Je weicher der Bauch, desto größer die Fähigkeit, präsent zu sein und aus dem undurchdringlichen Traum beklemmender seelischer Zustände zu erwachen. Der weiche Bauch ermutigt zur Untersuchung der körperlichen Verhaltensmuster, die solche Zustände begleiten. Er ermöglicht ein Erforschen, ohne in altvertraute, verlockende Gedankenmuster hineingezogen zu werden. Wir können die Bedeutung von Weichheit und Entspannung gar nicht hoch genug einschätzen.

Vor einigen Jahren setzten Ondrea und ich uns zusammen und sagten zueinander: „Weißt du, es ist Zeit, daß wir aufhören, uns bei den Kindern um Rollen zu bewerben. Wir haben den Job ja schon!" Wir bewerben uns ständig bei den Menschen, von denen wir geliebt werden wollen. Bei unseren Eltern, unseren Kindern, unseren Liebespartnern, unseren Kollegen, unseren Lebensgefährten. Der harte Bauch spielt immer etwas vor, nimmt Posen an, bemüht sich um Kontrolle. Aber so ist es nun mal. Du hast den Job. Du hast diese Inkarnation angenommen. Öffne nun die Tiefe des weichen Bauches, um deinem Leben in deinem Leben Raum zu geben.

Eine geleitete Meditation des weichen Bauches

(Man kann sie einem Partner langsam vorlesen oder auch allein mit ihr arbeiten.)

Lenke deine Aufmerksamkeit in den Körper hinein.

Führe die Aufmerksamkeit auf die Ebene körperlicher Empfindung.

Spüre die physische Wahrnehmung des Daseins in einem Körper.

Wahrnehmungen des Gesäßes auf dem Stuhl oder auf einem Kissen. Die Anziehungskraft der Erde.

Empfindungen der sich bewegenden Brust, des Atems.

Empfindungen im Hals, das Gewicht des Kopfes.

Fühle diesen Körper, in dem du sitzt.

Lenke deine Aufmerksamkeit mehr und mehr auf den Bauch.

Und beginne den Bauch zu entspannen.

Laß Raum für den Atem im Bauch entstehen.

Du atmest ein – der Bauch hebt sich.

Du atmest aus – der Bauch senkt sich.

Werde weich und entspannt, um den Atem im Bauch zu empfangen.

Erlaube dem Atem, sich selbst im weichen Bauch zu atmen.

Jeder Atemzug entspannt, öffnet, befreit.

Du atmest ein – der Bauch hebt sich, wird von Sanftheit erfüllt.

Du atmest aus – der Bauch senkt sich, löst alles Festhalten auf.

Der Bauch dehnt sich aus und zieht sich zusammen.

Weicher Bauch.

Der Atem atmet sich selbst in der Sanftheit.

Loslassen im Bauch. Ebenen der Sanftheit und Ruhe.

So viel Trauer ist im Bauch enthalten, so viel Angst und Gegenwehr.

Laß dies alles im weichen Bauche schweben.

Verhärte es nicht zum Leid. Laß es voller Erbarmen bestehen, im weichen Bauch.

Beobachte, wie schon ein einziger Gedanke den Bauch in Spannung versetzen kann, ihn zur Abwehr, zur Abgrenzung, zur Trauer verhärten kann.

Mit jedem Einatmen läßt du los, entspannst den Bauch.

Mit jedem Ausatmen läßt du los, weitest den Raum.

Jedes Ausatmen atmet den Schmerz heraus. Läßt ihn los.

Weicher Bauch. Barmherziger Bauch.

Ebene auf Ebene der Sanftheit und Ruhe.

Ebene auf Ebene des Loslassens.

So viel Raum für Befreiung. So viel Raum für ein Leben im weichen Bauch.

Habe Erbarmen mit dir selbst. Jeder Atemzug löst und entspannt.

Entspannt den Bauch, um das Herz ans Licht zu bringen.

Du löst dich im Bauch von der Verklammerung, die das Herz blokkiert.

Mit jedem Ausatmen löst du dich vom Schmerz. Atmest die Härte, den Widerstand aus. Gibst deinem Leben im weichen Bauche Raum.

Erwartungen, Urteile, Zweifel. Alte Sorgen sammeln sich im Bauch. Entspannung läßt sie zerfließen, löst sie im weichen Bauche auf. Schmerzen, Ängste, Zweifel zerrinnen, lösen sich auf in der Ruhe, in der Weite eines barmherzigen Bauches.

Laß alles im weichen Bauche schweben. Habe Erbarmen. Ebenen der Sanftheit und Ruhe vereinen sich mit dem Augenblick.

Ebene auf Ebene des Lebens im weichen Bauch.

Du atmest ein und atmest aus im weichen Bauch.

Auch wenn sich Härte inmitten der zunehmenden Weichheit bemerkbar macht – laß sie einfach vorüberfließen. Laß die Härte in der Sanftheit schweben. Nichts muß verändert werden, nichts ist dringlich im weichen Bauch. Laß das Dringende in der Weichheit schweben. Selbst der Schmerz findet Raum im Erbarmen, im Gewahrsein des weichen Bauches.

Laß den Klang dieser Worte durch dich hindurchfließen. Halte nirgendwo fest. Vertraue dem Prozeß.

Laß alles Erscheinende durch die Weite des weichen Bauches schweben.

Und öffne ganz ruhig die Augen.

Beobachte, während sich deine Augen öffnen, an welchem Punkt schon wieder neue Spannung im Bauch entsteht. An welchem Punkt sich die „Jemandheit" wieder geltend macht und das Gefühl in dir aufsteigt, etwas schützen zu müssen. An welchem Punkt lebt die alte Präsenz deiner Gegenwehr wieder auf!

Entspannt und ruhig siehst du die Welt mit weit geöffneten Augen.

Entspannt gegenüber dem Schmerz, den wir alle miteinander teilen – gegenüber dem Vermächtnis der Heilung, die sich in immer tieferer Sanftheit offenbart.

Meditation des weichen Bauches und des achtsamen Atmens

(Man kann sie einem Partner langsam vorlesen oder auch allein mit ihr arbeiten.)

Wenn sich der Bauch entspannt und dem Gewahrsein geöffnet hat, ist der Atem im Innern mehr und mehr zu spüren. Diese Beziehung zum Atem ist der nächste Schritt. Wir haben uns der Achtsamkeit geöffnet.

Wende deine Aufmerksamkeit dem Körper zu, in dem du sitzt.

Richte sie auf die Ebene der körperlichen Wahrnehmung.

Denke nicht über die Wahrnehmung nach, sondern fühle einfach die vielfachen, wechselnden Aktivitäten der Empfindung im Körper.

Spüre die Anziehungskraft der Erde. Das Fühlen der Hände. Den Kontakt der Füße mit dem Boden. Die Empfindungen des Daseins in einem Körper.

Gewahrsein und Empfindung begegnen sich von Augenblick zu Augenblick.

Das Flimmern von Empfindung. Vibrierendes Pulsieren, Prickeln, Gefühle von Druck, von Härte oder Leichtheit, Eindrücke von Hitze oder Kälte. Empfindungen des Lebens in einem Körper.

Achte auf die Wahrnehmungen in der Brust, die der Atmungsprozeß hervorruft. Muskeln ziehen sich zusammen und dehnen sich.

Beobachte, welche Empfindungen das Atmen in anderen Körperbereichen auslöst.

Spüre den Atem, wenn er an den Nasenlöchern einströmt. Untersuche jede Wahrnehmung des vorbeistreichenden Atems, die in der Kehle zu spüren ist.

Fühle, wie sich die Muskeln der Brust bei jedem Atemzug dehnen und zusammenziehen. Achte darauf, wie sich die breiten, flachen Muskeln des Rückens mit jedem Einatmen und jedem Ausatmen spannen und lockern.

Erlebe den Atem im Körper ganz und gar.

Registriere die Empfindungen im Unterleib. Sie wechseln mit jedem Atemzug zwischen Fülle und Leere.

Gewahrsein der Ganzheit des Körperatems.

Richte die Aufmerksamkeit vollständig auf den Bauch.

Werde der Empfindungen gewahr, die jeden Atemzug begleiten, wenn der Bauch sich beim Einatmen hebt. Verfolge den wechselnden Strom der Empfindung, wenn sich der Bauch beim Ausatmen ganz von allein wieder senkt.

Der Bauch hebt sich. Der Bauch senkt sich.

Du atmest ein, du atmest aus im weichen Bauch. Im weiträumigen Bauch.

Mache den Bauch sanft und weich, um den ganzen Atem zu erfahren.

Wenn du einatmest, dann beobachte dein Einatmen. Registriere den Punkt, an dem die eingeatmete Luft freigegeben und ausgeatmet wird. Sei dir bewußt, daß du ausatmest.

Achtsames Atmen im Bauch.

Du denkst den Atem nicht, du erlebst ihn direkt als fließende Empfindung im weichen Bauch. Im barmherzigen Bauch.

Weiträumiger Bauch.

Achte auf den genauen Beginn, den Mittelpunkt und das Ende jedes Einatmens.

Beachte die nachfolgende Pause.

Beobachte den Beginn, den Mittelpunkt und das Ende jedes Einatmens. Und den Raum dazwischen.

Erkenne den allerersten Augenblick, in dem der Atem in den weiträumigen Bauch hineingezogen wird. Ein Strom ständig wechselnder Empfindungen begleitet jeden Atemzug.

Weicher Bauch.

Empfangender Bauch.

Du beobachtest den Atem, der sich selbst atmet, Augenblick für Augenblick. Empfindungen schweben in Weichheit und Ruhe.

Einatmen.

Ausatmen.

So einfach.

Gewahrsein und Empfindung berühren sich von Augenblick zu Augenblick. Beständig wechselnd bei jedem Atemzug.

Kein Zwang.

Wenn der Geist abschweift, dann führe ihn sanft zu den Empfindungen zurück, die den Atem im Bauch begleiten.

Du kontrollierst den Atem nicht, sondern erlebst ihn im klaren Gewahrsein, das sich im Bauch zentriert. Wenn andere Wahrnehmungen zeitweise überwiegen – die auf den Körper wirkende Schwerkraft, ein momentaner Schmerz – dann laß sie vorüberziehen und führe das Gewahrsein vollständig zu den Empfindungen des Atems zurück, der sich ganz von selbst im weichen Bauche atmet.

Empfindungen entstehen und vergehen von Augenblick zu Augenblick im Strom des Atems, vom Bauch empfangen.

Unaufgefordert erscheint das Denken. Beobachte sein Kommen. Beobachte sein Gehen. Du brauchst nichts festzuhalten. Gedanken schweben wie Seifenblasen durch den Geist, erscheinen und vergehen. Kehre sanft zu den Empfindungen zurück, die jedes Einatmen, jedes Ausatmen begleiten.

Achtsames Atmen im weichen Bauch.

Das Gewahrsein zentriert sich, um immer mehr von den subtilen Empfindungen aufzunehmen, die in jedem Heben und Senken des Bauches flimmern.

Im weichen Bauch beobachtest du die Empfindungen, die jedes Einatmen, jedes Ausatmen begleiten. Sanft. Wahrnehmung von Augenblick zu Augenblick. Atmen von Augenblick zu Augenblick. Gedanken, Gefühle schweben innerhalb des Atems im weichen Bauch.

Im weichen Bauch ist für alles Raum.

Raum, um geboren zu werden. Raum, um Heilung zu finden.

Und der Atem atmet ganz von allein in endloser Weite.

Andächtig atmen

Der Begriff des Heiligen Geistes beruht auf der Vorstellung des geweihten Odems (nach der ursprünglichen griechischen Übersetzung). Es ist der Atem, der den schweren, äußeren Körper mit dem inneren, leichten Körper verbindet (siehe auch die Sterbe-Meditation). Ein Objekt, das die Nerven des schweren Körpers streift, wird vom Körper des Gewahrseins, dem leichten, inneren Körper, als Sinneswahrnehmung empfangen. Der Atem erlaubt dem Körper des Gewahrseins, in unserem geborenen Körper zu verbleiben. Er bewahrt und unterhält seine perfekte innere Geborgenheit. Wenn der Atem endet, wird diese Verbindung unterbrochen, und der leichte Körper entschwebt, während der schwere Körper unter seiner eigenen Schwere zusammensackt. Der Atem ist so heilig wie das Leben.

Normalerweise ist das Vertrauen in das Leben, in den nächsten Augenblick so gering, daß der Atem regelrecht gezügelt wird. Angst führt zu einer überaus subtilen Anpassung des Atems. Er wird verzögert oder forciert. Mit unserem oberflächlichen Haften am rationalen Geist begrenzen wir den tiefempfundenen Eintritt des Atems. Nur selten geschieht es, daß wir „natürlich atmen".

Eine Freundin, die einige Zeit meditiert hatte, stieß in einer bestimmten Periode ihrer Praxis auf Probleme, die sich noch zu verstärken drohten, als sie sich eifrig bemühte, sie beiseite zu räumen. Sie beobachtete ganz unmittelbar, daß diese unangenehmen, belastenden Gemütsverfassungen durch ihren Widerstand erst recht in Gang gehalten wurden. Negative Verhaftung. So lief sie stundenlang umher, um, wie sie sagte, „einfach nur natürlich zu atmen". Sie ging eine Weile achtsam in ihrem Zimmer hin und her, bis der Geist im Herzen versank. Und jenseits ihrer Achtsamkeit, sogar jenseits ihres Geistes erwachte das Herz in dem Atem, der sich selbst von innen heraus durch ihren Körper atmete. Ihr Geist kam zur Ruhe, und der Schmerz in ihren Beinen und in ihrer Brust ging zurück. Es war ein Moment tiefer Heilung, wo Innen und Außen für einen Augenblick im Gleichgewicht und direkt miteinander verbunden waren, ohne einen „geistigen Vermittler", der den Atem oder den Körper vom Heiligen unterschied.

Wenn sich der Atem ohne Befangenheit oder Berechnung ganz von selbst atmet, ist die Verbindung zwischen dem äußeren Körper und dem inneren Gewahrsein, zwischen Geist und Herz durch nichts eingeschränkt. Der natürliche Strom des Atems fließt durch den weiten, heiligen Raum. Der Atmende stirbt in den Atem hinein. Es besteht nicht einmal mehr die Vorstellung eines Atems, sondern einfach nur der Strom sich entfaltenden Seins. Nur Atmen, das sich selbst atmet. Alle Substantive verlieren sich in einem einzigen Verb: *sein* – endlose Soheit.

Und obgleich das Sein aus sich selbst heraus existiert, hängen unsere Erfahrungen jenes weiten Raumes von verschiedenen geistigen Kriterien ab, die ständig im Fluß sind. Indem wir uns auf den Atem einstimmen, treten wir inmitten dieses Leibes aus Fleisch und Knochen in den Körper des Gewahrseins ein.

Ein einziger geweihter Atemzug kann Körper und Geist von ihren flüchtigen Verhaftungen befreien.

Geweihter Atem bedeutet, die Soheit des Seins (die wir mit „Gott" bezeichnen mögen und doch auf immer und ewig erforschen müssen) spontan und lautlos in das Bewußtsein einzulassen.

Im tiefen Seufzer des Loslassens öffnet sich der Bauch, und wir schöpfen den heiligen Atem.

Vergebung

Der Beginn des Pfades der Befreiung ist das Beenden eines ungelebten Lebens. Er führt zum Erledigen unerledigter Geschäfte. Und dies bedeutet, daß es keine „Geschäfte", kein Addieren von Kontoständen mehr in unseren Beziehungen gibt. Wir warten nicht mehr auf Anerkennung oder Vergebung durch andere. Es geht uns um das Anerkennen der anderen und unser selbst in völliger Wahrheit – selbst wenn diese Wahrheit darin besteht, daß uns die Anerkennung durch andere versagt bleibt. Wenn wir jemandem in wirklicher Vergebung begegnen, dann erwarten wir keine Gegenleistung mehr. Unsere Geschäfte sind abgeschlossen. Wir treten als absolute Anfänger in das Leben ein, erleben jeden Atemzug, als sei es der erste, und betrachten jeden Gedanken, als wäre es der letzte. Wir werden ganz und gar lebendig.

Einer der ersten Schritte auf dem Pfad der Befreiung ist das Vertiefen unserer Vergebung. Dabei dehnen wir uns bis in die Sphäre des inneren Wirkens der liebevollen Güte hinein aus. Vergebung ebnet den Weg und erleichtert unseren stetigen Fortschritt. Sie bedeutet ein Loslassen des schmerzvollen Grolls, der natürlicherweise zwischen unterschiedlichen Wunschmechanismen entstanden ist. Sie beinhaltet die tiefgreifende Auflösung des Konfliktes zwischen Individuen wie auch zwischen opponierenden Aspekten unser selbst.

Die Geschäfte mit einer anderen Person erledigen wir auf die gleiche Weise wie die in unserem eigenen Innern. Es ist die Begegnung des Ungeheilten mit einer barmherzigen Heilung, mit einer tiefen Vergebung und einem Loslassen bis ins Innerste. Es ist der Abschluß dessen, was ein sterbender Musiker die „unvollendete Symphonie" genannt hat. Die Träume und Sehnsüchte unter der Oberfläche unserer weltlichen Persönlichkeit. Das Unerfüllte, das Unvollendete, das oft verübelte Erbe eines nur teilweise gelebten Lebens.

Wenn wir auf immer wieder verdrängte Probleme und alte Verhaftungen stoßen – uns vom Körper, von Freunden, von der Welt verraten fühlen – fällt es uns nicht leicht, einfach loszulassen. Der Kampf und die Verflechtung mit dem Ungelösten, dem Gemiedenen, hat zu einer solchen Einschnürung geführt, daß es ungeheuer mühevoll erscheint, es wieder mit natürlicher Offenheit zu betrachten. Vergebung jedoch macht es dem lange Festgehaltenen leichter, unserem Griff zu entgleiten.

Theoretisch wäre es ideal, wenn wir uns von beklemmenden Zuständen wie Ärger, Angst oder Schuldgefühlen einfach nur zu lösen brauchten. In der Praxis stellen wir jedoch fest, daß die starke Dynamik unserer Identifikation mit solchen Gefühlen tiefe Wurzeln geschlagen hat, die sich nicht so leicht wieder entfernen lassen. Bevor wir nicht voll und ganz in der Lage sind, solchen Gefühlen „einfach nur achtsam" zu begegnen und sie ohne die geringste Verhaftung oder Bewertung in barmherzigem Gewahrsein dahinfließen zu lassen, dürfte es sehr hilfreich sein, die Praxis der Vergebung anzuwenden. Sie veranschaulicht unsere innere Kraft zum Loslassen – diese weitherzige Akzeptanz, die dem hammerschwingenden Urteilsstreben des oft herzlosen Geistes Erbarmen schenkt. Eine unerwartete Heilung.

Vergebung gestattet uns, einen Teil unserer Trauer loszulassen – die Schleier des Grolls und der Angst, die außer dem Oberflächlichen und Verzweifelten alles aus dem Geist herausfiltern. Vergebung reduziert die Verklammerung und erlaubt dem aufgewühlten Geist, ein wenig tiefer ins heilende Herz hinabzusinken.

Das Üben von Vergebung bietet die Möglichkeit der Befreiung aus der uralten Einkerkerung durch den urteilenden Geist. Vergebung läßt den Zorn in barmherzigem Gewahrsein schweben. Wie der weiche Bauch gibt sie unserem Leben Raum. Sie ist die natürliche Äußerung des ungetrübten Herzens. Sie löst die Trennung auf und ermöglicht es dem Geist, sich selbst zu überschreiten. Wie die liebevolle Güte erweckt sie im Geist die Weiträumigkeit des Herzens. Und täglich praktiziert, öffnet die Vergebung den Geist für das natürliche Mitgefühl des Herzens.

Bevor wir mit der Praxis der Vergebungs-Meditation beginnen, müssen wir erst einmal erkennen, daß sich unwillkürlich Schuldgefühle einstellen. Dabei ist es wichtig, die Vergebung nicht zu gebrauchen, um Schuldgefühle im Keim zu ersticken oder die Unversöhnlichkeit eines anderen auszumanövrieren, sondern sie einfach als ein Mittel zur Auflösung von Hemmnissen zu betrachten. Wenn wir uns auf eine entsprechende Situation besinnen, mögen wir anfangs überzeugt sein, nichts falsch gemacht zu haben – warum also um Vergebung bitten oder Vergebung gewähren? Aber rational lassen sich Gefühle nicht handhaben. Es wäre regelrecht irrational, von Gefühlen irgendeine Rationalität zu erwarten – sie führen ein Eigenleben. Wir erbitten oder gewähren Vergebung nicht nur für eine tatsächliche oder vermutete Verletzung oder Fehlhandlung, sondern um unseres eigenen Wohlergehens willen. Wir können die Last unserer Ressentiments und Schuldgefühle nicht länger ertragen.

Zuerst aber ist es am wichtigsten, das zu untersuchen, was die Vergebung heilt. Wir müssen uns nicht bemühen, den Zorn oder die Angst mit einer Vergebungs-Technik zu *unterdrücken*. Vergebung erzwingen und etwas vergebungsvoll berühren zu wollen, dem wir kaum in klarem Gewahrsein begegnen können, bringt uns in unserem Bemühen nicht weiter. Die Technik der Vergebung ist am wirksamsten, wenn sie zur passenden Zeit angewendet wird. Wir müssen uns erst einmal achtsam und forschend unseres Zornes, unseres Mißtrauens, unserer Verklammerung gewahr werden, bevor die gewaltige Kraft der Vergebung die Tiefe, die ihr möglich ist, erreichen kann. Wir gebrauchen die Vergebung nicht *an Stelle* des inneren Forschens nach der Ursache des verschlossenen Herzens, sondern als eine Ergänzung, als eine Bundesgenossin dieser Heilung.

Wenn die Vergebung anfangs einen Anflug von Bitterkeit hervorrufen sollte, dann denke bitte daran, daß sie nicht im Verzeihen einer ungeschickten, verletzenden Handlung besteht, sondern darin, sich dem Handelnden mit Erbarmen und liebevoller Güte zu nähern. Wir können Mord nicht verzeihen, aber wir können dem Mörder nach und nach mit einem gewissen Verständnis begegnen, unsere eigene Angst verringern und uns ein wenig freier im Leben bewegen. Vergebung kommt uns selbst zugute, nicht jemand anderem. Sie berührt in uns selbst jene Geisteszustände mit neuem Erbarmen und Verständnis, über die wir auch bei anderen unser Urteil fällen. Die Eigenschaften, die wir jemandem vergeben, sind Eigenschaften, die wir lange Zeit in uns selbst verurteilt haben. Vergebung heilt uns zurück in unser Herz.

Auch wenn wir einer anderen Person unser Herz öffnen, heilen wir uns damit in erster Linie selbst. Vergebung kann selbst über Hunderte von Kilometern hinweg wirksam werden und sogar Bestätigung finden, aber dies ist nicht der primäre Zweck dieser Meditation. Denn eigentlich beweist das Warten auf eine solche Bestätigung nur, daß wir unsere unerledigten Geschäfte noch weiterverfolgen. Irgendetwas zu erwarten bedeutet, ein Gefühl des „Unerledigtseins" zu schaffen. Vergebung löst Geschäfte auf, weil wir uns von der Panzerung lösen, die zwei Herzen voneinander trennt. Ein Lehrer sagte: „Solange es noch zwei gibt, gibt es auch unerledigte Geschäfte. Wenn die zwei aber eins werden, vernehmen wir nur noch ein einziges Flüstern in einem einzigen Herzen." Beim Arbeiten mit all diesen Meditationen erkennt unsere natürliche Weisheit noch andere, tiefere Ebenen unserer Heilung, auf die sie sich ausrichten kann. Sie unterstützt uns darin, unsere eigene große Gabe der Heilung, unser Heimweh nach Gott zu unserem Wegweiser zu machen. Mag Vergebung in ihrer allgemein praktizierten Form auch eine sehr machtvolle Wirkung haben, so erschließen uns die Meditationen noch einen weiteren Aspekt ihrer Heilung: Wenn Patienten, mit denen wir arbeiteten, Vergebung in das unmittelbare Zentrum ihrer Beschwerden hineinzustrahlen begannen, dann konnten sie eine tiefe Entspannung und Öffnung in sich wahrnehmen.

Viele erkrankte Menschen fühlen sich vom Körper betrogen. Und sie verstoßen den Körper aus dem Herzen. Sie verbannen ihre Krankheit. Sobald sie aber mit Vergebung berührten, was sie so oft unter heftiger Mißbilligung und Ablehnung preisgegeben hatten, ermöglichten sie es dem sanften Wunder der Vergebung, Körper und Geist zu durchdringen. Sie machten sich diese Praxis zu eigen, begannen Vergebung auf ihren Tumor, ihr Herzleiden, ihr AIDS auszustrahlen, und fanden Frieden, wo vorher Krieg geherrscht hatte. Indem sie sich nicht mehr auf Vergangenes stützten, tauchten sie tief in das ein, was sie benötigten – *als* sie es benötigten. Der Ozean des Gewahrseins löschte die Schritte aus, die sie gegangen waren, so daß keine Spuren mehr blieben, sondern nur noch der Boden unter ihren Füßen. In diesem einen Augenblick fanden sie alles, wonach sie gesucht hatten.

Unsere Geschäfte sind erledigt, wenn wir einem früheren Objekt unserer Abneigung teilnahmsvoll und mit weichem Bauch gegenübertreten können. Erwarten wir irgendeine Gegenleistung, und sei es auch nur Anerkennung oder Verständnis, so bleiben unsere Geschäfte unerledigt. Wenn wir aber nicht auf Erwiderung pochen und die Menschen – uns selbst eingeschlossen – so akzeptieren, wie sie sind, dann gibt es nichts mehr, was unseren Geist noch von unserem Herzen – und von dem der anderen – trennt.

Das Vergebung-Üben löst die Verhaftungen des Geistes und öffnet die Verklammerungen des Körpers. Vergebung verkörpert Heilung.

Auf den tiefsten Stufen der Vergebung werden wir gewahr, daß der „andere", dem wir Vergebung gewähren, in Wirklichkeit nur als das Gefühl gemeinsamen Seins existiert. Wir erfahren den einen Geist, das eine Herz, in dem wir alle schweben.

Als ich in einer sehr schwierigen Lebensphase vor vielen Jahren einmal an einem einsamen Teich in den Redwood-Wäldern saß und die Vergebungs-Meditation praktizierte, nahm ich mich selbst als Praktizierenden gar nicht mehr wahr, sondern alles um mich herum wurde zur Vergebung: die Bäume, die Felsen, der Teich und der Salamander, der über meine Schuhe kroch – alles war Vergebung. Die Welt verwandelte sich in eine alles umfangende Liebe. Und in meiner Seele flüsterte eine Stimme, daß mir alles vergeben sei, was ich jemals getan hatte. Worauf der Geist erwiderte: „Ja, aber – aber das ist doch unmöglich. Das ist doch viel zu viel." Doch das Herz wiederholte: „Dir ist vollständig vergeben, es ist alles erledigt. Wenn du noch mal von vorn anfangen willst, bitte schön. Aber von nun an liegt es ganz bei dir." Wie schwer war es doch, diese unaussprechliche Güte zu akzeptieren und in meinem Herzen anzunehmen – und wie heilsam!

Das Schöne an der Vergebungs-Meditation ist, daß wir überhaupt nichts falsch machen können. Gehe sanft mit diesem

Prozeß um. Besinne dich zuerst auf einen Menschen, mit dem du nur geringen Kummer hast. Keine Herausforderung! Wenn Vergebung nicht dem Fluß des Augenblicks entspringt, zeichnet sich das, was die Vergebung blockiert, nur um so deutlicher ab. Die Heilung, die wir brauchen, liegt genau darin, die Blokkaden des Herzens zu erkennen, zu akzeptieren und sich ihnen zu öffnen. Im weiteren Verlauf dieser Praxis erwacht neue Zuversicht. Mehr und mehr spüren wir, daß wir mit vielem, wogegen wir uns aus Angst und aus einem Gefühl der Unvollkommenheit heraus gesträubt hatten, durchaus umgehen können. Vergebung ist eine Übung, die uns manchmal denken läßt: „Nichts ist zu schön, um wahr zu sein!“ Vergebung ist ein Geschenk des Herzens an den rationalen Geist.

Eine geleitete Meditation der Vergebung

(Man kann sie einem Partner langsam vorlesen oder auch allein mit ihr arbeiten.)

Denke einen Augenblick darüber nach, was das Wort „Vergebung" bedeuten mag. Was ist Vergebung? Was würde es bedeuten, unser Leben, unseren Geist mit Vergebung zu erfüllen?

Führe dir zunächst einen Menschen vor Augen, gegen den du eine Abneigung verspürst. Laß sanft und ruhig ein Bild, ein Gefühl, eine Empfindung von dieser Person in dir entstehen.

Heiße sie freundlich in deinem Herzen willkommen – einfach nur für diesen Augenblick.

Beobachte jede Angst, jede Erbitterung, die sich in dir erheben mag, um diesen Eintritt zu erschweren oder zu verwehren. Löse diese Spannung ganz sanft auf. Übe keinen Druck aus. Dies ist nur ein Experiment der Wahrheit, bei dem die gedachte Person zu Gast geladen wird.

Sage nun in der Stille deines Herzens zu dieser Person: „Ich vergebe dir."

Öffne dich einem Gefühl ihrer Gegenwart und sage: „Ich vergebe dir alles, wodurch du mir in der Vergangenheit Leid zugefügt hast, sei es wissentlich oder unwissentlich, sei es durch deine Worte, Gedanken oder Taten. Auf welche Weise du mir auch Schmerz bereitet haben magst – ich vergebe dir."

Spüre für einen Augenblick diese Weite des Herzens, in der immerfort die Möglichkeit der Vergebung besteht.

Löse dich von jenen Mauern, jenen Schleiern des Unwillens, damit dein Herz Befreiung findet – damit dein Leben leichter wird.

„Ich vergebe dir alles, wodurch du mir in der Vergangenheit Leid zugefügt hast, sei es wissentlich oder unwissentlich, sei es durch deine Handlungen, durch deine Worte oder durch deine Gedanken. Durch alles, was du getan hast und was du unterlassen hast. Welches Leid ich auch immer durch dich erfahren habe – ich vergebe dir. Ich vergebe dir."

Es ist so schmerzvoll, jemanden aus dem Herzen zu verstoßen. Laß diesen Schmerz los. Laß den anderen in diesem Augenblick wenigstens die Möglichkeit deiner Vergebung spüren.

„Ich vergebe dir. Ich vergebe dir."

Erlaube es dieser Person, einfach in der Stille, in der Wärme und Geduld des Herzens zu verweilen. Laß sie Vergebung empfangen. Laß die Distanz zwischen euch in Erbarmen und Mitgefühl übergehen.

Laß es so sein.

Nachdem sich so viele Geschäfte bereinigt und in der Vergebung aufgelöst haben, kannst du dieses Wesen nun auf seinem Weg weiterziehen lassen. Ziehe oder dränge es nicht aus dem Herzen, sondern laß es einfach seinen eigenen Weg fortsetzen – berührt von einem Segen und der Aussicht auf deine Vergebung.

Laß dir, wenn du möchtest, etwas Zeit und erlaube es diesem Wesen, seiner Wege zu gehen. Achte darauf, was du dabei fühlst.

Nun bringe dir sanft und ruhig das Bild oder Gefühl eines Menschen zu Bewußtsein, der Groll gegen dich hegt. Jemanden, der dir sein Herz verschlossen hat.

Heiße ihn für diesen einen Augenblick in deinem Herzen willkommen. Achte auf alles, was seinen Eintritt erschweren mag, und löse diese Verhärtung sanft auf. Laß sie fließen.

Heiße den anderen willkommen und sage zu ihm: „Ich bitte dich um Vergebung."

„Ich bitte dich um Vergebung."

„Ich bitte dich darum, mir wieder Einlaß in dein Herz zu gewähren. Bitte vergib mir, wenn ich etwas getan habe, das dir Leid bereitet hat, sei es wissentlich oder unwissentlich, sei es durch meine Worte, meine Taten oder durch meine Gedanken."

„Auf welche Weise ich dich auch verletzt oder verwundet haben mag, welche Verwirrung, welche Angst von meiner Seite auch Schmerz in dir ausgelöst haben mag – ich bitte dich um Vergebung."

Gestehe es dir zu, die Vergebung dieses Wesens zu empfangen. Laß es zu, daß dir vergeben wird. Laß es dich wieder in seinem Herzen aufnehmen.

Habe Erbarmen mit dir selbst. Habe Erbarmen mit dem anderen. Erlaube ihm, dir zu vergeben.

Fühle, wie dich seine Vergebung berührt. Nimm sie an. Ziehe sie in dein Herz hinein.

„Ich bitte dich um Vergebung für alles, womit ich dir in der Vergangenheit Schmerzen bereitet habe – sei es durch meinen Zorn, durch meine Begierde, durch meine Angst, meine Unwissenheit, meine Blindheit, meine Zweifel oder meine Verwirrung. Auf welche Weise ich dir auch Leid zugefügt haben mag – ich bitte dich darum, mir wieder Einlaß in dein Herz zu gewähren. Ich bitte dich um Vergebung."

Laß es zu. Erlaube es dir, Vergebung zu empfangen.

Wenn der Geist versucht, die Vergebung durch unerbittliche Anklagen, Gegenbeschuldigungen oder Bewertungen zu blockieren, dann werde einfach nur der Natur des herzlosen Geistes gewahr. Erkenne, wie unbarmherzig wir uns selbst behandeln. Und laß diese herzlose Verklammerung in der Wärme und Geduld der Vergebung schmelzen.

Laß es so sein.

Fühle nun, wie die Vergebung des anderen dich berührt.

Wenn der Geist sich zurückziehen will, weil er meint, er habe das Leid verdient, dann werde dir seiner Rücksichtslosigkeit bewußt. Laß ihn im Herzen versinken. Erlaube es dir, die Möglichkeit der Vergebung zu spüren.

Empfange die Vergebung.

Laß sie zu.

Sage dieser Person nun freundlich Lebewohl und lasse sie mit einem Segen auf ihrem Weg weiterziehen, auch wenn du nur für einen Sekundenbruchteil das eine Herz mit ihr geteilt hast und über den Zwiespalt scheinbar getrennter Seelen hinausgeschritten bist.

Wende dich nun in deinem Herzen sanft und ruhig an dich selbst und sage zu dir: „Ich vergebe dir."

Es ist so schmerzvoll, sich selbst aus dem Herzen zu verstoßen.

Sage zu dir selbst: „Ich vergebe dir."

Rufe dir selbst in deinem Herzen zu, indem du deinen Vornamen gebrauchst: „Ich vergebe dir."

Wenn sich der Geist mit unbarmherzigen Gedanken in den Weg stellt, wenn er es als Zeichen der Schwäche auslegt, sich selbst zu vergeben – wenn er urteilt und dich drangsaliert, dann nimm diese Enge einfach wahr – und gib dir wieder Raum. Betrachte einfach diesen unfreundlichen Geist und laß ihn die Vergebung spüren.

Gewähre dir selbst wieder Einlaß in dein Herz. Laß es zu, daß du dir selbst vergibst.

Laß die Welt wieder in dein Herz hinein. Laß es zu, daß dir vergeben wird.

Laß diese Vergebung deinen ganzen Körper erfüllen.

Spüre die Wärme und Fürsorge, der dein eigenes Wohlergehen am Herzen liegt. Betrachte dich so, als wärst du selbst dein einziges Kind; laß dich von dieser Barmherzigkeit und Güte umarmen. Laß dich lieben. Verstehe, daß deine Vergebung immer darauf wartet, daß du in dein Herz zurückkehrst.

Wie unfreundlich wir uns doch selbst behandeln. Wie wenig Mitempfinden wir doch aufbringen. Laß los.

Erlaube dir, dich selbst voller Vergebung zu umarmen.

Laß dich lieben.

Laß dich Liebe werden.

Und fange an, dieses Wunder der Vergebung, des Erbarmens und des Gewahrseins mit anderen zu teilen. Laß es sich ausbreiten auf alle Menschen, die dich umgeben.

Laß alle Wesen die Macht der Vergebung spüren. Alle, die solches Leid ebenfalls erfahren haben – die sich selbst und andere immer wieder aus ihrem Herzen verstoßen haben. Die sich so oft isoliert und verloren fühlten.

Ermutige sie mit deiner Vergebung, mit deinem Erbarmen und deiner liebevolle Güte, damit auch sie die Heilung finden, die du dir ersehnst.

Fühle, wie sehr das Herz, das wir alle teilen, von Vergebung erfüllt ist, damit wir alle unsere Ganzheit wiedererlangen.

Laß Das Erbarmen immer weiter nach außen strahlen, bis es die ganze Erde umfaßt. Laß den ganzen Planeten wie eine Seifenblase in deinem Herzen schweben – die ganze Welt schaukelt auf dem Ozean unendlichen Mitempfindens.

Mögen alle fühlenden Wesen von ihrem Leid, von ihrem Zorn, von ihrer Verwirrung, von ihrer Angst, von ihren Zweifeln befreit werden.

Mögen alle Wesen die Freude ihrer wahren Natur erkennen.

Mögen alle Wesen frei sein von Leid.

Die ganze Welt schwebt im Herzen. Alle Wesen sind von ihrem Leid befreit. Alle Herzen sind geöffnet, alle Seelen rein und klar. Alle Wesen haben Frieden gefunden.

Mögen alle Wesen, auf welcher Stufe der Realität, auf welcher Ebene der Existenz sie sich auch befinden, von ihrem Leid befreit werden.

Mögen sie alle Frieden finden.

Mögen wir der Welt Heilung bringen, indem wir sie wieder und wieder mit Vergebung berühren. Mögen wir unser eigenes Herz und die Herzen unserer Lieben heilen, indem wir ganz in der Vergebung aufgehen – indem wir im Frieden verschmelzen.

Wessen Leben ist das eigentlich?

Wenn wir das Herz öffnen, mahnt uns die Weisheit in unserem Körper, Balance zu halten, die Quelle zu erforschen. „Wessen Liebe ist das eigentlich?"

Sich hineinbeugend wie ein Zen-Meister fragt die Körper-Weisheit: „Wer bist du?"

Worauf beziehst du dich, wenn du sagst: „Ich bin"?

Was ist deine wahre Natur?

Alles, was wir in unserem Leben erfahren haben, hat sich verändert. Jeder Gedanke, jedes Gefühl, jede Wahrnehmung, jede Liebeserfahrung, jede Ungewißheit, jede Behauptung, jeder Atemzug hatte einen Anfang, eine Mitte und ein Ende. Der Körper veränderte sich. Der Geist veränderte sich. Alles ist eine flüchtige, vorübergehende Erfahrung gewesen – nur eines nicht: das *„Ah"* des Seins. Das Gefühl von Präsenz, welches uns vermuten läßt, daß wir existieren.

Nimm Einblick in deine eigene Erfahrung. Betrachte sie ganz direkt. Hat *„Ah"* einen Anfang und ein Ende? Oder ist es ein Gefühl unendlicher Soheit, Unsterblichkeit, Alterslosigkeit?

Seit dem Augenblick, da uns unser Gewahrsein bewußt wurde, gab es ein elementares Summen des Daseins. Unbeschreiblich, aber direkt erfahrbar.

Nimmt *„Ah"* Geburt an? Nimmt es Tod an? Oder ist es der Ozean, aus dem diese Wellen geboren werden? Und in dem jede Welle wieder versinkt?

Dieses grundlegende Gefühl der Präsenz, dieses *„Ah"*, ist die einzige Lebenserfahrung, die sich nicht verändert hat. Es ist der Raum, in dem die Veränderung fließt.

Wenn wir erforschen, worauf sich „ich bin" bezieht, suchen wir das „Ich" und finden ein beständiges Werden, ein unaufhörliches Greifen nach einem Jemand, einem Etwas, das wir sind. Angst, Alter und Tod. Zeit. In diesem „Ich" gibt es keine dauerhafte Wirklichkeit. Wenn wir jedoch zur „Binheit" gelangen, gibt es nur Sein. Kein *Dieses*-Sein oder *Jenes*-Sein. Keinen Gewinn oder Verlust. Keinen Triumph, keine Verzweiflung. Binheit ist unaufhörliche Soheit – die unsterbliche, die ungeborene und todlose Essenz des Seins. Selbst wenn wir sie *„Ah"* nennen, nähern wir uns schon dem heiligen Krieg. Der Drang, das Unnennbare zu benennen, entspringt unserer Verstandessucht, ist ein Aspekt des bangenden „Ich", der nach Kontrolle dürstet.

Jeder hat ein anderes „Ich". Jeder hat dieselbe Binheit. Es gibt Dutzende „Ichs" in jedem Einzelnen, in Milliarden Einzelwesen. Aber es gibt nur eine einzige Binheit. Die Erfahrung der Binheit ist sogar bei allen, die jemals gelebt haben, dieselbe. *„Ah"* – das ist alles.

Wir glauben, daß wir sterben werden, weil wir uns davon überzeugen ließen, daß wir geboren wurden. Übernimm kein Wissen aus zweiter Hand! Erforsche dieses grundlegende *„Ah"* des Seins für dich selbst. Stirbt es? Wurde es mit der Geburt des Körpers erschaffen? Oder wurde der Körper von ihm erschaffen?

Wir glauben, unser Dasein hinge vom Körper ab – aber es ist genau umgekehrt. Die Existenz des Körpers hängt von uns ab – von der Binheit, unserer wahren Natur. Und wenn der strahlende Funke erlischt, wird der Körper zu Abfall, zu einem Entsorgungsproblem.

Es ist ein geheiligter Recycling-Prozeß, bei dem die Verpakkung ausgesondert, der Inhalt aber wiederverwertet wird.

Wo war unser *„Ah"*, bevor wir geboren wurden? Was wohnt in diesem flimmernden Feld der Wahrnehmung, das wir „meinen Körper" nennen? Was ist unser wirklicher Körper, unser ungeborener, unser unsterblicher Körper?

Der geborene Körper ist für den wirklichen Körper, was ein Gedanke für den Geist ist. Der wirkliche Körper ist kein eigentlicher Körper. Er ist die Substanz des Gewahrseins.

Er leuchtet im Bewußtsein und wohnt in allem, dessen wir uns bewußt sind.

Er bringt das *„Ah“* des Seins hervor. Er ist die einzige Konstante im Leben. Er ist die Konstante, in der dieses vergängliche Leben seinen Ursprung hat.

Er ist zu groß für den Himmel, und die Religion macht ihn zu klein.

Eine heilige Reise

Es gibt eine heilige Reise, die zu unternehmen jeder von uns geboren wurde. Sie ist die Große Heilung.

Wir sind Forscher nach dem heiligen Unbekannten – Forscher nach der Wahrheit, die bestehen bleibt, wenn sich alles Greifen nach der Wahrheit verflüchtigt hat.

Wir befinden uns auf einer heiligen Pilgerfahrt, einer Erkundungsreise zu unseren Grenzen und über sie hinaus. Wir untersuchen den Prozeß und den Raum, in dem dieser Prozeß dahinfließt. Wir kartographieren die vibrierende Grenze zwischen dem Vertrauten und dem Unbekannten. Wir schreiten wie Buddha oder Madame Curie über die Angst, die uns an den Toren befällt, hinaus und betreten den Raum jenseits unseres Wissens. Schritt für Schritt wagen wir uns auf unerforschtes Terrain, wo sich alles Wachstum vollzieht. Wir nähern uns der Wahrheit und der Heilung, die aus dem Herzen entspringt, wenn wir über den Geist hinausgehen.

Wir haben in diesem funkelnden, flimmernden Körper Geburt angenommen, um den Körper im Körper zu entdecken, jenen leuchtenden Punkt, um den sich die Perle formt.

Im Annähern an diese Essenz treten wir in den Atem innerhalb des Atems ein – in das, worauf sich Kabir bezog, als er von Gott sprach.

Und es stellt sich heraus, daß unsere wahre Natur nicht nur in diesem Funken besteht, der unseren Körper mit Bewußtsein erhellt, sondern in dem Feuer, dem dieser Funke entsprang. Sie ist das gestaltlose *„Ah“* des Seins, das sich von reinem Gewahrsein nicht unterscheidet.

Wir wurden geboren, um unseren kleinen Körper zu erforschen und so unseren wahren Körper zu finden. Wir wurden geboren, um unseren kleinen Geist zu erforschen und so unseren wahren Geist zu finden. Wir wurden geboren, um unser kleines Herz zu erforschen und so unser wahres Herz zu finden. Unser wahres Herz, unser wahrer Geist ist unser wirklicher Körper.

Es ist eine heilige Erforschung, die uns alle erwartet. Eine Reise von Hier nach Jetzt! Sie wartet in diesem einen Moment, in dieser Millisekunde des Seins, im „Nur-so-viel“. Sie läßt uns entdecken, was sich im Innern verbirgt. Und worin dieses Innere liegt. Sie bedeutet nicht, Buddha oder Jesus zu werden, sondern das Licht zu sein, das Buddha und Jesus meinten, als sie sagten „Ich“.

Über den Namen Gottes

Die Verwendung des Wortes „Gott" fällt mir sehr leicht, denn ich habe nicht die leiseste Ahnung, was es bedeutet – und doch ist es für mich überall gegenwärtig. Und ich kann nicht bestreiten, daß mein Herz bei diesem Wort zu singen beginnt.

Obwohl doch Buddha die Illusion des flüchtigen „Ich" und die Wahrheit der Binheit klar erkannte, gebrauchte er das Wort „ich" immer wieder als praktischen Behelf. Ebenso verwende ich, obwohl mir klar ist, daß kein Konzept unsere wahre Natur erfassen kann, das Wort „Gott" als eine Analogie für die Freude, die der Wahrheit entströmt. Wenn man dem Wort „ich" oder „Gott" bis an seine Quelle folgt, entdeckt man ein und dasselbe.

Ich empfinde Gott nicht als einen bestechlichen Paternalismus im Himmel, sondern vielmehr als den Raum, in dem solche Vorstellungen dahintreiben. Als die Energie, welche diesen Gedanken zuläßt. Genau dieselbe Energie, welche die Gedanken durch den Geist bewegt, läßt auch die Sterne über den Himmel ziehen. In der Freude an Gott empfinde ich viel eher Dankbarkeit als irgendein Gefühl des Beherrschtseins oder der Erwartung einer besonderen Aufmerksamkeit, die mir „der Chef" zuteil werden läßt.

Ich verwende das Wort „Gott" oft zur Bezeichnung dessen, was nicht bezeichnet werden kann. Für viele aber ist dies Wort mit dem Makel des Mißbrauchs oder einer überlebten Denkweise behaftet. Es läßt sich ohne weiteres durch die Worte „Ur-Natur" oder einfach „Natur" ersetzen. Für manche werden das Mysterium und die Unermeßlichkeit durch die Worte „Tao" oder auch nur „Prozeß" repräsentiert.

In dem Begriff „Gott" manifestiert sich die Freude des Seins, unsere „natürliche Güte", und der himmlische Gesang unserer großen Natur. Es ist ein Begriff überwältigender Wonne. „Ich" bringt das Festgehaltene zum Ausdruck, das Verlorene, das Schmerzliche und Trennende, das Selbstbild, den Kampf, die Verwirrung. Keiner der Begriffe ist „real". „Ich" ist nicht die Wahrheit, und „Gott" ist nicht die Wahrheit. Die Wahrheit ist die Wahrheit. Tauche direkt in sie ein. Gehe zur Essenz, die sich in beidem verbirgt.

Der Weg der Praxis

Als ich mit der Praxis begann und bereits einiges über den Buddhismus gelesen hatte, war die Bhagavad-Gita mein täglicher Begleiter, und die meisten meiner relativ formlosen Meditationen waren Herzensübungen aus der Hindu-Tradition.

Bald traf ich auf Lehrer (besser gesagt, sie trafen auf mich) und setzte diese Praktiken einige Jahre lang fort.

Dies war eine überaus erfüllte Lebensperiode, die das innere Blickfeld zunehmend ausweitete. Und wenn auch diese Ausweitung sehr heilsam war, so fühlte sich doch irgendetwas in meinem Herzen dazu aufgerufen, sich noch inniger hinzugeben. Und wieder war es die Praxis, die mich „fündig werden ließ".

Ein befreundeter Dichter hatte drei Jahre als buddhistischer Mönch in Thailand gelebt und brachte bei seiner Rückkehr die Anleitungen von Mahasi Sayadaw für die Vipassana- oder Achtsamkeitspraxis mit. Ich spürte sofort, daß ein solcher methodischer Übungsweg unabdingbar für mich war, wenn mein Geist endlich in meinem Herzen versinken sollte. Wenn mir auch bewußt war, daß alte Neigungen mich bewegen könnten, jedwede Technik als Kontroll- und Wunschbild-Mechanismus einzusetzen (um meine Verwirrung und mein Leid damit zu kaschieren), spürte ich doch, daß die Anwendung dieser Praktik gerade aus der Tiefe des Herzens heraus möglich war und nicht etwa aus der Oberflächlichkeit des furchtsamen, zersplitterten Geistes.

Als ich mit der Achtsamkeitspraxis begann, schien sie den Denkprozeß erst einmal zu steigern und zu verstärken. Aber Achtsamkeit ist eine Ausrichtung auf den Augenblick, bei der die Machenschaften des unerforschten Geistes in einem neuen Licht erscheinen. Zu meinem Verdruß entdeckte ich, wie tief mein Geist in das Denken verstrickt war, und ich bekam es schon mit der Angst zu tun, daß mich die Meditation vielleicht verrückt machen würde. Dann dachte ich jedoch: „Naja, wenn man bedenkt, was für unsinnige und nutzlose Dinge ich in meinem Leben schon getrieben habe – Autorasereien, Kneipenraufereien, Drogensucht und die üblichen sexuellen Wirrungen – dann kann diese Meditationsgeschichte wohl auch nicht mehr allzuviel Unheil bei mir anrichten!" Also traf ich mit mir selbst ein Abkommen. Ich gab der Meditationspraxis eine Frist von drei Monaten. Wenn sie meine Probleme wirklich verschlimmern sollte, dann würde ich es ziemlich deutlich merken. Nun, innerhalb von sechs Wochen hatte ich das getroffene Abkommen, das Experiment ohne Urteil nicht fortzusetzen, schon ganz vergessen. Die Praxis hatte sich bereits in mir verankert und mich gelehrt, den ewig rastlosen Geist ganz einfach vom Herzen aus zu beobachten.

Natürlich stand ich zuerst vor der Frage, welche Sitzhaltung ich bei längeren Meditationen einnehmen sollte. Photos von Yogis, die ihren Hals mit den Beinen umschlangen, wirkten nicht sehr ermutigend auf mich. Doch die Praxis selbst fand die Antwort, wonach die Funktion der „richtigen Haltung" einfach darin bestand, sich hinsetzen und eine Stille bewahren zu können, die nur eine sehr geringe zusätzliche Aufmerksamkeit erforderte. Ich spürte, daß alle Stellungen tendenziell aus einer Haltung des Posierens hervorgehen, und wählte die simpelste, leichteste Art des Sitzens: eine Meditationsbank.

Als ich diese Kniebank bei den Meditationen zu benutzen begann, merkte ich, daß sie die beste und am leichtesten beizubehaltende Position für ausgedehnte Übungsperioden gewährleistete. Sie kam meinen Bedürfnissen viele Jahre lang ideal entgegen. Mit der Zeit nahm die Widerstandskraft meiner Knie jedoch ab, und schließlich stellte ich fest, daß das Sitzen mit gekrümmten Knien die Gelenke übermäßig strapazierte und so diese Stellung äußerst unbequem machte. Bei längeren

Sitzungen begannen die Knie so heftig zu schmerzen, daß ich anschließend kaum stehen konnte und mich daher entschloß, meine Meditationshaltung zu ändern.

Es gibt zwei Arten von Schmerz, die sich aus der Meditation ergeben können. Die eine tritt auf, kurz nachdem man aufgestanden ist. Ihr Grund ist die manchmal sehr tiefe Befreiung und Erleichterung, aus der man am Ende einer konzentrierten Meditation zurückkehrt. Die andere Art von Schmerz kann auftreten, weil der Körper von langen Übungsperioden überanstrengt ist. Da meine Knie durch die morgendliche Sitzung den ganzen Tag über in ihrer Funktion beeinträchtigt waren, begann ich mit einem Zafu, einem Kissen für die Zen-Meditation zu experimentieren. Hier werden die Knie eher vor als unter dem Körper gebeugt.

Dies funktionierte einige Jahre lang sehr gut. Diese sogenannte „Birmanische Position", bei der die Beine nicht zusammengedrückt werden, sondern flach und angewinkelt vor dem Körper liegen, vermittelt eine große Stabilität und Bequemlichkeit.

Doch im Lauf der Zeit machten sich meine Probleme mit der Wirbelsäule, die bereits in meiner Jugend begonnen und im Alter von neunzehn Jahren eine chirurgische Behandlung erfordert hatten, sehr massiv wieder bemerkbar. Ganz gleich, wie lange ich saß, es war immer eine Meditation des Schmerzes. Ohne Zweifel waren es nützliche, gleichwohl aber ungemein erschöpfende Meditationen.

In dieser Periode praktizierte ich schließlich nur noch unregelmäßig. Und ich konzentrierte mich nicht einzig auf das Erreichen klarer Einsicht, sondern mehr und mehr auf den Schmerz derer, mit denen wir im Rahmen unserer Arbeit mit Sterbenden täglich Kontakt hatten. Es war eher eine Meditation des Mitempfindens für die Welt der Schmerzen als eine traditionelle Achtsamkeitspraxis. Ist die Achtsamkeit aber erst einmal erwacht, entwickelt sie ein Eigenleben und möchte sich fortsetzen, ganz gleich, welche anderen Praktiken – oder Schwierigkeiten – unser spirituelles Leben noch bereithält. In dem Wunsch, mit der Praxis fortzufahren, begann ich auf einem Stuhl zu meditieren. Auf diese Weise kam die zu jener Zeit vertiefte Herzensfülle auch der inneren Klarheit zugute.

So mußte ich also nach zwanzig Jahren Praxis mein Zafu aufgeben und auf einem Stuhl sitzen.

Ich bemerkte, wie sich der jugendliche Geist angstvoll an sein Selbstbild des „Yogis auf einem Zafu" klammerte, und kam mir auf diesem Stuhl vor wie ein dummer Schüler. Manchmal mußte ich angesichts der Mimosenhaftigkeit des Geistes, der ja nur einen einzigen Schritt über sein vertrautes Territorium hinaustreten mußte, laut auflachen. „Wie soll ich denn Nicht-Verhaftung üben, wenn ich nicht so dasitzen darf, wie ich es gewohnt bin?" Aus der Meditation war offenbar eine allzu sichere Angelegenheit geworden. Sie glich eher einem bequemen Basislager als einer Forschungsstation, in der es darum ging, die unbekannten Regionen hinter dem nächsten Gebirgskamm zu erkunden. Der Positionswechsel hatte mir subtile Posen enthüllt, die sich innerlich entwickelt hatten. Es war Zeit zu sterben. Über jede Zuflucht in der Vorstellung, „ein Buddhist" zu sein, hinauszugehen und in die ungeteilte Weite des Herzens einzutauchen. Alles Werden loszulassen und einfach zu *sein*.

Wenn wir uns an einem ruhigen Ort befinden und das Herz auf die Wahrheit gerichtet ist, dann *sind* wir der Buddha. Wir setzen die Tradition der Selbstergründung und Heilung fort.

Die neue Sitzhaltung auf dem Stuhl, bei der ich die Hände auf dem Schoß faltete, die Füße auf dem Boden ruhen ließ, ruhig atmete und mich so tief in die Beobachtung versenkte, wie es der Augenblick zuließ, erwies sich nicht nur als befriedigend, sondern sogar als sehr praktikabel. Und weil sie eine immer größere Ausweitung der Meditation in mein tägliches Leben bewirkte, eröffnete sie auch tiefe Einsicht. Diese Position war für mich so natürlich geworden, daß ich mich auf keinen Stuhl setzen konnte, ohne mich auf den Atem und auf den Raum zu besinnen, in dem alles dahinfloß.

Als die Meditation mehr und mehr in das Herz integriert worden war, entwickelte sich eine ganz neue Ebene der Praxis. Es war mein tägliches Leben, das zu meiner Praxis wurde.

Nach ein oder zwei Jahren mit dem Stuhl machten es mir die Degenerationserscheinungen in meiner Wirbelsäule schließlich unmöglich, auch nur fünf Minuten lang ohne ständige Haltungskorrekturen stillzusitzen.

Während sich die körperlichen Bedingungen änderten, die Praxis jedoch immer auf die teilnahmsvolle Offenheit des Gewahrseins für den Geist ausgerichtet blieb, entwickelte sich der

Weg der Praxis. Ich saß jetzt nicht mehr auf einem Stuhl, sondern meditierte auf der Seite liegend im Bett.

Von diesem Punkt an – er liegt einige Jahre zurück – begann ich, jene Heil-Meditationen zu verfeinern und konsequent anzuwenden, die wir schon mit unseren Freunden und Patienten ausgeführt hatten. Täglich strahlte ich heilendes Erbarmen und unmittelbare Bewußtheit auf den Bereich des Schmerzes aus. Und der Körper antwortete darauf mit Heilung.

Heute kann ich wieder für längere Perioden auf einem Stuhl sitzen. Manchmal auch für eine Weile auf einem Kissen. Doch die Lehren meiner zurückliegenden Erfahrungen habe ich nicht vergessen, und so meditiere ich ebenso in der Seitenlage auf dem Bett. Ich registriere, ob ich mit dem Einatmen oder dem Ausatmen aufwache, und gehe dann immer tiefer – so beginnt jeder Tag im Herzen klarer Bewußtheit. Und ich warte nie mehr auf die „Zeit zur Meditation".

Was so erwartungsvoll und so großartig mit der Erforschung der Natur des Universums begann, ist so klein geworden, daß es sich in nichts anderes mehr einfügt als in „nur so viel".

Die Wahl eines Lehrers

Es ist schwieriger, ein vollendetes menschliches Wesen als ein Heiliger zu werden. Denn man darf vor nichts zurückweichen und nichts verdrängen. Es erfordert, wie Zorba der Grieche es ausgedrückt hat, „diese ganze Katastrophe“ auf sich zu nehmen.

Als Psychologen aus Harvard mit diversen psychologischen Tests im Gepäck nach Indien reisten, um die Psyche verschiedener hoch entwickelter spiritueller Meister zu begutachten, fanden sie heraus, daß einige wenige von ihnen „nahezu geisteskrank“ waren. Wirkungsvolle Techniken und permanent entwickelte Konzentration hatten eine Menge unerledigter Geschäfte „überlagert“. Die Technologie ihres Weges hatten sie gemeistert, aber sie waren nicht das geworden, was man einen „vollendeten Menschen“ hätte nennen können. Sie waren zu geschickten Spezialisten mit tiefgreifenden ungelösten und unverarbeiteten Problemen in bezug auf ihre Kindheit, ihre Beziehungen, ihre Verantwortlichkeit, ihre Sexualität und ihre Ängste geworden. Sie strahlten nicht die Vollkommenheit und Mühelosigkeit des offenen Herzens oder des klaren Geistes aus.

Krishnamurti sagte: „Die Heiligen waren keineswegs vollkommene Menschen. Die meisten von ihnen waren überaus neurotisch. Sie waren einseitig entwickelt. Unterweist daher die jungen Schüler in der Kunst des Zuhörens und des Lernens, in der Kunst der Beobachtung. Wenn ihr das vermögt, habt ihr ihnen alles beigebracht."

Als ich zur Teilnahme an einem dreitägigen Symposium über Psychologie der Spiritualität eingeladen worden war, an dem auch einige jener Harvard-Psychologen und Seine Heiligkeit, der Dalai Lama teilnahmen, war ich immer wieder aufs neue beeindruckt von dem Bekenntnis des Dalai Lama, daß „die Güte meine einzige Religion ist". Er sagte: „Wir können ohne Religion oder Meditation leben, aber ohne menschliche Liebe können wir nicht fortbestehen."

Aufgrund der Tendenz des Geistes, gleichermaßen Vollkommenheit auf andere wie Unvollkommenheit auf sich selbst zu projizieren, empfehlen wir jedem, der nach einem Lehrer sucht, sich immer wieder klar zu vergegenwärtigen, daß die Verehrung der *Lehre* gebührt und nicht dem *Lehrer*. Wir wandern auf dem Pfad, auf den das Herz uns ruft, und wissen, daß es im Verlauf unserer spirituellen Reife und des „Empfangens" der Lehre Zeiten gibt, in denen es sinnvoll ist, den Lehrer zu verlassen – so wie es auch Buddha tat – und zur nächsten Lehre weiterzuschreiten. Manche Lehrer jedoch, auf subtile Weise ihrem Wunsch nach einer Gemeinde von Schülern verhaftet, bedienen sich phantastischer Geschichten des Scheiterns und vieldeutiger Begriffe wie *Sangha* oder *Satsang*, um ihr „Publikum" nicht zu verlieren. „Seid auf der Hut vor solchen Lehrern!" warnte der Dalai Lama.

Hier und da wird man einen Lehrer hören, der Zitate des Buddha herausgreift und sagt, daß „neunzig Prozent der Praxis vom *Sangha* (der Gemeinschaft der Suchenden auf dem Pfad) abhängen". Freilich ist es manchmal von hohem Wert, mit anderen zusammenzusein, die sich ebenfalls zur Oberfläche emporkämpfen. Aber neunzig Prozent? Ich glaube es nicht. All unsere Arbeit vollzieht sich „allein", im Herzen. Vielleicht war es das Verlangen jenes Lehrers nach Schülern oder deren kollektiver Wunsch nach der idealen Gemeinschaft, was ihn veranlaßte, auf subtile Weise an dieser speziellen Aussage festzuhalten. Ein guter Rat zwar, aber ein wenig übertrieben.

Wenn wir eine Lehre einsichtsvoll erwählen, würdigen wir den Lehrer, übertragen aber nicht unsere Selbstverachtung und Unsicherheit auf ihn. Ich habe immer geschätzt, was Alexandra David-Neal von ihren Tibet-Reisen zu Anfang dieses Jahrhunderts erzählte, auf denen sie miterlebte, daß Lehrer ihrer Weisheit wegen und nicht ihrer Persönlichkeit oder ihrer Salonkunststücke wegen gewählt wurden. Sie berichtete, daß die Schüler eines gewissen Lehrers, welcher vierzig Prozent der Zeit betrunken war, der Meinung waren, daß das *sein* Problem sei, und einfach nur während der restlichen sechzig Prozent der Zeit mit ihm praktizierten. Ihre Wahl der Lehre war klug getroffen, und sie hatten ihre Entscheidung für einen Lehrer mit distinktiver Weisheit gefällt.

Meine Lehrer sind ein unverzichtbares Element meines Wachstums gewesen, aber von einigen wenigen, zumindest von einem, erhielt ich Ratschläge, die nicht mit meinem Weg korrespondierten. Fundamentalistische Neigungen, Beziehungsängste, spirituelle Rivalitäten und persönliche Bedürfnisse trübten gelegentlich ihren ansonsten klaren Blick. Jedem von ihnen zolle ich meine tiefe Anerkennung – aber gehe wie Gottes Narr auf dem Pfad des Herzens weiter.

Wenn du einen Lehrer wählst, dann denke an die harte Arbeit, die zu leisten ist, und lasse nicht davon ab. In der Tradition des Südlichen Buddhismus, nach der ich viele Jahre lang praktiziert habe, wird das Wort „Guru" nicht verwendet, sondern statt dessen ein Begriff, der soviel wie „spiritueller Freund" bedeutet. Wie ein guter Therapeut wird ein spiritueller Freund „das Störende beruhigen und das Beruhigende stören" – aber an diesem Punkt nicht stehenbleiben. Da er den Weg schon vor dir gegangen ist, weist er auf die Fallstricke und atemberaubenden Perspektiven des Pfades hin. Doch wenn du immer nur Vollkommenheit auf ihn projizierst, wirst du nur eine Enttäuschung erleben. Viele der Lehrer müssen, auch wenn sie dir für einen Augenblick die „vollkommene Lehre" offerieren, nicht unbedingt vollkommene Wesen sein. Das Orientieren an ihren Worten mag oft ein beträchtliches Wachstum ermöglichen, doch die Vernachlässigung deiner tieferen Ahnung, daß auch sie auf ihrem Pfad unterwegs sind, bringt dich von der „stillen, kleinen Stimme im Innern" ab. Vertraue deinem Gespür für diese Lehrer. Du liegst wahrscheinlich richtig. Wir bewegen uns alle an unseren Grenzen. Das ist kein Wettbewerb.

Wenn du beginnst, dich selbst wie dein eigenes Kind zu behandeln, wenn du dich des verrückten Geistes erbarmst, wenn du das Leben als eine Chance zur Entwicklung betrachtest, wenn du eher in Begriffen des „Leuchtens" als der „Erleuchtung" denkst, wenn du dich entschieden hast, nirgends stehenzubleiben – dann ist dein Weg frei, und du kannst auch über das hinausschreiten, was du soeben gelesen hast.

Als Buddha im Sterben lag, sagte er: „Seid euch selbst eine Leuchte."

Du bist der Weg.

Eine Erkundung des Geistes

Wir beobachten den Geist, um zu erkennen, wer wir *nicht* sind. Gedanken ziehen vorbei, Gefühle, Wahrnehmungen, Erinnerungen – der Geist entsteht und vergeht von Augenblick zu Augenblick, neigt sich hierhin und dorthin. Bilder erscheinen. Vergessene Düfte. Emotionale Rückstände.

Fortwährende Veränderung bildet unsere Erfahrung – ein Moment des Riechens geht über in einen Moment des Schmeckens, in einen Moment der Erinnerung, in einen Moment der Beurteilung, des Erstaunens, des Denkens, des Verlangens, des Fühlens.

In der Erkundung des Geistes werden zuerst seine Inhalte, die Objekte des Gewahrseins beobachtet – *was* wir riechen, *worüber* wir nachdenken, *was* wir hören, *woran* wir uns erinnern. Wir untersuchen, was wir „uns" nennen – unsere Gedanken, Gefühle, Verlangen, Ängste. Wir erkunden „unseren Geist".

Wenn wir mit dieser ewig wechselnden mentalen Bilderwelt allmählich vertrauter werden und in der Lage sind, uns selbst den widerspenstigsten unserer ungeheilten Verklammerungen zuzuwenden, entsteht ein Anflug von Balance, der uns das tiefere Prinzip der Veränderung entdecken läßt. Indem wir beobachten, wie die Gedanken enden, wie sich selbst „persönlichste" Bilder und Gefühle völlig mechanisch und unaufgefordert entfalten, fangen wir an, *den Geist* zu erforschen. Wir erleben ganz direkt das beständige Entfalten der Inhalte, das den Prozeß erzeugt. Und wir treten in den eigentlichen Strom des Bewußtseins ein. Der Prozeß wird zum Brennpunkt.

Bei diesem Forschen erkennen wir, daß Zorn kein isolierter Geisteszustand, sondern eine vielgestaltige Strömung ist: ein Moment der Enttäuschung, ein Moment des Wollens, des Stolzes, der Furcht, der Sorge, des Zweifels, des Mißtrauens, der Aggression. Uns wird klar, daß es sich mit allen Geisteszuständen so verhält.

Wir sehen, wie Objekt auf Objekt vom Licht des Gewahrseins erhellt und auf diese Weise Bewußtsein hervorgerufen wird.

Und schließlich untersuchen wir den Raum, in dem sich all dies vollzieht. Das Gewahrsein selbst wird zum Objekt des Gewahrseins. Wir erkunden den Großen Geist.

Beim Erforschen des Geistes erkennen wir nichts anderes als das ablaufende Schauspiel der Konditionierung. Alles, was wir sehen, ist alter Geist. Das Beobachtete ist der Beobachter. Und wir nehmen das Leben auf eine völlig neue Weise wahr. Wir brauchen weder zu flüchten noch nach mehr zu greifen. Es ist einfach ein Schauen, ein direktes Eintauchen in unser Leben, eine Freude, die unsere Vorstellungen überschreitet.

All dies besitzt eine unerwartete Dynamik. Je mehr wir loslassen, desto tiefer erleben wir die elementare Realität, die unermeßliche Binheit, in der unsere winzigen Gedanken schweben.

Diese leere Matrix denkt sich selbst
– so festgefügt und wichtig –
und liebt sich so gering
im Lichte schwebend.

Direkter Eintritt

Direkt in unser Leben einzutreten heißt, unseren Weg in den Brennpunkt dieses einen Augenblicks zu erspüren. Wie der Fünfte Patriarch des Zen lehrte, gleicht die Erfahrung, die wir „unser Leben“ nennen, einem Blitz in einer Sommerwolke. Gewöhnlich erkennen wir den Blitz aus der Ferne und sind für jeden Lichtschein dankbar. Indem wir hin zum Licht heilen, erkennen wir, wie unbefriedigend es ist, „aus der Ferne“ zu leben, durch alte Muster der Wahrnehmung von unserer lebendigen Soheit abgeschieden zu sein. Nur selten sehen wir, *wie* wir sehen.

Doch schließlich schafft der Schmerz, das Leben als „Vermittler“ zwischen dem bangenden, posierenden Geist und dem geduldigen, weiträumigen Herzen zu erleben, einen noch tieferen Dualismus als das angestammte schizophrene Streben des abwechselnd liebenden und hassenden Geistes ertragen kann. Wir sehnen uns nach Ganzheit.

Und erst dann dringt das innerste Gewahrsein des Herzens durch den Dunst und den wallenden Nebel unserer Konditionierung, der das Licht zerstreut. Endlich treten wir in den eigentlichen Strahl des Blitzes ein, und wir gelangen zur reinen Energie, die das Licht verbreitet.

Normalerweise ist unser Denken weniger auf den Augenblick als vielmehr von ihm weg gerichtet. Der Geist springt von Objekt zu Objekt. Das Gewahrsein taucht nur selten ein. Kaum einmal sind wir uns beim Denken bewußt, daß wir denken. Statt dessen *verlieren* wir uns im Denken. Wir verwechseln die Seifenblasen mit dem Badewasser.

Der alte Geist gleicht einem nervösen General, der sich weit hinter der Kampflinie in Pose wirft, sich in der Geborgenheit seiner Gala-Uniform verschanzt und Historie vortäuscht. Der den Augenblick nur interpretiert, ihn aber nicht erlebt. Der die Nachrichten vom Schlachtfeld genauso mißbilligt wie die klaren Ausblicke auf den Himmel.

Um direkt in den Augenblick einzutauchen, muß man alles durchdringen, was die direkte Wahrnehmung einschränkt. Um direkt einzutreten, muß man erforschen, was das Forschen behindert. Oft zeigt sich schon an der ersten Stufe des direkten Eintritts ein Widerstand gegen diese Direktheit. Angst verzerrt den Augenblick und zieht alles, außer seinem Leid, in Zweifel.

Um direkt einzutreten, muß man zuerst in das hineintreten, was diesen Eintritt hemmt. Zuerst dringen wir ganz direkt in den Widerstand ein – in unser tiefes Verlangen nach gewohnter Taubheit und Schläfrigkeit.

Alle Möglichkeiten erschließen sich uns, wenn wir uns unserer Verschlossenheit geöffnet haben. Aber nur dann können wir beginnen, den Körper zu erkunden und die Empfindung direkt zu erfahren, der Wahrnehmung von Augenblick zu Augenblick im innersten Gewahrsein zu begegnen. Zu erkennen, daß auch „der Körper" nur ein Gedanke des Geistes ist. Und daß die direkte Erfahrung des Körpers nicht aus einer Konzeption oder einem Gedankengang, aus „Armen", „Beinen" oder „Kopf" besteht, sondern aus einem flimmernden Feld von Wahrnehmungen.

Indem wir direkt in *„meinen* Körper" eintreten, überschreiten wir das Abgesonderte und gelangen schrittweise zu *„dem* Körper". Wir lassen die Hilflosigkeit und Isolation hinter uns und treten in den Körper ein, den wir alle miteinander teilen.

Treten wir unmittelbar in die Wahrnehmungen ein, in denen sich der „flimmernde Körper" manifestiert, überkommt uns eine Ahnung des unermeßlichen Raumes, aus dem diese Wahrnehmungen geboren werden, und in dem sie erzittern und erlöschen. Wir beobachten, wie der ganze Körper, aller Geist, alles Denken und alle Wahrnehmung von Augenblick zu Augenblick im wirklichen Körper, im Körper des Gewahrseins geboren werden und sterben.

Das unmittelbare Erleben der Natur des flimmernden Körpers treibt uns dazu, noch tiefer in die unbekannten Regionen des Geistes vorzustoßen und sie zu erforschen. Magellan auf einem Meditationskissen! Wir begnügen uns nicht mehr mit den Reiseberichten anderer, wir forschen auf direktem Wege.

Von den wuchernden Wäldern des Geistes zunächst eingeschüchtert, untersuchen wir nach und nach das gewaltige grüne Blätterdach. Alsdann aber erforschen wir konzentriert jedes Blatt und jeden Grashalm. Wir betrachten die dunklen Furchen in der Rinde und die feine Maserung darunter. Wir dringen in das Unterholz des Geistes ein. Wir erkennen, daß es gar nicht die wüsten Wälder des Bewußtseins sind, die das Problem darstellen, sondern daß die gepflegten Gärten, die ausgeschlagenen Lichtungen, die tief wurzelnden Baumstümpfe den Weg im Dunkeln versperren. Es ist nicht so sehr der spitze Schrei unseres Schmerzes, der uns hemmt, sondern das subtile Geflüster der Angst, das die Pein aufrechterhält. Wir sitzen ganz ruhig in diesem tiefen Wald und beobachten, wie das Verlangen die klare Wahrnehmung verdunkelt. Wir erkennen, daß uns die Chance der Freiheit erschreckt. Unsere elementare Grenzenlosigkeit versetzt uns in Angst. Wir fürchten, daß die Freiheit außerhalb unserer Kontrolle liegt. Uns graut davor, der vertrauten Fesseln und Entschuldigungen ledig zu werden. Wir weichen dem Schrecken aus, indem wir uns ganz klein machen und furchtsam bleiben.

Werden wir uns aber der subtilen Bestrebungen und Klagen unseres Widerstandes bewußt, bahnen wir einen Weg durch die Verdichtungen des alten Geistes und tauchen direkt in die Angst ein, in das Fundament unseres Widerstandes. Augenblick für Augenblick erkennen wir die feinen Strömungen unserer Furcht und unserer Sehnsucht nach Sicherheit. In jeder einzelnen Zelle beobachten wir die Verklammerung, die Schmerz in Leid verwandelt. Und wir lassen ins Herz des Universums los.

Jetzt endlich beobachten wir den „Beobachter". Wir tauchen direkt und ungebunden in die Wahrnehmung ein und gestehen uns vorbehaltlos ein, wie wenig wir bisher erforscht haben.

Die alten Hebräer glaubten, daß man sich Gott nur nackt nähern könne. Man könne zwar in seiner Gegenwart verweilen, aber nicht „eins mit Gott" sein, mit ihm verschmelzen. Um Gott, das gemeinsame Sein, zu finden, braucht man nur über die Natur und über die Natur der Natur zu reflektieren. Um aber Gott zu *sein*, muß man direkt in die Essenz eintauchen, in welcher auch der nach Gott Suchende dahinfließt. Dann „kennen" wir die Wahrheit nicht mehr – wir sind sie.

Die Vorstellung des „wirklichen Körpers" ist ebenso unwirklich wie jeder andere vorüberziehende Gedanke auch. Ich könnte auch sagen, er ist so wirklich wie andere Gedanken, aber nicht wirklicher! Doch ist der wirkliche Körper kein Konzept. Der unwissende, träumende Geist kann ihn nicht verstehen. Das Nachdenken über den wirklichen Körper ist nichts weiter als Denken – Verwirrung, Isolation und Besitzstreben. Ein Schatten in einem Traum. Aber direkt in unsere eigene große Natur, in unser „wirkliches" Wesen einzutreten heißt, sich von den Fesseln unserer fehlgeleiteten Identifikation zu befreien. Das Wissen darum, wer wir wirklich sind, läßt sich nicht in Worte fassen. Unsere wirkliche Natur ist zu groß, um in den Grenzen des Verstandesgeistes Platz zu finden. Und der Raum, der unermeßliche Raum des Seins – wie kann dieser winzige Geist, eine Luftblase nur in einer rollenden Welle, den Ozean beschreiben, in dem er schwebt? Wenn jedoch die Luftblase endlich– durch Liebe und Weisheit – zerplatzt, geht sie im Ozean auf.

Den Augenblick achtsam erkunden

Achtsamkeit ist der Wesenszug des Gewahrseins, der uns zu den Geistesinhalten in Beziehung treten läßt, ebenso wie die Herzenswärme als Merkmal des Mitgefühls und liebevoller Güte unsere Antwort auf die Bedürfnisse der Welt bestimmt. Wo sich umfassende Achtsamkeit entwickelt hat, sind Herz und Geist vereint.

Sobald wir direkt in den Augenblick eintreten und das Leben nicht mehr als nachträgliche Reflexion, als bruchstückhafte Erinnerung an den vergangenen Moment empfinden, vertieft sich unsere Präsenz. Präsenz heißt, das Leben nicht zu versäumen.

Das Thema Achtsamkeitspraxis habe ich bereits in meinem Buch *SCHRITTE ZUM ERWACHEN* aufzuhellen versucht. Dort wird ausführlicher auf die Methoden eingegangen, mit deren Hilfe man in diesen einen Augenblick Einsicht gewinnen kann. Es geht Wegen nach, auf denen sich die Gedanken als Denkprozeß offenbaren, auf denen sich der Schmerz als eine Reihe individueller Wahrnehmungen und Gefühle als vielfach wechselnde Geisteszustände erfahren läßt. Achtsamkeit ist ein Mittel zum Durchbrechen der scheinbaren Stabilität des inneren Traumes, zum unmittelbaren Erwachen in den Augenblick, in das eigentliche Leben hinein.

In der Erkenntnis, daß viele der das Leben zu einem Traum verzerrenden Faktoren in unserer engen Identifikation mit dem

Denken und Fühlen bestehen (wie auch in der nachträglichen Selbstreflexion, die alles so real erscheinen läßt), konzentrieren wir uns auf den Atem, um die Aufmerksamkeit auf der Ebene vorüberfließender Empfindungen in die Gegenwart zu lenken. Empfindungen sind keine Gedanken, sie sind lautlose, physisch wahrgenommene Merkmale des Daseins in einem sich fortwährend verändernden Körper. Vor diesem Hintergrund zeichnen sich selbst die subtilsten Aktivitäten des Geistes ab.

Das Einstimmen auf die Empfindungsebene, die uns der Atem jederzeit zur Verfügung stellt, hilft uns, uns nicht im Denken oder in emotionaler Reaktion zu verlieren. Indem wir direkt reagieren können, indem wir einen Gedanken als vorüberschwebende Seifenblase und Gefühle als Wolken an einem weiten Sommerhimmel erkennen, lernen wir den Augenblick zu würdigen. Nichts kann uns mehr ablenken, und alles wird zu perfektem Schrot für die Mühle des Erwachens.

Man kann den Atem entweder an den Nasenlöchern oder im Bauch beobachten. Die Meditation des weichen Bauches und des achtsamen Atmens erkundet den Bauch-Atem. Ich selbst habe fünf Jahre lang mit dem Bauch-Atem gearbeitet, bevor ich ganz bewußt mich den Nasenlöchern zuwandte. Beides hat seine Vorteile. Keine Methode ist der anderen unterlegen. Mit beiden muß dasselbe erreicht werden. Bei der Entscheidung zwischen Bauch und Nasenlöchern kommt es in erster Linie darauf an, während der Meditation nicht zwischen ihnen hin und her zu pendeln. Man trifft seine Wahl und bleibt dann fünf Jahre dabei. Alle Einflüsterungen des rastlosen Geistes, einmal etwas anderes zu versuchen, werden nur ruhig beobachtet. Wir brauchen uns nicht woanders hinzuwenden. Alle Arbeit, die es zu erledigen gilt, wird vom Gewahrsein selbst verrichtet, nicht vom Objekt des Gewahrseins.

Konzentriere deine Aufmerksamkeit am Bauch oder an den Nasenlöchern, so daß du die Strömung jedes einzelnen Atemzuges erfühlen kannst. Lausche den vielfältigen Empfindungen, aus denen sich jedes Einatmen zusammensetzt. Achte auf die folgende Pause, in der die Natur kein Vakuum duldet: Gedanken eilen herbei, Bilder tauchen auf. Verfolge den gesamten ausströmenden Atem – seinen Beginn, seinen Mittelpunkt und sein Ende. Voller Atem in vollem Gewahrsein. Nur wenige können sich anfangs auf mehr als ein halbes Dutzend aufeinanderfolgender Atemzüge konzentrieren, denn wenn sich das Raunen der Gedanken bemerkbar macht und Bilder auf der Leinwand des Bewußtseins erscheinen, will der Geist abschweifen und ihnen in das Traumland folgen. Solche Ablenkungen treten jedoch nicht mehr auf, wenn wir zum Leben erwachen. Jeder Moment wird in seiner Einmaligkeit erlebt und manifestiert sich selbst in klarem und absichtslosem Gewahrsein. Das Gewahrsein strebt weder auf etwas zu noch zieht es sich von irgendetwas zurück. Es gibt keine Verhaftung und kein Urteil. Auch das Urteilsstreben erweist sich nur als ein nervöses Zukken der seit langem konditionierten Persönlichkeit, als uraltes „Flucht-oder-Kampf"-Syndrom, als ermüdendes Tauziehen zwischen Vorliebe und Abneigung gegenüber den Erscheinungen auf der Filmleinwand.

Achtsamkeit bedeutet, daß wir anerkennen, was geschieht, während es geschieht. Achtsamkeit strebt nicht danach, das wechselhafte Wetter des Geistes zu kontrollieren, sondern sie putzt die Fenster, damit wir hinausblicken und entscheiden können, ob sich der Tag für eine schöne Landpartie eignet oder ob wir unsere Zeit besser zu Hause (im Herzen) verbringen und persönliche Angelegenheiten ordnen sollten.

Wenn wir dem Atem gegenüber achtsam werden, tauchen wir auf der Ebene der Empfindung in unser Dasein ein und registrieren augenblicklich alles, was keine Empfindung ist – bemerken den leisesten Gedanken schon im Entstehen, entdekken einen bedrückenden Zustand schon in seinem Anfangsstadium. In einer urteilsfreien Beobachtung des Geschehens wird alles erkennbar. In einer immer tiefer werdenden Stille bemerken wir das heftige Streben nach Kontrolle und Beurteilung und beobachten das vorüberziehende Schauspiel, ohne uns einzumischen. Während das Gewahrsein die deutlichen Aktivitäten in Geist und Körper erforscht, läutert es sich und wird fähig, auch das subtilste Raunen der Gedanken, Gefühle und Empfindungen zu hören. Es entdeckt den Atem innerhalb des Atems, den Gedankenprozeß in den Gedanken, die Gefühle innerhalb der Gefühle. Das Gewahrsein durchbricht die Illusion eines denkenden „Jemand" und betrachtet unsere „Jemandheit" einfach als eine weitere Seifenblase im sanften Wind.

Immer wieder lenkt es die abschweifende Aufmerksamkeit sanft zum Atem zurück, erkennt und registriert alles, was erscheint. Es staunt nicht über die subtilen, vorüberhuschenden Ängste und Zweifel. Mut und Geduld, Konzentration und Achtsamkeit, Offenheit und Klarheit entwickeln sich. Genau wie die Aufmerksamkeit innerhalb einer Stunde vielleicht dutzende Male an die Weichheit des Bauches erinnert werden muß, so wird auch das Gewahrsein wieder und wieder von den vorüberziehenden Gedanken, die sich (mit aufkommenden Gefühlen, mit assoziierten Erinnerungen und Zukunftsträumen) unablässig zwischen das Gewahrsein und den Atem drängen, losgelöst und zum Kommen und Gehen der Empfindungen an den Nasenlöchern zurückgeführt.

Um uns diese Präsenz zu erleichtern, bedienen wir uns einer gelassenen Anerkennung, einem *Registrieren* des Geschehens, so wie es ist. Wenn das Denken beginnt, registrieren wir in der Stille des Herzens „Denken“, wenn Angst aufkommt, „Angst“. Wir stellen fest, daß jeder Moment, den wir ganz und gar akzeptieren, kaum noch etwas enthält, das Identifikation oder Leid anziehen könnte. Ein anerkannter Augenblick des Bewertens besitzt nicht mehr den Impuls zu weiteren Bewertungen. Das Registrieren einer Bewertung ermöglicht es ihr, unbewertet zu bleiben – und vielleicht sogar wegen ihrer Macht zur Zersplitterung des Geistes „gewürdigt“ zu werden.

Um den wechselnden Inhalten des Augenblicks gegenüber präsent bleiben zu können, wenden viele diese Technik an, um die Geistesinhalte als stilles Raunen im Herzen anzuerkennen. Wenn eine Bewertung den Geist durchläuft, registriert man „Bewertung“, wenn Mißtrauen aufkommt, „Zweifel“, wenn die Kinnbacken mahlen und die Zähne zusammengepreßt sind, „Zorn“. Dasselbe geschieht, wenn die ewig wechselnde Mentalität der Angst wieder einmal ihren Schlangentanz vollführt. Sobald wir diese Merkmale als das erkennen, was sie sind, ängstigt die „Angst“ nicht mehr, die „Bewertung“ bewertet nicht mehr, und die „Freude“ läßt uns nicht mehr freudlos nach weiterer Freude greifen. Alles ist so, wie es ist, und alles läßt sich klären.

Doch auch jetzt müssen wir die Neigungen des alten Geistes im Auge behalten. Es ist nicht der Sinn dieser Technik, sich im Atem einzukapseln, sondern ihn als Mittel der Einstimmung auf die Gegenwart einzusetzen. Diese Praxis schafft eine direkte Beziehung zum Atem. Wenn der Geist von einem Impuls der Angst oder des Zweifels ergriffen wird, der sich aus sich selbst heraus in Gang hält, ringen wir nicht mit dem Atem, sondern gestatten dem Gewahrsein, völlig in jeden einzelnen Augenblick der Entfaltung dieses Zustands einzudringen – ebenso wie wir uns zum Erreichen eines absichtslosen Gewahrseins bemühen, ganz ruhig bei den fortlaufenden Veränderungen des ein- und ausströmenden Atems zu verweilen. Achtsamkeit der Freude gegenüber bringt uns keineswegs schneller in den Himmel als Achtsamkeit gegenüber dem Zorn. Kein Objekt der Achtsamkeit darf man einem anderen vorziehen, keines bietet ein größeres Maß an Freiheit. Der Himmel ist zu klein für unseren wirklichen Körper, für unsere wahre Natur – in der das Königreich des Himmels längst enthalten ist. Sobald wir uns an einem vergangenen Moment verklammern, tauschen wir die lebendige Wahrheit dieses Augenblicks gegen überladene innere Träume ein.

Das Beobachten von Geisteszuständen wie Langeweile oder Zorn kann unserem Erwachen sehr zugute kommen. Viele müssen jedoch eine relativ hohe Stufe der Achtsamkeit erreichen, bevor es ihnen gelingt, das Angenehme ebenso scharf im Auge zu behalten wie das Unangenehme. Es dauert vielleicht eine Weile, bis man auch die Entfaltung tiefen Entzückens mit gleichmütiger, kontinuierlicher Offenheit beobachten kann, denn dessen verführerisches Wesen verleitet uns zur Identifikation. Wir verlieren uns in der Freude.

Alles, was sich in der Achtsamkeit entfaltet, wird zu einem perfekten Spiegel, der uns über die uralte Sucht nach den Inhalten des Geistes hinausführt und in die Lage versetzt, in jedem Objekt die Reflexion des Gewahrseins zu erleben. Uns des Gewahrseins selbst so klar bewußt zu werden, daß kein Objekt – weder Ekstase noch Trauer – von irgendeiner Identifikation im Geiste gefangengehalten werden kann. Indem wir die Objekte des Gewahrseins ebenso deutlich vom Gewahrsein selbst unterscheiden wie die Sonne ihr eigenes, vom Mond reflektiertes Licht, enthüllt sich unsere wahre Natur.

Vielleicht beklagt sich der alte Geist bei manchen von uns darüber, daß fortwährende Achtsamkeit gegenüber dem vorüberziehenden Schauspiel jede Spontaneität ersticken könnte. Doch vieles von dem, was wir Spontaneität nennen, ist in Wirklichkeit nur eine zwanghafte Zuckung. Wenn wir völlig präsent sind, ergeben sich zuvor verborgene Alternativen, die unseren Handlungsspielraum eher erweitern als einengen. Statt einer Hypnose erleben wir eine „Dehypnose“, wie es ein Freund vor langer Zeit einmal ausdrückte. Auch wenn es so klingt, als würde sich unsere Erfahrungswelt „verflachen“, öffnen wir uns in Wirklichkeit immer subtileren Ebenen des Daseins. Und was wir als „Lebendigkeit“ des Denkens empfunden haben, erweist sich nun als das Funkeln des Gewahrseins, welches die Gedanken empfängt.

Das Unbewußte wird uns bewußt, denn alles, was an verdrängtem Material in uns aufsteigt, ist keiner Zensur mehr unterworfen. Nichts begrenzt das Unbegrenzte. Keine Worte können die vollkommene Freude und Freiheit, den absoluten Frieden eines befreiten Geistes beschreiben – der gleichbedeutend mit einem offenen Herzen ist. Es gibt keine Blockaden, es gibt keinen Leidenden.

Viele Reisende auf dem Pfad haben uns erzählt, daß der Ausspruch „Beobachte den Atem, entspanne den Bauch, öffne das Herz“ für sie ein Weckruf zur Achtsamkeit und zum Mitgefühl geworden sei, der sie über den leidenden Geist und Körper hinaus in einen tiefen, heilenden Frieden geführt habe.

Die Ausrichtung auf den Atem mag am Anfang nicht einfach sein. Wir haben in der Vergangenheit unsere Konzentrationsfähigkeit und Achtsamkeit kaum entwickelt. Es kann anfangs sogar schwerfallen, sich auch nur auf einen einzigen Atemzug zu konzentrieren, ohne sich sofort wieder im Tagtraum des planenden, urteilenden und begehrenden Geistes zu verstrikken. Doch wir können diesen Brennpunkt im Einklang mit einer wachsenden Bereitschaft zur klaren Wahrnehmung des Augenblicks langsam und geduldig entwickeln. Nur nichts überstürzen! Haben wir den Fuß erst einmal auf den Pfad der Heilung gesetzt, erhält das Leben eine neue Bedeutung, und die Zeit ist nicht länger unser Gegner. In jedem Schritt gründen alle Schritte, gründet die Heilung innerhalb der Heilung, gründet die Aussicht auf Freiheit. Und das Leben wird faszinierend. Dieses kontinuierliche Gewahrsein, immer wieder aktiviert und fokussiert, erlaubt es uns, mit den Freuden und Schmerzen in Geist und Körper in Verbindung zu treten und ohne die geringsten Ängste oder Projektionen unmittelbar am Dasein teilzuhaben. Es ist, als würden wir uns selbst direkt in die Augen schauen, als würden wir uns selbst immer wieder zum ersten Male begegnen. Wir tauchen in den Fluß der stetigen Wandlung ein – in das Pulsieren, das Prickeln, die Hitze, die Kälte, die Härte und die Weichheit, die wir als den Körper erleben. Wir erforschen die Empfindungen am Brennpunkt ihres Entstehens. Wir erkunden die eigentliche Grundlage der Erfahrung, die wir „Leben“ nennen, untersuchen den Wahrnehmungsprozeß und die Filter, durch die alles Wahrgenommene läuft. Wir treten ganz neu in das Leben ein, ohne Denkmodelle und Vorurteile. Wir erfassen den Augenblick in absichtslosem, teilnahmsvollem Gewahrsein und mit einer weitherzigen Aufnahmefähigkeit, die nichts anderes erstrebt als die klare Erfahrung des Lebens.

Es geht darum, sich am absoluten Nullpunkt des Nichtwissens dem Jetzt zu nähern. Sich von allen Auffassungen zu lösen und jene Farbfilter beiseitezulegen, die unsere Sicht auf die Realität so lange beeinflußt haben. Es geht darum, zu sehen und das Sehen zu studieren, zu fühlen und das Fühlen zu studieren, zu beobachten und den Beobachter zu beobachten. Es bedeutet, direkt in das eigene Leben vorzustoßen und unsere Konditionierungen unkonditioniert zu beobachten. Es bedeutet, daß wir auf der Suche nach der göttlichen Unermeßlichkeit den Geist beobachten, um erst einmal zu erkennen, wer wir *nicht* sind.

Wenn wir die Dinge so sehen, wie sie sind, lösen sich die festgefahrenen Identifikationen des alten Geistes. Die Objekte des Bewußtseins können mehr und mehr in klarem Gewahrsein schweben. Immer seltener verwechseln wir die Bewußtseinsobjekte mit unserer Identität. Nach und nach kann das reine Gewahrsein unmittelbar erfahren werden, und der eigentliche, bewußtseinserzeugende Prozeß wird erkennbar. Wir dringen zu den Wurzeln des Bewußtseins vor, um unsere Urnatur ganz neu zu erleben.

Wenn wir sehen, wie schwierig es ist, „einfach nur den Atem zu beobachten“, erkennen wir das Wesen dessen, was viele den „Affen-Geist“ nennen. Der Geist schwingt sich wie ein Affe durch die Baumkronen, wird von seiner Verklammerung von Ast zu Ast getrieben und von seinem beständigen Verlangen nach dem nächsten Objekt, an dem er sich weiterhangeln kann, durch den Wald gehetzt – die schillernde Pracht des Blätterdaches verwischt sich zu einem verschwommenen Eindruck der Bewegung, der Verworrenheit, des Unbekannten.

Wenn das Gewahrsein immer wieder dazu ermutigt wird, ganz sanft zum Jetzt zurückzukehren, blickt es unverwandt geradeaus, und alle Bewegung erscheint einfach nur als ein vorüberziehendes Schauspiel. Die stetige Unbeständigkeit der Dinge, an die wir uns so lange geklammert haben, offenbart sich bis ins kleinste Detail. Wir müssen unsere Lebensweise nicht im geringsten ändern, denn das Gewahrsein verändert alles von selbst, und vor uns öffnet sich ein neuer Pfad, der jeden unserer Schritte trägt.

Während sich die Konzentration entwickelt, betritt das Gewahrsein völlig neue Regionen des Seins. Unsere Reise ist nun nicht mehr auf irgendein Ziel gerichtet, sondern dient einem zunehmenden Verständnis des Punktes, an dem wir gerade stehen. Alles, wonach wir je suchten, ist in diesem einen Augenblick zu finden.

Der alte Geist ist der Affen-Geist. Der alte Geist ist das Denken, ist die zwanghafte Reaktion auf unerforschte Reize. Er antwortet impulsiv und mechanisch, er erlebt das Jetzt als Traum, als ein verschwommenes Gefühl von Verwirrung und Leid. Der neue Geist ist „nur so viel", aber er verleiht uns eine neue Herzensfülle, in der wir den Geist nicht ändern müssen, weil wir bereits auf eine völlig andere Weise in Beziehung zu ihm stehen. Er ist der Geist, der völlig im Herzen versunken ist. Er ist das erneuerte Leben, das Leben der Heilung.

Es heißt: „Wenn du ‚nur so viel' verstehen kannst, kannst du alles verstehen." Wenn wir uns diesem Sekundenbruchteil, diesem Augenblick des Daseins völlig öffnen können, wird alles offenbar. Und wenn das ganze Leben so wie dieser Augenblick gelebt wird, wird es in seiner ganzen Fülle gelebt. Wenn uns jedoch „nur so viel" nicht genügt, so wird uns auch das Leben nicht genügen, und wir werden den Verführungen der alten Träume erliegen.

Wir können Achtsamkeit auf ebenso vielfältige Weise üben, wie wir das Klavierspielen üben. Wenn man das Klavier spielen lernt, wartet man fast ständig darauf, „es richtig zu können". Lebt man mehr im Augenblick, findet man schon am Üben selbst Gefallen – an seiner zunehmenden Fingerfertigkeit und Ausdrucksfähigkeit. Man erfreut sich an der Harmonie der Klänge. Man kann ungeduldig auf die Tasten hämmern, nur um etwas zu hören, oder man läßt sich bezaubern und spielt immer wieder denselben Ton an, um in den Charakter des Klaviers hineinzulauschen. Manche genießen jede Minute des Übens, andere können es kaum erwarten, ein Virtuose zu werden. Nun, wohlgemerkt ist hier nicht von anderen Leuten, sondern von zwei Aspekten die Rede, die jeder von uns in sich trägt.

Ebenso können wir uns auf ganz unterschiedliche Weise um Achtsamkeit bemühen. Manche attackieren den Geist voller Ungeduld und wollen seine Wandlung erzwingen. Andere seufzen in innigem Verstehen auf und freuen sich lächelnd über jeden Moment eines geglückten Loslassens und klarer Einsicht. Das Bestreben, Klarheit zu erzwingen, die Objekte des Geistes zu bedrängen und zu überwinden, kann, wie es ein langjähriger Meditationspraktiker einmal ausdrückte, zu „gnadenloser Achtsamkeit" führen. Wir laufen Gefahr, in dieser Schlacht gegen den Geist noch ungeduldiger, noch zielorientierter zu werden und dadurch noch mehr Ich, noch mehr Leid zu entfachen. Wenn wir hingegen die beobachteten Objekte, statt sie anzugreifen, einfach nur wahrnehmen, bewegen wir uns allmählich über den Geist, über den Tod und selbst über das „Sein" hinaus, um zur unbeschreiblichen Weiträumigkeit der reinen Istheit zu gelangen.

Die Neigung, unserem Leid entrinnen zu wollen statt uns ihm zu öffnen, verdeutlicht sich auch in der Tendenz mancher Meditierenden, „gegen" die Geistesobjekte „anzugehen", um sie zu vertreiben. Dieses „Verhärten" in der Praxis kann dazu führen, daß man sich im Leben – und auch in der eigenen Haut – nicht wohlfühlt. Bei einer „Milderung" der Praxis jedoch werden die Geistesobjekte eher um ihrer Leere willen gewürdigt als ihrer Massivität wegen angegriffen. Die Wahrnehmung fließt dahin und wird völlig erfahren. Mit dieser milden Einstellung zum Geist nähern wir uns dem Prozeß sanft und verständnisvoll und entwickeln jenes Mitgefühl, das für die Öffnung des Pfades zum Herzen so wichtig ist. Wenn schließlich die Praxis so leicht wie der Atem innerhalb des Atems geworden ist, entsteht ein machtvolles Element des Erbarmens, das sich in vorbehaltloser Aufnahmefähigkeit entfalten kann. Es erzwingt Veränderung nicht, sondern läßt sie einfach zu. Es beobachtet die Tendenz zur Forcierung der Dinge ganz gelassen, ohne Bestürzung oder Beurteilung.

Ein Lehrer sagte einmal: „Sei kein Buddhist, sei ein Buddha. Sei kein Christ, sei Christus. Sei kein Meditierender, meditiere!" „Ich" ist kein Hauptwort, sondern ein Zeitwort. Unsere Befreiung umfaßt mehr als nur Meditation. Dieser Lehrer sagte auch:

„Laß deine Meditation nicht auf dem Meditationskissen zurück." Sie ist eine Gabe an die Welt des Leidens. Sie ist die Vorbereitung auf die Große Heilung, die Befreiung aller fühlenden Wesen – „bis zum letzten Grashalm".

Entwickelte Achtsamkeit tritt der Welt als barmherziges Gewahrsein, als klarsichtiger Pilger entgegen. Sie fällt keine Urteile, und nichts kann sie überraschen. Nichts bringt sie aus der Fassung. Sie beobachtet einfach – nicht aus der Sicht irgendeines „Zentrums", eines „Standpunkts", der nur wieder die Vorstellung eines „Beobachtenden" und neues „Ich" auf den Plan rufen würde. Sie betrachtet die Dinge aus einem weiträumigen Gewahrsein heraus, das den ablaufenden Prozeß würdigt und sich in jedem einzelnen Moment der „sicheren Erlösung des Herzens" öffnet.

Weitere Ausführungen zur Achtsamkeitspraxis enthält Stephen Levines Buch *SEIN LASSEN – HEILUNG IM LEBEN UND IM STERBEN*, das ebenfalls in diesem Verlag erschienen ist.

Eine einfache Achtsamkeitsmeditation – Auf den Atem konzentrieren und registrieren

(Man kann sie einem Partner langsam vorlesen oder auch allein mit ihr arbeiten.)

Wähle dir einen angenehmen Platz, an dem du mit aufrechtem Rükken und dennoch entspannt sitzen kannst.

Laß den Körper ganz natürlich atmen. Lenke die Aufmerksamkeit auf die Nasenlöcher, wo der vorbeistreichende Atem am deutlichsten zu spüren ist.

Richte das Gewahrsein auf das Wahrnehmen der an den Nasenlöchern ein- und ausströmenden Luft.

Fixiere die Aufmerksamkeit auf einen einzigen, exakten Punkt. Registriere dort die Empfindung, die jeden Atemzug begleitet. Beim Einatmen registrierst du „ein". Beim Ausatmen registrierst du „aus". Das Registrieren hält dich in der Spur, in der Gegenwart. Es ist kein Nachdenken über das Geschehen, sondern einfach Anerkennen, das dem Geist vom Herzen zugeflüstert wird.

Laß das Gewahrsein auf der Ebene der Empfindung zur Ruhe kommen.

Wenn die Aufmerksamkeit abschweifen will, dann führe sie zu den Empfindungen zurück, die an den Nasenlöchern spürbar sind.

Um dir die Anerkennung des Geschehens *während* des Geschehens zu erleichtern, registriere im stillen, was die Aufmerksamkeit ablenkte – „denken". Wenn Bewertungen erscheinen, registriere einfach „bewerten".

Registriere „ein", wenn du einatmest – und „aus", wenn du ausatmest. Dies hilft dir, beim Auf und Ab der Atemzüge zu bleiben. Beobachte den Atemprozeß, der diese Empfindungen umfaßt. Registriere den Atem, wie er durch die Nasenlöcher ein- und ausströmt.

Denke den Atem nicht. Stelle ihn dir auch nicht vor. Sei einfach in den Empfindungen präsent, die mit jedem einzelnen Atemzug von selbst erscheinen. Achtsames Atmen.

Auftauchende Geräusche vermerkst du als „hören, hören". Gedanken registrierst du als „denken". Andere Wahrnehmungen registrierst du als „fühlen" oder „wahrnehmen". Wähle eine ganz natürliche, eigene Sprache. Das meiste registrierst du – in seinem Entstehen und Vergehen – als Prozeß; und es verliert sich, noch ehe es bezeichnet werden kann.

Im beständigen Gewahrsein der lautlosen Empfindungen, die mit dem Atem kommen und gehen, wird nichts festgehalten oder abgewehrt. Es besteht nur eine einfache, barmherzige Offenheit für das, was ist.

Nur die klare, präzise, sanfte Beobachtung des Atems.

Empfindungen entstehen im Körper. Gedanken erscheinen im Geist. Wie Seifenblasen schweben sie vorbei.

Jede Regung des Geistes kann aus eigenem Impuls erscheinen und wieder vergehen. Der Geist wird nicht zurückgedrängt, der Atem nicht umklammert. Ruhig kehrt das Gewahrsein zu den Empfindungen zurück, die im Kommen und Gehen des Atems immer gegenwärtig sind. Sanfte Rückkehr.

Das Gewahrsein des Atems bildet den Vordergrund. Im Hintergrund fließt alles andere ganz nach Belieben vorüber.

Jeder Atemzug ist einmalig – manchmal tief, manchmal flach – ständig gibt es leichte Veränderungen.

Du fühlst den gesamten Atem, der in dich einströmt, für einen Moment ruht und wieder ausströmt. Du erlebst den ganzen Atemzug als Sinneswahrnehmung, als Berührung. Du registrierst, wie er durch die Nasenlöcher ein- und austritt.

Das Atmen geschieht ganz von selbst. Das Gewahrsein beobachtet nur. Der Bauch ist weich. Das Gesicht gelöst. Die Schultern locker. Kein Festhalten. Nur Gewahrsein und Atem.

Nur das Bewußtsein und das Objekt des Bewußtseins existieren –im unermeßlichen Raum des Geistes unaufhörlich entstehend und vergehend.

Verliere dich nicht. Wenn der Geist abschweift, kehre ohne Bewertung oder Verhaftung sanft zum Atem zurück.

Nimm den gesamten Atem wahr, von seinem Anfang bis zu seinem Ende – präzise, klar, von Wahrnehmung zu Wahrnehmung.

Der Körper atmet von selbst. Der Geist denkt von selbst. Das Gewahrsein betrachtet einfach den Prozeß, ohne sich an dessen Inhalt zu verlieren. Registriere „denken" und kehre zurück zum „ein" und „aus" des Atems.

Jeder Atemzug ist einzigartig. Jeder Augenblick ist völlig neu.

Wenn sich eine körperliche Empfindung bemerkbar macht, dann wird sie vom Gewahrsein als Empfindung registriert. Nimm ihr Kommen und Gehen zur Kenntnis. Denke sie dir nicht als „Körper" oder „Bein" oder „Schmerz". Vermerke diese fließende Energie einfach als „Wahrnehmung" und kehre zum Atem zurück.

Der gesamte Prozeß vollzieht sich von selbst. Das Gewahrsein betrachtet von Augenblick zu Augenblick das Kommen und Gehen des Geschehens in Geist und Körper. Stetige Veränderung. Stetiges Anerkennen der Veränderung.

Gewahrsein der Wahrnehmung, wie sie entsteht und vergeht. Nur der Atem und das Gewahrsein des Atems.

Ergib dich dem Atem. Erfahre den Atem. Setze keine Erwartungen in ihn. Ermögliche es einfach dem Gewahrsein, bis zur Ebene der Empfindungen vorzudringen, die aus und in sich von selbst entstehen.

Mit jedem Einatmen und mit jedem Ausatmen wird der Berührungspunkt deutlicher und intensiver.

Der Geist richtet sich punktförmig auf die Empfindungen, die das Atmen begleiten.

Wenn Gedanken erscheinen, dann registriere ihre Aktivität klar im Geist und laß sie wie Seifenblasen vorüberschweben. Nimm sie zur Kenntnis und kehre zum achtsamen Atmen zurück. „Denken, denken."

Wenn Gefühle in den Vordergrund treten, dann registriere ganz ruhig, was sich da als „Ärger" oder „Sorge" oder „Zweifel" oder „Bedürfnis" manifestieren will. Und kehre sanft zum Atem zurück.

Beobachte, wie die Gedanken kommen und verschwinden – wie Gefühle oder Wahrnehmungen ins Dasein treten und sich auflösen.

Denke nicht darüber nach, wie du das Denken registrieren sollst. Überlasse das Registrieren sich selbst.

Wenn das Registrieren stört, wenn es weitere Gedanken nach sich zieht, dann laß es einfach los und kehre ganz und gar zum Atem zurück. Sei ruhig und klar der dominierenden Aktivitäten in Geist und Körper gewahr, wenn Wahrnehmungen auftreten.

Kehre vollständig zum Empfindungspunkt zurück, der das Durchströmen jedes einzelnen Atemzuges markiert.

Immer feinere Wahrnehmungen und Gedanken mischen sich vorübergehend ein. Sie alle werden in einem konzentrierten Gewahrsein klar registriert.

Beobachte die Aktivität des Geistes, seine beständigen Sprünge von Objekt zu Objekt, von Atemzug zu Atemzug, von Empfindung zu Empfindung.

Ununterbrochen entstehen und vergehen die Objekte im weiten Raum von Geist und Körper. Ein ruhiges, offenes Gewahrsein betrachtet den Prozeß der Erscheinung und Auflösung. Und kehrt zu den Empfindungen des Atems zurück.

Gefühle entfalten sich ein wenig klarer. Gedanken erscheinen mit größerer Präzision – der „planende Geist", der „urteilende Geist". Das Gewahrsein erlebt ihren Entwicklungsprozeß. Es verliert sich nicht im Inhalt. Beobachte, wie das Denken durch den unermeßlichen Raum des Geistes zieht.

Diese Worte erscheinen aus dem Nichts, und sie zerfließen wieder im Nichts. Freier Raum, in dem der gesamte Geist, der gesamte Körper als stetiger Strom der Veränderung erfahren wird.

Geräusche erscheinen und vergehen.

Gefühle erscheinen und vergehen.

All das, was wir für uns selbst halten, kommt und geht, zieht von Augenblick zu Augenblick wie Seifenblasen im Raum vorüber, entsteht und vergeht in der unermeßlichen Weite eines barmherzigen Gewahrseins.

Registrieren

Registrieren heißt, still im Herzen anzuerkennen, was im Geist geschieht. Registrieren stellt ohne die geringste Absicht zur Einmischung einfach fest, *was ist*. Es ermutigt dazu, sich der Heilung zu öffnen. Es erweckt in uns die Eigenschaften der Aufrichtigkeit, der Nicht-Verurteilung, des Gewahrseins gegenüber Bewußtseinsinhalten und der zunehmenden Präsenz im Jetzt. Es trägt die Praxis vom Meditationskissen hinaus in die Welt. Es hilft uns dabei, eine Kontinuität des Gewahrseins entstehen zu lassen. Es bewahrt die Verbindung zwischen Geist und Körper. Es ist direktes, klares Erkennen des Augenblicks.

Wenn das Denken die Aufmerksamkeit auf sich zieht, registriert man im stillen „denken, denken". Zu Beginn dieser Praxis fällt es nicht allzu schwer, die gröbsten und deutlichsten Zustände von Geist und Körper als „denken" oder „fühlen", als „Schmerz" oder „Widerstand" zu bezeichnen. Wenn sich der Prozeß des Registrierens später verfeinert und ein subtileres Gewahrsein entsteht, mag man es als natürlicher empfinden, nicht an eine allgemeine Bezeichnung zu denken, sondern spontan die darin enthaltenen Merkmale zu registrieren – statt „denken" vermerkt man vielleicht „planen", „zweifeln", „lieben" oder „sich sorgen".

Vom Grad der Anziehungskraft eines Gedankens auf das Gewahrsein spricht man als „Verhaftung". Zehntausende von Geistesimpulsen zucken von Moment zu Moment durch das

Gewahrsein, aber nur wenige von ihnen besitzen die Dichte und magnetische Kraft, um als Gedanke voll in das Bewußtsein zu treten. Dieser Magnetismus aus persönlicher und ererbter Vergangenheit bestimmt das Maß, in dem wir mit dem Objekt des Gedankens „arbeiten“ müssen. Es gibt sowohl positive als auch negative Verhaftungen. Die Reaktion auf ein Objekt des Gewahrseins kann entweder in einer Verklammerung oder in einem Widerstand bestehen. Beim Registrieren einer Verhaftung – je nach Objekt als „Zuneigung“ oder „Abneigung“ – bleiben wir uns der „Kette der Ereignisse“ bewußt. Es gibt sogar eine Methode der Achtsamkeit, bei der es nicht nur um das Beobachten von Empfindungen, Gedanken und Gefühlen vor dem lautlosen Hintergrund sinnlicher Wahrnehmung geht, sondern hauptsächlich um das Registrieren der Zuneigungen und Abneigungen, die unaufhörlich im Geist in Erscheinung treten.

Registrieren hält das Gewahrsein „in der Spur“. Es ist eine Beobachtung der Wetterlage des Geistes. Es spürt, ob mit achtzigprozentiger Wahrscheinlichkeit Regen zu erwarten ist oder ob die Wolkendecke aufreißen wird. Es fühlt die ersten Sonnenstrahlen und die ersten Regentropfen. Es ist in der Gegenwart gegenwärtig. Es empfängt eine Schneeflocke in der offenen Hand, nicht in einer tief in eine gefütterte Hosentasche hineingezwängten Faust.

Registrieren ist ein Prozeß, in dem ein Geisteszustand identifiziert wird, noch ehe wir uns *mit* diesem Zustand identifizieren. Ein Sumpf wird bemerkt, bevor wir bis zu den Hüften im schlammigen Grund versinken. Wenn es auch eine Weile dauern mag, bis wir diese Technik in unseren Alltag integriert haben, so hilft sie uns doch bald, gelegentliche Niedergeschlagenheit unbeschwert als solche zu erkennen. Wir nähern uns der Welt allmählich mit einem neuen Geheiltsein. Nichts kann uns mehr überraschen. Wir haben unsere Hindernisse studiert und begegnen ihnen leichten Herzens, mit Gelassenheit: „Welche Überraschung! Wieder mal die Sorge, wieder mal der Zorn, wieder mal der Widerstand.“

Das Registrieren wird zu einer sanften Anerkennung jedes ablaufenden Schauspiels. Es erkennt und verzeichnet die Veränderungen im Augenblick ihres Auftretens. Es erlaubt uns, die Inhalte im Kontext eines größeren Prozesses zu betrachten. Und schließlich den Prozeß im mächtigen Zusammenhang des

Seins, der göttlichen Leere unserer essentiellen Natur, des grenzenlosen Herzens zu erfassen.

Registrieren heißt auch, daß nichts hinzugefügt wird. Es bedeutet „nur so viel" – den Augenblick, so wie er ist. Die Millisekunde, in der die Wahrheit zu finden ist. Registrieren bedarf nicht einmal der begrifflichen Formulierung. Es erfolgt im Augenblick der Wahrnehmung, bevor Interpretation eine Erfahrung zur persönlichen Erinnerung macht. Ein erfahrener Meditationspraktiker sagte einmal: „Es ist der Reisebegleiter des Meditierenden für die ganze Welt. Wenn du weißt, wo du bist, bist du immer zu Hause."

Registrieren holt die Meditation „vom Kissen weg" und bringt sie in unseren Alltag. Es begleitet uns durch unser tägliches Auf und Ab. Es erkennt, wann wir auf den Augenblick zugehen oder uns von ihm zurückziehen. Es begleitet uns beim Autofahren, beim Essen und bei der Arbeit. Wie ein alter Freund erinnert es uns daran, aufmerksam zu sein.

Schließlich entwickelt sich das Registrieren zu einer ganz spontanen Reaktion auf wechselnde Zustände. In schlichter Gelassenheit registrieren wir den Strom des Bewußtseins. Wir analysieren und durchdenken unseren Zustand nicht mehr, um ihn einzuordnen – wir lösen keine neuen Gedanken aus.

Anerkennung des Bewußtseinsstromes: „planen" – „zweifeln" – „hoffen" – „staunen" – „sich sorgen" – „genießen" – „mögen" – „ablehnen" – „beneiden" – „lieben" – „hassen" – „verlangen" – „stolz sein" – „Eifersucht" – „Bezaubertsein" – „Freude".

Sollte dir das Registrieren aber im Wege stehen, dann gib es auf. Es ist nur eine Technik. Wenn der Geist von selbst klar und geradlinig bleibt, wird das Registrieren zu einem „Extra", das sich vielleicht als überflüssig erweist. Wenn es manchmal eher als Hindernis denn als Verbündeter empfunden wird und eher analytisches Bestreben fördert als einfache Präsenz – wenn es kein klares Spiel, sondern Arbeit ist – dann höre damit auf.

Wenn uns die Praxis des Registrierens zu tiefer Klärung führt und ganz zu eigen wird, dann lösen wir uns allmählich von den Bezeichnungen, und das einfache Anerkennen der wechselnden Inhalte setzt sich selbsttätig fort. Das Bemühen, Mühelosigkeit zu erreichen, hat sich wieder einmal ausgezahlt. Nun wird das Registrieren vielleicht nur noch eingesetzt, wenn wir uns in sehr angespannten, insbesondere bedrückenden Zuständen befinden. Wir vermerken „Angst", „Zweifel", „Mißtrauen" oder „Freude", um nicht von diesen starken Wallungen mitgerissen zu werden. Im allgemeinen jedoch ist es die Achtsamkeit, die einfach registriert, *was ist* – wortlos, ohne einen „Formulierer" oder auch nur einen „Beobachter". Was bleibt, sobald der Prozeß verinnerlicht wird, ist das Beobachten selbst.

Loslassen in bewußtes Leben

Bewußtes Leben erlaubt uns ebenso wie bewußtes Sterben, den letzten Augenblick loszulassen und uns dem nächsten zu öffnen. Wenn sich der Kontakt zum Atem im Verlauf einiger Wochen gefestigt hat und wir die Aufmerksamkeit in inniger Beziehung zum Atem bei einer Ablenkung durch Gedanken, Gefühle oder körperliche Empfindungen immer wieder auf die Wahrnehmungen an den Nasenlöchern zurückgelenkt haben, werden wir mit der ständigen Wanderung des Gewahrseins von einem Objekt zum anderen vertraut. Immer öfter finden wir uns in der unmittelbaren Gegenwart wieder.

Ist die Aufmerksamkeit erst einmal imstande, die funkelnden Objekte, von denen sie angezogen wurde, leichtherzig loszulassen, kann sie sich ohne Bewertung von den Bewertungen, ohne Furcht von der Furcht und ohne Stolz vom Stolz lösen, dann lernen wir die befreiende Kraft des Loslassens kennen.

In jedem Moment des Loslassens vertiefen sich Geduld und Erbarmen. Die Preisgabe vorübergehender Verhaftungen öffnet das Herz. Immer wenn wir uns von Gedanken und Gefühlen, von Zweifeln oder Wonnen lösen und zu den Empfindungen des Atems zurückkehren, fördern wir die Bereitschaft, über die Verklammerungen des alten Geistes hinauszugehen und der staunenden Ungewißheit des nächsten Augenblicks zu vertrauen.

Mit jedem Augenblick des Loslassens erleben wir unsere Geburt und erleichtern unseren Tod.

Indem wir jeden Moment des Loslassens sehr genau verfolgen, geben wir den Dingen völlige Freiheit, ohne auch nur den leisesten Druck auszuüben oder auf eine Änderung abzuzielen und beobachten aus unserer Abkehr vom Denken, wie jeder Gedanke als Seifenblase durch die unermeßliche Weite des Gewahrseins schwebt – ein zerbrechliches Gebilde, auf dessen zarter Haut sich unsere Traumwelt, unsere seelische Umgebung widerspiegelt.

Jeder Moment des Loslassens schafft die Möglichkeit weiterer Unabhängigkeit. Er bestimmt unsere Antwort auf die nächste Entfaltung von Gefühlen und Gedanken. Jeder Moment der Loslösung von der Angst erleichtert unser weiteres Erleben von Angstzuständen. Jeder Moment, in dem wir die Empfindungen ungehindert durch den Körper des Gewahrseins fließen, entstehen und wieder vergehen lassen, prägt unsere Fähigkeit, auf die nächste Empfindung zu antworten statt nur zu reagieren – sei sie nun angenehm oder unangenehm, sei sie willkommen oder unwillkommen.

In jedem Moment des Loslassens zuckt ein Blitzstrahl durch Geist und Körper.

Wenn wir den Augenblick des Loslassens mit derselben Sensibilität erforscht haben wie den Atem, das Denken, das Fühlen, die Erwartung und die Enttäuschung, dann können wir eine solche Loslösung zu einem tieferen Gefühl des Sein-Lassens, des reinen Seins entwickeln.

An diesem Punkt, wo sich Gedanken in „denken“ und Erwartung in „planen“ oder „sich vorstellen“ verwandeln, erkennt das Gewahrsein alle Zustände im Augenblick ihres Erscheinens ganz und gar an.

Will sich ein Gedanke oder ein Gefühl immer wieder Geltung verschaffen, obwohl wir uns wiederholt von ihm gelöst haben, wird das Gewahrsein vollständig vom Atem ablassen und direkt in diesen Zustand eintauchen, um seine Aktivität, seine Dichte, seine ewig wechselnde Natur, seinen Prozeß sorgfältig zu erforschen. Doch haben wir die Aufmerksamkeit erst einmal im Jetzt, in den Empfindungen der Atmung zentriert, sind wir fähig, das Schattenspiel des Augenblicks zu studieren. Wenn die Aufmerksamkeit immer wieder von einer Erinnerung, einem Gefühl, einem Verlangen, einer Gedankenkette oder Ereignisfolge vom Atem weggelockt wird, verankern wir sie ganz und gar in diesem Entfaltungsprozeß, damit sie seinen ganz persönlichen Charakter ergründen und die Vertrautheit schaffen kann, die eine Loslösung erleichtert.

Wenn wir uns vom Atem gelöst haben, um einen körperlichen oder seelischen Prozeß zu studieren, der vorübergehend in den Vordergrund getreten ist, wenn der Geist beginnt, von seinem neuen Brennpunkt abzuschweifen und den mentalen Katalog mit den alten Merkzetteln und Lebenserinnerungen durchzublättern, dann registrieren wir deutlich die Aktivität dieses Umherschweifens. Und mit einem tiefen Loslassen wenden wir uns von neuem den Empfindungen an den Nasenlöchern zu.

Indem wir feststellen, daß es ebenso schwierig ist, uns auf die intervenierenden Gedanken oder Gefühle zu konzentrieren wie auf den schwer zu erfassenden Atem, wird das Gewahrsein darin bestärkt, die Realität so wahrzunehmen, wie sie ist – mit aller Achtsamkeit, die es aufbieten kann. Die Achtsamkeit gegenüber dem Atem wird zur Grundlage unserer Präsenz im Jetzt, so daß alles, was Geist und Körper durchläuft, klar und mitfühlend erfahren wird.

Nun ringen wir nicht mehr mit dem Geist oder kämpfen uns zum Atem durch, sondern öffnen uns allen Erscheinungen schon im Augenblick ihrer Entstehung. Gedanken werden geboren und sterben von Augenblick zu Augenblick. Etwas, das über das Leben hinausreicht, erfährt Geburt und Tod. Das Bewußtsein dehnt sich unaufhörlich in den Raum aus, den unser Loslassen geöffnet hat. Wenn wir alles losgelassen haben, bleibt nur die Wahrheit bestehen.

Während wir immer wieder in die lebendige Gegenwart zurückkehren, sehen wir alle Geistesinhalte in der Unsterblichkeit, im Unverletzten, im Ewig-Ganzen dahinfließen. Wir verwechseln die Objekte des Gewahrseins nicht mehr mit dem Gewahrsein als solchem. Völlig gelassen, völlig offen und weiten Herzens erforschen wir alle Erscheinungen im Augenblick ihres Erscheinens.

Indem wir den an den Nasenlöchern vorbeistreichenden Atem genau verfolgen, gewahren wir auch den leichtesten Hauch der ein- und ausströmenden Luft, das leiseste Flüstern der unterschwelligen Intentionen, die geringste Regung seelischer und körperlicher Aktivität. Für das absichtslose Gewahrsein haben alle Forschungsobjekte den gleichen Rang. Jedes kann völlig frei in einem unverhafteten Erbarmen und Gewahrsein entstehen und vergehen.

Eine immer tiefere Achtsamkeit gegenüber dem Prozeß entfaltet sich, ohne daß wir mit Gewalt etwas begreifen oder eine Heilung erzwingen wollen. Einsicht und Wohlbefinden entstehen auf ganz natürliche Weise. Eine „Bereitschaft zum Sein" empfängt den Atem in mitfühlender Offenheit und gestattet dem Geist vorbehaltlos, sich nach Belieben zu manifestieren und auf Ebenen Heilung zu finden, die vorher nicht zugänglich waren.

Und im leisen Raunen des Geistes werden die Absichten erkennbar, die jeder Bewegung des Körpers, jeder Handlung in der Welt vorausgehen. Die Wahrnehmung des Verlangens, sich zu kratzen, das der entsprechenden Handbewegung zugrunde liegt, gewährt Einsicht in die geistigen Stichworte, die jede Handlung in Gang setzen. Wir erkennen die Absicht, diese Vermittlerin zwischen Verlangen und zwangsläufiger Handlung schon an ihren Anfangs-Regungen, an ihrem ersten Räuspern. Wir durchschauen die Neigung zu unbewußten Reaktionen im klaren Licht des Loslassens – im Licht einer Bewußtheit, für die nur das Jetzt von Bedeutung ist.

Wir erwachen aus dem mechanischen Ablauf unseres Lebens, aus diesen fortwährenden Implosionen und Explosionen des Geistes im Körper und in der Welt. Vielleicht erahnen wir sogar, was ein Zen-Meister mit der Frage meinte: „Was war dein Gesicht, bevor du geboren wurdest?"

Indem wir dem ewigen Werden des Geistes zuschauen, der in diesem Raum des unveränderlichen Seins dahinfließt, geben wir unsere Sucht nach der falschen Identifikation mit dem Leid auf und erfahren das Leben an der Wurzel seiner Entfaltung – in der unsterblichen Natur allumfassender Wirklichkeit.

Eine geleitete Achtsamkeits-Meditation

(Man kann sie einem Partner langsam vorlesen oder auch allein mit ihr arbeiten.)

Lenke deine Aufmerksamkeit in den Körper hinein.

Laß sie auf der Ebene der Empfindungen, die dort hervorgerufen werden, zur Ruhe kommen.

Fühle den Druck, den das Gesäß auf den Stuhl ausübt.

Fühle die im Schoß gefalteten Hände.

Öffne das Gewahrsein den vielfältigen Empfindungen, die in rascher Folge im Körper entstehen und vergehen.

Ein Druckgefühl hier – eine andere Empfindung dort.

Erlebe den Körper einfach so, wie er ist.

Fühle diesen Körper, wie er ganz von selbst atmet.

Und laß die Aufmerksamkeit allmählich zu jenen Empfindungen wandern, die von der Atmung im Körper hervorgerufen werden.

Spüre diese Empfindungen im Bauch, in der Brust und im Hals.

Beobachte die Empfindungen, die bei jedem Ein- und Ausatmen im Körper entstehen.

Gestatte der Aufmerksamkeit, sich ganz und gar auf die Empfindungen zu richten, die der Atem an den Nasenlöchern hervorruft.

Achte darauf, an welcher Stelle die Empfindung der einzelnen Atemzüge dominiert.

Ist sie am deutlichsten an der Oberlippe zu spüren? In den Öffnungen der Nasenlöcher? Oder an der Nasenspitze?

Wo die Empfindung am ausgeprägtesten ist – dort konzentriere das Gewahrsein.

Laß das Gewahrsein in die Empfindung eindringen.

Nimm in ihr deutlich die Qualität der Veränderung wahr.

Wenn sich das Gewahrsein von der Empfindung an den Nasenlöchern abwendet und für einen Moment im Denken, im Planen, in der Verwunderung verliert, dann nimm direkt und ohne Bewertung zur Kenntnis, wohin es sich wandte, und kehre sanft losgelöst zu den Empfindungen des Atems an den Nasenlöchern zurück.

Stellen sich Bewertungen ein, dann registriere auch sie – ohne Bewertung. Beobachte offen den unwillkürlichen Prozeß ungewollten Urteilens.

Beobachte, wie sich dieser Prozeß ganz von selbst entfaltet. Laß ihn entstehen. Laß ihn vergehen. Und kehre sanft zum Atem zurück.

Postiere die Aufmerksamkeit an den Nasenlöchern wie einen Wächter, den man an einem Stadttor aufgestellt hat.

Laß das Gewahrsein jede Empfindung beachten, die den Atem begleitet.

Es gibt keinen Zwang, keine Anlehnung an den Atem, nur ein offenes Gewahrsein, das mit jedem Einatmen und jedem Ausatmen vielfach wechselnde Empfindungen erlebt.

Achtsames Atmen.

Während der wechselnde Strom der Empfindung immer deutlicher wird, läßt du auch die Konzentration des Gewahrseins stärker werden.

Achte auch auf die Pause zwischen dem Einatmen und dem Ausatmen. Gib acht auf jeden erscheinenden Gedanken. Nimm wahr, wie selbständig sich ein Gedanke bildet, und kehre zum Atem zurück.

Achte auch auf die subtile Absicht zum Einatmen oder Ausatmen, die an den Wendepunkten jedes einströmenden und ausströmenden Atemzuges wahrzunehmen ist.

Wenn du irgendeine Absicht, irgendein Verlangen bemerkst, den Atem zu steuern, dann registriere diese Neigung einfach und erlaube dem Atem, sich selbst in klarem Gewahrsein zu atmen. Laß diesen Moment in teilnahmsvoller Offenheit schweben.

Überlasse den Atem seinem natürlichen Strom.

Kein Festhalten.

Beobachte nur.

Erlebe einfach die Erfahrung in ihrer Entfaltung.

Bleibe von Augenblick zu Augenblick bei den vielfältigen Empfindungen, die sich bei jedem Ausatmen entwickeln.

Achte auf die Pause zwischen den Atemzügen und auf die Absicht, wieder einzuatmen.

Unaufhörlich stellt sich der Geist in Worten oder Bildern dar, die sich vor dem lautlosen Hintergrund der Empfindung abzeichnen. Gedanken entstehen und lösen sich auf – wie Sternschnuppen.

Selbst die leichteste Regung des Geistes hebt sich vor dem stillen Fluß der Empfindung deutlich ab.

Nie zuvor ließ sich ein Gedanke so rasch nach seinem Entstehen erkennen. Sobald die Mechanismen des Denkens durchschaut werden, setzt sich das Denken nicht unbewußt fort. Achtsames Denken.

Löse dich vom Denken und kehre sanft zum Atem zurück.

Betrachte jede Bewertung, jedes Verlangen, jede Vorstellung davon, was zu geschehen habe, als weitere Gedanken, weitere Seifenblasen, die durch die Unermeßlichkeit des Gewahrseins schweben.

Du denkst den Atem nicht, du trittst direkt in ihn ein.

Laß das Gewahrsein ins Innere des Atems tauchen und von Augenblick zu Augenblick die subtilen Änderungen seiner Struktur erfühlen.

Während sich das Gewahrsein schrittweise vertieft, bemerkst du noch feinere Empfindungen, die jeden Moment des Atmungsprozesses prägen.

Gestatte dem Körper, ganz von selbst zu atmen.

Du brauchst den Atem weder zu kontrollieren noch anzupassen. Ein sanftes, konzentriertes Gewahrsein dringt in jede feinste Empfindung ein.

Beobachte den Anfang, den Mittelpunkt und das Ende jedes Einatmens.

Nimm den Zwischenraum wahr. Beobachte den Anfang, die Mitte und das Ende jedes Ausatmens – und die nachfolgende Pause.

Dringe in die Struktur des Atems ein, fühle seine Sanftheit – fühle das Merkmal der Wärme oder Kühle in jeder flüchtigen Empfindung.

Tauche tief in die Erfahrung einfachen Atmens ein.

Ohne den Atem zu denken, dringst du von Augenblick zu Augenblick direkt in seine Entfaltung ein. Es entsteht ein direktes Gewahrsein, das einfach registriert, *was ist* – ohne Verhaftung oder Bewertung. Ohne sich dem Augenblick zuzuneigen oder sich von ihm abzuwenden. Es ist eine Beständigkeit, die jede Veränderung gewissenhaft wahrnimmt.

Nur ein Erforschen der Empfindung an den Nasenlöchern.

Wo Gewahrsein präsent ist, erscheint das Alte in einer ganz neuen Weise.

Nur Beobachten.

Nur Sein.

Beobachte die Unbeständigkeit aller Erfahrung. Und kehre im sanften Loslassen bewußt zum Atem zurück.

Achtsames Atmen an den Nasenlöchern.

Einatmen – ausatmen.

Durch Konzentration auf die Wahrnehmung in der Gegenwart präsent sein.

Keine Ablenkungen.

Solange wir fest im Augenblick zentriert sind, gibt es keine Ablenkungen.

Was auch immer erscheint, wird klar in seiner Veränderlichkeit erkannt – sein flüchtiges Wesen zerfällt von Gedanke zu Gedanke, von Gefühl zu Gefühl, von Empfindung zu Empfindung.

Jeder Moment des Denkens oder Fühlens oder einer körperlichen Empfindung wird einfach registriert. Du erkennst die Natur des Prozesses an und kehrst teilnahmsvoll und sanft zum Atem zurück.

Wenn das Denken oder Fühlen die Aufmerksamkeit von der Ebene der Empfindung ablenken will, dann achte auf jede Anspannung, auf jede Sehnsucht, die nach einer Änderung verlangt. Achtsames Fühlen.

Kehre immer wieder zum Atem zurück – auch wenn es alle paar Sekunden notwendig wird.

Wenn das Denken beginnt, dann begegne ihm leichten Herzens und registriere im stillen: „denken", „fühlen", „planen", „bewerten".

Was auch immer erscheint – beobachte einfach sein Erscheinen und lasse sanft in die Empfindungen des Atems los.

Laß unbekümmert los. Kehre zum Atem zurück und registriere den Anfang, die Mitte und das Ende jedes Einatmens.

Beachte den Abstand zwischen den Atemzügen.

Registriere den Anfang, die Mitte und das Ende des Ausatmens – und die Pause.

Registriere die Struktur, erforsche jedes Gefühl des Druckes, der Wärme oder der Kühle.

Registriere die Augenblicke des Behagens oder Unbehagens, der Zuneigung oder Abneigung in jeder einzelnen Empfindung.

Bewußtsein erfährt den subtilen Atem, der sich selbst in der unermeßlichen Weite des Gewahrseins atmet.

Registriere auch diesen „Jemand", der all dies beobachtet – laß es einfach zu, daß sich die Beobachtung selbst beobachtet. Bewußtsein entfaltet sich in klarem Gewahrsein. Achtsamkeit gegenüber dem Prozeß.

Nur Gewahrsein und Empfindung, von Augenblick zu Augenblick vereint.

Gehe selbst über die Vorstellung „Atem" hinaus, um direkt in den Strom des Bewußtseins einzutauchen.

Tritt direkt ein.

Barmherzig.

Sanft.

Beharrlich.

Bleibe dabei.

Gegenwärtig in der Gegenwart.

Der erste Schritt

Neben dem Registrieren gibt es noch andere Wege, um unsere Meditation „vom Kissen weg“ zu bringen. Einer von ihnen besteht darin, unsere Heilung zu „aktiver Meditation“ auszuweiten.

Bei der Geh-Meditation stellt man nicht mehr den Atem in den Brennpunkt, sondern widmet diese konzentrierte Ausrichtung auf den Augenblick der Erfahrung des Gehens. Die Geh-Meditation ist eine sehr einfache Methode, um bei jedem Schritt präzise auf die Wahrnehmungen in den Hüften, Beinen, Knien, Schenkeln, Knöcheln, Füßen und Zehen zu achten. Sie ist mit der geschärften Aufmerksamkeit für subtile Empfindungen gleichzusetzen, wie sie auch beim achtsamen Atmen entwickelt wird. Zu Anfang wird sie sehr langsam und besonnen ausgeführt – man fühlt, wie sich die Füße vom Boden abdrücken, wie das Bein nach vorne schwingt, wie die Zehen und Fersen auf dem Boden aufsetzen. Man registriert bei jedem Schritt *heben, schwingen, aufsetzen.* So lernen wir das Gehen noch einmal von Anfang an. Wenn wir diese Meditation in tiefer Konzentration auf die vielfältigen Empfindungen der einzelnen Schritte üben, kann es schon einige Minuten dauern, bis wir das Wohnzimmer durchquert haben – oder eine Millisekunde, bis wir einen Kilometer zurückgelegt haben. Nur – wohin können wir schon gehen? Hier sind wir!

Von Thich Nhat Hanh stammt ein außergewöhnlich klares Buch mit dem Titel *A Guide to Walking Meditation.* Wir können es sehr empfehlen.

MEDITATION BLUES

Manchmal bricht mir das Herz,
wenn ich meinen Geist betrachte –
kalter Eigennutz,
hartnäckige Furcht und Bewertung,
geflüsterte Kränkungen,
rachsüchtige Phantasien,
Triumph und Verzweiflung.

Eine konditionierte Entwicklung,
die so unpersönlich ist,
daß wir sie persönlich nehmen.

Manchmal bestürzt mich
die leichtfertige Grausamkeit
auch unbedeutender Ängste
und Freuden.

Manchmal bricht mir das Herz,
wenn ich meinen Geist betrachte.

Und manchmal bleibt es
lange genug zerbrochen,
um selbst diesen Schmerz
mit Liebe zu berühren.

Manchmal wäscht das Erbarmen
sogar Mrs. Macbeths Hände,
verwandelt Tragödie in Gnade
und lohnt alle Mühe.

Manchmal bricht es meinen Geist,
wenn ich mein Herz betrachte.

Eine Erkundung schwieriger, bedrückender Zustände

Heilung begleitet Gewahrsein. Unsere Befreiung ist so tief wie unser Forschen. Indem wir ein tiefes, teilnahmsvolles Gewahrsein entwickeln, dringt die Heilung zu Ebenen von Geist und Körper vor, die bislang unerschlossen waren.

Wenn sich die quälenden Emotionen sogenannter „bedrükkender Zustände“ kurzzeitig in den Vordergrund schieben (welche Überraschung!) und man sich von Angst, Zorn, Schuldgefühlen, Zweifeln, Verwirrung, Gier, Scham, Lust, Hartherzigkeit oder von einem der anderen *oldies but baddies* der geistigen Hitparade „überwältigt“ fühlt, kann eine Untersuchung, wie wir sie hier vorschlagen, sehr hilfreich sein.

Solche intensiven Gefühlszustände sind von einer gewissen halluzinogenen Art und präsentieren sich, als wären sie realer als alles, was wir sonst in uns fühlen. Sie sind von einer Aufregung und Unruhe geprägt, die eindeutig signalisiert, daß sich dieses Unbehagen ewig fortsetzen und sogar noch steigern werde. Sie drohen uns völlig auszubrennen. Aber sie lügen! Tatsächlich haben wir es nie erlebt, daß sich eine einzige Emotion endlos fortsetzen kann. Alle Gefühlsregungen sind Teil eines fortwährenden Wandlungsprozesses. Weder die angenehmsten noch die unerträglichsten Zustände vermögen sich dauerhaft in uns zu etablieren. Wenn wir uns auf den Prozeß, auf den Strom der Veränderung einstimmen, in dem sich diese Gefühle entfalten, treten wir aus der Identifikation mit der scheinbaren Unausweichlichkeit des „Leidens“ wie auch des „Leidenden“ heraus.

Es mag eine Weile dauern, bis du den uralten Schmerzen in Geist und Körper leichtherzig und tolerant mit der Anmerkung „Na so etwas – du schon wieder!“ begegnen und sie zur Heilung einladen kannst. Doch Meditationen dieser Art können Vertrautheit und Zuversicht gegenüber dem Unangenehmen wecken und uns den Umgang mit solchen bedrückenden Gefühlen erheblich erleichtern.

Allerdings hat der Begriff „Gefühle“ eine doppelte Bedeutung. Zum einen kann „Emotion“, zum anderen „Empfindung“ gemeint sein. Das ist jedoch keine sprachliche Unsicherheit, sondern die Einsicht in die Wechselbeziehung zwischen geistiger Erfahrung und ihrer körperlichen Äußerung. Jeder Geisteszustand korrespondiert mit einem bestimmten körperlichen Muster – mit konkreten Strukturen, die einen Geisteszustand im Körper darstellen.

Oft sind Gedanken der Angst, des Zweifels etc. zu bestrikkend und zu stark mit der Identifikation mit *„meiner* Angst“ und *„meinem* Zweifel“ verflochten, als daß wir den Prozeß *der* Angst und *des* Zweifels überhaupt zu erkennen in der Lage sind. Der zitternde und bangende Geist implodiert so schlagartig rund um seine Bilderwelt, daß wir kaum noch Abstand zu diesen Gefühlen gewinnen können.

Indem wir aber die körperlichen Äußerungen dieser quälenden Zustände in den Brennpunkt des Gewahrseins stellen, entdecken wir einen Weg, der weiterführt. Vielleicht sind wir nicht in der Lage, in einem zornigen oder ängstlichen Zustand unsere Gedanken auch nur eine Minute aufmerksam zu beobachten, ohne daß uns die Identifikation zu einem Ausbruch des Zornes oder der Angst verleitet. Doch wenn wir die Gedankeninhalte zur freien Entfaltung kommen lassen und das Gewahrsein nicht in die gedanklichen Bilder, sondern in das korrespondierende körperliche Muster hineinlenken – in die zusammengebissenen Zähne, den verhärteten Bauch, den angespannten Schließmuskel – dann können wir unsere Präsenz gegenüber Emotionen, in denen wir uns normalerweise verlieren, recht gut aufrechterhalten.

Die Meditation kann die Bürde heftiger Gefühle erleichtern und die bedrohliche Massivität dieser Zustände auflösen, indem sie uns schrittweise die Untersuchung ihrer zunehmenden Ausprägung in Geist und Körper ermöglicht.

Diese Art des Forschens erlaubt es uns, *zu* diesen Zuständen in Beziehung zu treten anstatt *auf* sie bezogen zu sein. Man kann das Erforschen der einzelnen Schichten in der scheinbar kompakten Struktur jener bedrückenden Zustände mit der Betrachtung eines polierten Edelsteins unter dem Mikroskop vergleichen. Zuerst entdecken wir die starke Porosität der scheinbar glatten Oberfläche, erfassen mit zunehmender Vergrößerung seine kristalline Struktur, und wenn wir noch tiefer in diese vermeintlich feste Materie eindringen, sehen wir die riesigen Abstände zwischen den Molekülen, die wie verstreute Sternbilder an einem weiten, leeren Himmel glitzern. Schließlich, in noch größerer Tiefe, entdecken wir den kosmischen Raum der atomaren Ebene – die gleiche unermeßliche Weite in diesem winzigen Stück Materie wie in Geist und Körper. Einen Raum, der dem Gewahrsein offensteht, um seine eigene, grenzenlose Natur inmitten dieser scheinbar kompakten Materie zu durchdringen und zu erfahren.

Eine geleitete Erkundung bedrückender Emotionen

(Man kann sie einem Partner langsam vorlesen oder auch allein mit ihr arbeiten.)

Wenn eine Identifikation mit belastenden Gemütszuständen – wie Angst, Zweifel, Zorn oder Stolz – den Geist einengt und den Zugang zum Herzen versperrt, dann suche dir eine bequeme Sitzgelegenheit und atme einige Male tief und ruhig in den Körper hinein.

Mag der Geist auch mit vielen Stimmen auf dich einreden – laß seine Worte einfach dahinfließen. Beobachte, wie sich sein innerer Impuls entfaltet.

Überlasse das Denken einfach den Gedanken, während der gleichmäßige Strom des Atems den Körper allmählich entspannt.

Laß den Bauch immer weicher werden, damit er diesen Augenblick annehmen kann.

Im weichen Bauch haben wir für alles Raum.

Erlaube es dem Gewahrsein, in dieser Weichheit frei umherzustreifen und Empfindungen zu studieren.

Achte auf alle Bereiche der Anspannung oder Verdichtung.

Achte auf Bereiche der Schwere oder Aktivität.

Der Hitze oder Kälte.

Nimm das Kribbeln, das Gefühl des Vibrierens wahr.

Erlaube dem Gewahrsein voller Ruhe, den Körper zu erfahren.

Steht dieser Gemütszustand in einer Wechselbeziehung zum Körper?

Fühle, wie die Empfindungen, welche diesen Geisteszustand begleiten, in den Muskeln, Knochen und Geweben spürbar werden.

Fühle die körperliche Auswirkung dieses seelischen Zustandes.

Erkunde die Empfindungen in Magen und Bauch.

Ist dort eine Anspannung festzustellen? Eine Verklammerung? Ein Widerstand?

Laß das Gewahrsein ganz ruhig in den Brustraum wandern. Schnürt irgendetwas den Atem ein? Will ein Verlangen nach Kontrolle den Atem forcieren oder dämpfen?

Laß die Aufmerksamkeit zu allen dominierenden Empfindungen wandern. Erforsche die körperliche Struktur dieses Geisteszustands.

Wie hat der Geist diese Gefühle bezeichnet?

Wie hat er sich diese Erfahrung erklärt?

Nennt er sie Angst?

Nennt er sie Zorn?

Nennt er sie Freude?

Erkenne den Zustand an. Registriere ihn.

Jeder Geisteszustand hat seine eigenen, besonderen Merkmale. Welches sind die Merkmale dieses Augenblicks?

Laß das Gewahrsein den unablässigen Prozeß dieser Gefühle im Körper erforschen.

Verändern sich diese Empfindungen?

Bewegen sie sich von einem Bereich zum anderen?

Drückt sich die körperliche Struktur dieses Zustands in einem Bereich deutlicher aus als in einem anderen?

Zum Beispiel im Rücken oder im Hals?

Oder im Bauch?

Welche Empfindungen spürst du in der Zunge? Drückt sie gegen die Zähne? Preßt sie sich an den Gaumen? Welche Verklammerung äußert sich dort?

Was geschieht am Scheitelpunkt des Kopfes?

Durchstreife einen Bereich nach dem anderen und beobachte den Ausdruck des Geistes im Körper.

Untersuche den stetigen Prozeß des Denkens, der sich gegen diese lautlose Präsenz im Brennpunkt der Wahrnehmung abzeichnet.

Welche Stimmen sind in Geist und Körper zu hören?

Lausche einfach. Du brauchst nicht zu antworten.

Nimm einfach wahr. Registriere den Ton dieser Stimmen, ihre Intensität.

Erlaube dem Gewahrsein, sich noch tiefer auf dieses Lauschen zu konzentrieren.

Ist es eine verärgerte Stimme?

Eine ängstliche Stimme?

Eine undeutliche Stimme?

Lausche ihrer Betonung.

Schwingt eine erkennbare Absicht in der Stimme mit?

Worauf zielt dieser geistig-körperliche Zustand, diese Emotion, dieser Charakterzug ab?

Fühlst du dich durch ihn besser oder schlechter?

Ist er auf dein Wohlergehen gerichtet? Bringt er dich deiner wahren Natur näher? Akzeptiert er dich so, wie du bist?

Welchen Einfluß mögen Vergebung oder Liebe auf diesen Geist/Körper haben? Würde er sich weigern, sein Leid loszulassen?

Ist es eine Stimme, von der wir einen Rat annehmen würden?

Zeigt sie uns den Weg zur Ganzheit oder zur Niederlage?

Spricht Liebe aus dieser Stimme?

Geht es ihr um Bewertung, Selbstmitleid oder Mißtrauen? Lausche einfach.

Nimm diesen Moment einfach so an, wie er ist.

Nehmen jene Gefühle einen Standpunkt ein, geben sie dir für deinen Weg eine Richtung vor?

Wo ist die Liebe?

Wo sind das Erbarmen und die Güte?

Wo ist die Heilung, die diese Gefühle dir bieten?

Laß die Aufmerksamkeit jetzt ganz tief in die Strömung dieses Zustandes eintauchen.

Fühle seine Energie, seine Veränderlichkeit, seinen Prozeß, der sich im Raum entfaltet.

Ist er eine einzige Emotion oder setzt er sich aus vielen unterschiedlichen Gefühlen zusammen?

Besteht er in einer einzelnen Stimmung oder verändert sich sein Erscheinungsbild fortwährend?

Vielleicht lassen sich mehrere Gefühlsebenen beobachten.

Ein Moment des Stolzes geht in einen des Zornes über.

Ein Moment der Aggression löst sich in Selbstmitleid auf.

Ein Moment der Bewertung verwandelt sich in einen Moment der Hoffnungslosigkeit.

Jedes Gefühl zerrinnt und geht in einen neuen Zustand über.

Zentriere dich mehr und mehr in diesem Prozeß, nicht einfach nur in seinen Inhalten.

Nimm das Merkmal der Veränderung in diesem scheinbar so stabilen Zustand wahr.

Konzentriere dich auf diese innere Strömung.

Laß das Gewahrsein Augenblick für Augenblick die einzelnen Elemente erforschen, die den Strom dieser Erfahrung bilden. Durchschaue die vielfachen, subtilen Gedanken, die das Gerüst dieser Erfahrung formen.

Beobachte das unpersönliche Wesen dieser Zustände, die wir so persönlich genommen haben.

Beobachte, wie sie ihren Standpunkt zu verteidigen suchen.

Beobachte, wie sie darauf beharren, real und für alle Zeit gültig zu sein, obwohl sie sich doch fortwährend verändern.

Beobachte ihre Tendenz, sich ständig zu wiederholen.

Beobachte, wie jede Stimme, jede Wahrnehmung, jede Empfindung ganz automatisch in die nächste übergeht.

Nimm wahr, wie jeder Gedanke von selbst endet.

Nimm wahr, wie spontan der nächste Gedanke erscheint.

Registriere die nächste Stimme, das nächste aufkommende Gefühl.

Beobachte, wie sich jeder dieser geistig-körperlichen Zustände entwickelt – wie er sich bildet und im nächsten auflöst.

Betrachte das „Drehbuch", das sich weiter und weiter fortschreibt.

Laß dies alles im Gewahrsein schweben. Laß es unaufhörlich zur Entfaltung kommen.

Beobachte, wie jeder Zustand unaufgefordert erscheint. Dieses beständige Kommen und Gehen.

Beobachte die unaufhörlichen Geburten und Tode der Gedanken.

Beobachte, wie sich das Leben fortwährend aus sich selbst heraus entfaltet.

Die Gedanken denken sich selbst.

Die Gefühle fühlen sich selbst.

Gib diesen stetig wechselnden Empfindungen und Gedanken mehr Raum – gib ihnen mehr Freiheit, sich in einem weichen Körper und in einem offenen Herzen zu entfalten.

Laß den Bauch ganz von allein atmen.

Die Brust frei.

Der Hals gelöst.

Die Zunge weich und ruhig im Mund.

Du erfährst jeden Augenblick schon in seinem Entstehen, ohne dich im geringsten an ihm zu verhaften oder ihn zu beurteilen.

Es gibt nichts zu verändern.

Du brauchst niemand zu sein.

Es gibt nur diesen barmherzigen Raum der Erforschung, in dem sich der Prozeß von Augenblick zu Augenblick entfaltet.

Du erkennst, daß alles, was bisher so stabil erschien, im Raum zerrinnt.

Du erschaffst den Augenblick nicht, du nimmst ihn einfach an.

Du siehst alles als ablaufenden Prozeß, beobachtest offen das, *was ist.*

Jeder Augenblick der Erfahrung kann in weiträumigem Gewahrsein frei erscheinen. Er kann in ihm schweben, er kann sich im unermeßlichen Raum entfalten.

Du beobachtest das Kommen und Gehen der Gedanken im weiten Raum des Geistes.

Du läßt die Empfindungen im weichen Körper entstehen und vergehen.

Offen.

Der weiche Bauch erspürt auch die geringste Verhaftung.

Der sanfte Atem öffnet sich auch der leichtesten Spannung.

Annehmen.

Beobachten.

Laß es kommen.

Laß es bestehen.

Laß es los.

Für alles ist Raum.

Dieser Augenblick bietet die Möglichkeit der Befreiung und Heilung.

Wie kostbar, wie tief erfahrbar ist doch diese Entfaltung – das Leben selbst.

Eines nach dem anderen: Ein Bewußtseinsexperiment

Eine ausgezeichnete Methode der Integration von Meditation und Gewahrsein in unser tägliches Leben besteht darin, eines nach dem anderen zu tun – ganz und gar an der bevorstehenden Aufgabe teilzuhaben. Sich auf eine einzige Arbeit zu konzentrieren. Wenn wir Auto fahren, hören wir nicht Radio. Wenn wir Musik hören, lesen oder essen wir nicht. Wenn wir essen, lesen wir nicht oder sehen fern. Wenn wir fernsehen, essen oder lesen wir nicht. Wenn wir gehen, spüren wir einfach nur den Boden unter unseren Füßen. Wir praktizieren das andächtige Gehen. Wenn wir essen, spüren wir das, *was ißt*, und tauchen direkt in die Empfindungen und Motivationen ein, die den Prozeß gestalten und steuern. Wir üben das achtsame Essen ebenso wie das achtsame Gehen oder Atmen. Wir schöpfen einen Atemzug nach dem anderen, gehen einen Schritt nach dem anderen, essen einen Bissen nach dem anderen. Wir erleben „nur so viel" – die ganze Realität dieses Augenblicks.

Es gibt eine Geschichte, in der sich zwei Zen-Mönche am Ufer eines Flusses begegnen. Sie stellen fest, daß sie aus benachbarten Klöstern kommen und erkundigen sich gegenseitig nach den Eigenschaften ihrer Lehrer. Der eine Mönch sagt: „Mein Lehrer ist der größte von allen. Er kann fliegen, er kann auf dem Wasser gehen, und er kann zwanzig Minuten die Luft anhalten!" Der andere Mönch nickt bedächtig und sagt lächelnd: „Oh, dann hast du wirklich einen sehr großen Meister.

Mein Meister ist aber noch größer: Wenn er geht, dann geht er einfach. Wenn er redet, dann redet er einfach nur. Wenn er ißt, tut er nichts anderes als essen." Der eine Lehrer hatte also „Kräfte", der andere dagegen Kraft. Nach Kräften strebt nur dasjenige in uns, was sich kraftlos fühlt. Im Hinblick auf den ausgedehnten Irrgarten des Ego dürften sich „wunderbare Kräfte" bei den meisten von uns als Fallgruben erweisen. Es geschieht ein viel größeres Wunder, wenn wir ganz einfach in unserem Leben präsent sind, wenn wir uns dem Augenblick öffnen und Erbarmen und Gewahrsein bewahren.

Ein befreundeter Zen-Meister saß einmal am Frühstückstisch und las beim Essen Zeitung. Einer seiner Schüler, dem die Lehre des Eines-nach-dem-anderen bekannt war, rügte ihn und sagte: „Du liest, *während* du ißt. Wie willst du dabei zentriert bleiben!?" Worauf der listige Lehrer sehr pragmatisch erwiderte: „Wenn ich esse und lese, dann mache ich *nichts anderes* als essen und lesen!"

Bleibe locker. Wenn Kinder im Haus sind, dürfte es fast unmöglich sein, sich nur auf eine Sache zu konzentrieren. In diesem Fall machst du einfach *nichts anderes* als sechs Dinge auf einmal. Du entspannst den Bauch inmitten eines anstrengenden Tages. Eine Mutter, die diese Praxis vor einige Schwierigkeiten stellte, sagte: „Mein Zeitplan ist wieder mal ein einziger Schlamassel. Ich glaube, es ist einfach nur ein Bauch-Tag."

Wenn wir eines nach dem anderen tun, fällt uns die Besinnung leichter. Wenn wir den Abwasch machen, zur Arbeit fahren, die Windeln wechseln, einen Graben ausheben, Essen kochen, uns lieben, einen Gedanken denken, dann widmen wir uns dem aktuellen Prozeß. Von Augenblick zu Augenblick erleben wir den Körper, den Atem, wechselnde Gemütszustände. Wir leben immer „nur so viel".

Wenn „nur so viel" nicht genügt, dann wird nichts je genügen. Auf „nur so viel" zu achten heißt, in andächtiger Weise zu leben.

„Was war dein Gesicht, bevor du geboren wurdest?“ fragte er

Wenn das Herz in Flammen aufgeht,
hört alle Vergangenheit auf;
und der Blitz fährt nieder auf den Ozean
in jeder Zelle.

Und dort, vor allem Anfang,
wo die Doppelhelix
wie eine Stimmgabel angeschlagen wird,
ertönt ein Summen,
in dem das All mitschwingt.

Die große Sucht – Ein Fall von Identitätsverwechslung

Wir glauben, dem Essen, dem Alkohol oder dem Sex verfallen zu sein, doch in erster Linie sind wir nach dem rationalen Geist süchtig. Wir denken, daß wir sind, was wir denken. Wir leiden an einer Identitätsverwechslung. Wir verwechseln das Denken mit dem, was denkt. Wir bilden uns ein, daß jede Stimme, jede Intention des Geistes die gesamte Wirklichkeit umfaßt. Wir lassen uns von jedem Inserat verlocken, das im Bewußtsein erscheint. Wir sind perfekte Konsumenten des Geistes. So unendlich leicht lassen wir uns täuschen. Eine vorüberziehende Wolke halten wir für die Unermeßlichkeit des Himmels. Fortwährend verlieren wir uns im Denken.

Unsere Sucht nach solchen Täuschungen durchbrechen wir erst, wenn wir die Natur des Bewußtseins untersuchen. Wenn wir allmählich den Unterschied zwischen dem Gewahrsein (Binheit) und einem Objekt des Gewahrseins (ein momentanes Riechen, Schmecken, Berühren, Denken, Fühlen, Hören) erkennen, dann „finden wir uns selbst". Indem wir direkt erleben, wie das Gewahrsein Bewußtsein erzeugt, verwechseln wir dieses nicht mehr jenem. Wir erkennen das Gewahrsein als das Licht, durch welches die Erfahrung wahrnehmbar wird, und das Bewußtsein als diesen Wahrnehmungsvorgang. Wo kein Gewahrsein vorhanden ist, kann kein Bewußtsein entstehen. Die Existenz von Bewußtsein hängt vom Gewahrsein ab, aber das

Gewahrsein ist unabhängig. Es besteht aus sich selbst heraus. Es ist die Grundlage des Universums.

Die meisten nehmen den Unterschied zwischen Bewußtsein und Gewahrsein ebensowenig wahr, wie sie den Unterschied zwischen dem Denken und einem Gedanken erkennen.

Je mehr wir das Gewahrsein als unsere wahre Natur erfahren, desto weniger werden wir vom Inhalt des Geistes verführt. Gewahrsein vermindert den Impuls alter Konditionierung. Je stärker wir gewahr werden, desto weniger verfallen wir unserer verwechselten Identität.

Jesus sagte: „Ich bin das Licht." Er war das „Ich bin" unserer wahren Natur. Er vergaß niemals, daß er Gott war.

Die Sucht aufgeben

Wir sind süchtig nach dem denkenden Geist. Wir lassen uns von einer Ereigniskette blindlings mitschleifen. Wir warten nur. Unsere Trauer droht uns zu ersticken.

Das Beobachten des beharrlichen Charakters unserer Absichten lehrt uns, daß der stetig wiederholte Versuch, „etwas zu erreichen", die Grundlage des Dranges nach angenehmeren Gefühlen und damit die Basis der Sucht bildet. Es ist eine Sehnsucht nach mehr Vergnügen und weniger Leid. Wir unterliegen der Sucht, von dem Schmerz, der unsere Sehnsucht begleitet, frei zu sein.

„Binheit" unterbricht diese Sucht. Im grenzenlosen Gewahrsein, das wir „Binheit" nennen, finden wir sowohl die Heilung als auch das Heilmittel. „Ichheit" greift nur nach weiteren Drinks.

Man sagt, daß man eine Sucht nur dadurch aufgeben kann, daß man nach etwas anderem, größerem verlangt. Wenn der Geist still wird und das Herz sich dem Heiligen zuwendet, wird selbst unsere Sucht zu einer Gnade. Gnade ist durchaus nicht immer angenehm, aber sie bringt uns unserer wahren Natur näher.

Sucht wirft einen verzerrten Schatten – durchsetzt mit Beurteilung und Selbsthaß. Oft sind wir gerade dann am unbarmherzigsten gegen uns selbst, wenn wir der Güte am meisten bedürfen. Sucht ist wie jeder physische Schmerz ein Spiegel unserer Trauer. Und wie immer, wenn wir traurig sind, können wir uns erst einmal in die Arme der Barmherzigen Mutter sinken lassen: „Lehne einfach deinen Kopf an meine Schulter." In der Hingabe an das Herz der Dinge finden wir eine Alternative zu unserer Sucht nach dem Geist und halten uns nicht für den Inhalt, sondern fallen in die Unermeßlichkeit, in der er fließt.

Wenn unser Verlangen nach Freiheit größer ist als das nach Vergnügen, wenn unser Ziel die Quelle der Befriedigung und nicht ihre Reflexion im Spiegel ist, werden unsere Abhängigkeiten zu Sprossen einer Leiter, die wir erklimmen, um uns vom Schmerz unserer Sehnsucht zu befreien und die Freude unserer wahren Natur zu erleben.

Indem wir den Drang nach belangloser Befriedigung ergründen, begegnen wir der Großen Befriedigung. Um uns von zwanghaftem Verlangen zu befreien, müssen wir das Verlangen auf das Ende seiner Zwanghaftigkeit richten. Dies nennt man das „letzte Verlangen", das Große Verlangen, den Willen zur lebendigen Wahrheit.

Weil unser sehnliches Verlangen nach Vollendung immer wieder unbefriedigt bleibt, begnügen wir uns mit Erfolgen. Oder mit Essen. Oder mit Sex. Oder mit Rauschmitteln. Nichts davon befriedigt jedoch unsere tiefe Unzufriedenheit dauerhaft. Dann finden wir uns mit solchen kleinen Verlangen ab und setzen damit den alten Kreislauf fort. Aber unser tiefstes Verlangen wird sich mit keinem Kompromiß zufriedengeben, es wird sich nicht mit kleinen, vorübergehenden Befriedigungen begnügen. Es sucht nur die Wahrheit, die alles Begreifen übersteigt. Alle anderen Verlangen werden vom Großen Verlangen verzehrt, von Sehnsucht nach einem Ende der Verwirrung und stumpfen Gleichgültigkeit. Das Große Verlangen frißt alle anderen Verlangen. Es kennt keine Tischsitten. Es spielt mit seiner Nahrung.

Es lehrt uns, mit geringeren Verhaftungen unbeschwert umzugehen. Es zielt darauf ab, alles loszulassen, was das Loslassen behindert. Und schließlich stirbt es beseligt in das Herz hinein.

Es geht hierbei nicht um einen bitteren Verzicht auf das Vergnügen. Dies ist der Pfad der Freude. Aber es ist die schwierigste Arbeit, der wir je begegnen werden. Sie erfordert das Loslassen unseres Leidens. Sie erlaubt sogar dem Verlangen, unbekümmert in der Unermeßlichkeit des Seins zu schweben.

Sie erkennt das Verlangen als eine Gegebenheit an, als einen ungeladenen Gast, den wir in unserem Alltag als Begleiter akzeptieren müssen. Machen wir uns das Verlangen zum Feind, bricht unser Haus zusammen. Betrachten wir es als unerwartete Schwangerschaft, lernen wir, unsere „Sprößlinge" zu lieben. Die Ursache des Leidens ist nicht das Verlangen, sondern unsere Identifikation mit ihm. Wenn sich das „Ich" an ihm verklammert, ist alles andere verloren. Wenn es aber wie jede andere Naturerscheinung frei in der unermeßlichen Binheit fließen kann, führt es nicht zu Problemen, sondern zur Einsicht.

Eine persönliche Anmerkung zur Sucht

Ich möchte meinen vorangegangenen Ausführungen noch hinzufügen, daß die Aussage „leichter gesagt als getan“ auf nichts besser zutrifft als auf das Thema Sucht. Gehe daher freundlich mit dir selbst um. Beharrlichkeit hilft weiter, doch ein ausbalanciertes Bemühen um ein Loslassen des Schmerzes läßt sich nur schrittweise erreichen. Und dies vollzieht sich gewöhnlich vom Herzen aus, nachdem der Geist längst alle Hoffnung aufgegeben hat.

Als ich vor dreißig Jahren, unterwegs zu meiner Heroin-Connection, schweißüberströmt mit dem Auto durch das Verkehrsgewühl steuerte, an jeder roten Ampel einen Wutanfall bekam und meiner Übelkeit kaum Herr werden konnte, vermochte ich der Wahrheit meines Schmerzes nicht mehr auszuweichen. Was genug war, war genug! Ich parkte am Straßenrand und überließ mich einfach meinem Kranksein. So konnte es nicht weitergehen. Das Herz informierte den Geist unmißverständlich darüber, daß Gott mir wichtiger war. Ich verbrachte Jahre damit, die Kluft zwischen Herz und Geist mit selbstverabreichten Schmerzmitteln zu verringern, bis das Herz endlich zerbrach und mir deutlich machte: „Raff dich auf oder geh zugrunde!“

Es war das Große Verlangen, was mein Leben rettete.

C.G. Jung bewies ein klares Verständnis für dieses Große Verlangen, als er den Gründern der Anonymen Alkoholiker nahelegte, eine „höhere Kraft“ in die Arbeit einzubringen. Er wußte, daß unsere Heilung mit einem schrittweisen Eintritt in das Herz verbunden ist, einer beständigen Hingabe des Schmerzes an das Mysterium des Seins. Ich persönlich halte den Begriff der *inneren Kraft* für zutreffender. Denn indem wir eine Kraft nach außen verlagern, rufen wir genau jene Abhängigkeit auf den Plan, von der wir gesunden wollen.

Nun, um mich nicht besser zu machen als ich bin, möchte ich nicht verschweigen, daß auch ich alte Gewohnheiten und Verhaftungen habe, von denen ich mich nur nach und nach lösen kann. Sie erinnern mich aber daran, welch wesentliche Rolle das Erbarmen für die Arbeit mit unseren Abhängigkeiten spielt, die so gar nicht in unser zerbrechliches Selbstbild passen. Leichtigkeit bringt's.

Die Kette der Ereignisse

Die Kette der Ereignisse ist jener Prozeß, in welchem sich das Verlangen ausagiert. Indem wir die Mechanismen des Verlangens von Augenblick zu Augenblick beobachten, erforschen wir, wie der begehrliche Geist die dem Verlangen innewohnende Energie vom in den aktiven Körper überträgt.

Wir verfolgen, wie die Kette der Ereignisse das Verlangen Glied für Glied, Augenblick für Augenblick in Aktion umsetzt. Wie sie eine unbewußte, automatische Aktivität erzeugt.

Wenn wir uns der Natur dieses Vorgangs nicht bewußt sind, werden wir von unseren Sinnen durch das Leben gezerrt. Wir leben außerhalb unser selbst.

Indem wir darauf achten, wie jedes Glied der Kette die Energie vom unbewußten Verlangen zur unbewußten Handlung werden läßt, lernen wir, das Verlangen vom automatischen Handeln zu lösen, ohne irgendetwas zu verdrängen oder zu leugnen. Wir unterbrechen die von unerforschtem Verlangen geschmiedete Kette unbewußten Handelns und erleichtern uns so die bevorstehenden Aufgaben. Wir handeln nicht mehr aus der Notwendigkeit, aus dem Kopf heraus, sondern aus dem Naheliegenden, aus dem Herzen.

Wir sind nicht hilflos, sondern nur gewohnheitsbestimmt. Gewahrsein löst alle Fesseln auf. Wir haben die Möglichkeit, diese Kette der Ereignisse von Anfang an zu beobachten. Indem wir eintreffende sensorische Impulse – Momente des Sehens, des Hörens, des Denkens – verfolgen, bemerken wir, daß eine aufblitzende Erinnerung schon im Vorfeld jeder Begriffsbildung den Geist darüber informiert, ob das besagte Objekt als angenehm oder unangenehm einzustufen ist. Wird es als angenehm betrachtet, setzt die Verhaftung ein, die wir „Verlangen" nennen. Die Kettenglieder formen sich. Wenn das Verlangen im Geist Gestalt annimmt, weckt es die Absicht, jenes Objekt zu erlangen. Diese Motivation veranlaßt den Körper, sich auf das Objekt zuzubewegen und zu versuchen, nach ihm zu greifen. Die Absicht läßt den Körper auf die erwartete Befriedigung zustreben. Diese Willensäußerung erzeugt eine bestimmte Art von Halsstarrigkeit, die sich des rationalen Geistes als Problemlöser bedient, um ans Ziel zu kommen. Es ist ein ganz automatischer Ablauf, der aber, wie das Essen oder das Atmen, vom klaren Licht des Gewahrseins erhellt werden kann. Wo es Gewahrsein gibt, steht die Konditionierung nicht mehr „auf Automatik".

Nachdem wir verfolgt haben, wie die Wahrnehmung Begriff und Form entstehen läßt, wie die Erinnerung Neigungen erzeugt, beobachten wir, wie die Kette wächst, indem „Zuneigung" das Verlangen stimuliert. Glied für Glied aktiviert das Verlangen weitere Absichten. Absichten führen zu weiterer Tätigkeit. Wir bemerken, daß die Macht des Verlangens uns ungewollt auf eine vielleicht unzweckmäßige oder sogar nachteilige Handlung zustreben läßt. Und erkennen aus dieser Sicht die Möglichkeit, ein wenig lockerer mit dem Verlangen umzugehen. Wir finden Gelegenheit, unserer wirklichen Lebendigkeit ein Stück näherzukommen.

Wenn wir diesen Prozeß Moment für Moment und Glied für Glied erforscht haben, entdecken wir das „schwache Glied in der Kette": die Absicht. Wenn wir die Absicht vom automatischen Prozeß des Verlangens und Wünschens abkoppeln, ist der Prozeß unterbrochen, denn es werden ihm keine neuen Impulse zugeführt. In der achtsamen Wahrnehmung der Absicht registrieren wir immer wieder den „Willen zum Handeln", der jeder Bewegung des Körpers, jeder Handlung in der Welt vorausgeht.

All das, was wir mit „Karma" bezeichnen, basiert auf der Absicht. Sie ist das Element des Bewußtseins, welches jede zukünftige Tätigkeit hervorruft und steuert. Sobald jedoch ein Erkennen der Absicht einsetzt, liegt das Karma in unserer

Hand. Wir haben quasi Entscheidungsfreiheit. Ein im Sterben liegender Freund sagte einmal: „Karma ist ein Wind, der immer weht. Alles hängt davon ab, wie du deine Segel setzt."

Ist das Gewahrsein auf die Kette der Ereignisse konzentriert, wird die gewohnte Reaktivität ent-konditioniert und entmagnetisiert. Was das „Unfreiwillige" (das Verlangen) mit dem „Ungewollten" (dem unbewußten Handeln) verbindet, wird schwächer.

Achtsamkeit unterbricht die zwanghafte Dynamik, indem sie die Absicht, die das Wollen mit dem Bekommen verknüpft, völlig in das Gewahrsein einbringt.

Obwohl die jeder Tätigkeit vorausgehende Absicht gewöhnlich unterhalb der Bewußtseinsschwelle liegt, können wir doch mit zunehmender innerer Stille das leise Geflüster des Geistes wahrnehmen. Und bevor wir etwas sagen, bevor wir einen Schritt unternehmen, registrieren wir möglicherweise die dahinterstehende Absicht. Schon unsere sogenannten Bedürfnisse stellen eine Absicht dar. Wir haben das Bedürfnis, uns im Bett zu drehen, um bequemer zu liegen. Dieses Bedürfnis ist die Anerkennung eines Verlangens nach Veränderung innerhalb des Bewußtseins. Im Bedürfnis, uns vom Stuhl zu erheben, stehen wir automatisch auf. Wenn wir aber diese Absicht einfach registrieren, ohne ihr zu folgen, würde sie wieder und wieder in uns laut, um uns zu interessieren und zu motivieren. Bald würden wir viel eher den ablaufenden Prozeß erkennen als irgendeine Notwendigkeit zu zwanghafter Reaktion.

Durch das Beobachten solch offenkundiger Absichten werden wir allmählich auch subtilerer Intentionen gewahr. Wir gewinnen wieder Anteil an unserem Leben. Mit der achtsamen Wahrnehmung unserer Absichten koppeln wir uns von zwanghaftem Handeln ab. Wir ent-wöhnen uns.

Es sei hier angemerkt, daß Verlangen durchaus nicht etwas „Falsches" ist – es ist lediglich schmerzhaft. Verlangen ist ein Gefühl des Nicht-Habens, ein Gefühl der Unzulänglichkeit, das solange besteht, bis das verlangte Objekt erworben ist. Verlangen erzeugt eine Krümmung im Geist und zieht ihn aus dem Augenblick heraus. Mit „nur so viel" ist er nicht mehr zufrieden. Die Natur des Verlangens ist das Unbefriedigtsein, die Sehnsucht nach einer Befriedigung in der Zukunft. Verlangen macht die Zeit zum Sklaven. Das Wesen unseres Begehrens ist ein Gefühl fehlender Erfüllung. Eine Art von Trauer.

Darum sollte das Verlangen nicht vom Haß attackiert oder von der Angst moralisiert, sondern mit Erbarmen und Gewahrsein ergründet werden. Mit einer tiefen Einsicht in die Natur des Verlangens durchtrennen wir unsere Fesseln.

Unbeschwerter Umgang mit dem Verlangen heißt nichts anderes, als das Gegebene voll und ganz anzunehmen statt über das Fehlende zu jammern.

Wohin führt dein Verlangen nach „Pfirsich Melba", wenn du vor der Eisdiele stehst, die nicht geöffnet hat? Kannst du unbekümmert loslassen? In sorgloser Achtsamkeit jedoch bekommen wir unseren „wohlverdienten Nachtisch": Die Freiheit des Loslassens ist süßer als Zucker.

Verlangen ist Sehnsucht nach Befriedigung. Es ist weniger das begehrte, funkelnde Spielzeug als vielmehr die Erfahrung, die wir Befriedigung nennen. Erfahrung der Befriedigung ist eine flüchtige Ahnung unserer wahren Natur, die nicht von der Unruhe des Verlangens überschattet wird. Wie Sonne, die durch die Wolken bricht, leuchtet einen Moment lang unser wirkliches Wesen auf, dessen Erfahrung reine Befriedigung ist. Eine Befriedigung, die kurzzeitig erlebt wird, wenn der Geist im Augenblick bleibt. Sobald das Verlangen durch einen Moment der Erfüllung verdrängt wird, kommt unsere eigentliche Natur ans Licht. Sie ist das Ewig-Leuchtende, der Inbegriff reiner Befriedigung. Mag das Verlangen auch zu flüchtiger Zufriedenheit verhelfen, seine Präsenz im Geist erschafft eine Dichte, einen Nebel, der das tiefere Befriedigtsein, das Erleben unserer eigentlichen Soheit verschleiert.

Unser Drang, ein Verlangen zu stillen, ist eine Art rückwärts gerichteter Erkenntnis der Urgewalt unseres inneren Lichtes, ein kurzes Aufblitzen, das uns daran erinnert, weshalb wir Geburt annahmen. Alles wird vom großen Verlangen nach der unbeschränkten Weite in Gang gehalten. Und sie öffnet sich, wenn das Verlangen vorübergehend erloschen ist und nur die Wahrheit bleibt.

Dann aber bestürmen uns wieder neue Verlangen, denn unser funkelndes Spielzeug, diese Sekunde des Vergnügens scheint bedroht – der Strom der Befriedigung wird gestoppt und die Weiträumigkeit des nächsten Augenblicks plötzlich eingegrenzt. „Da wollte doch dieser Schäferhund gerade an meinen neuen Wagen pinkeln, oder etwa nicht?!" Das Objekt des Verlangens wird zu etwas, das wir glauben schützen zu müssen, das wir immer besitzen und niemals verlieren wollen. So ist es kein Objekt der Befriedigung mehr, sondern der Unzufriedenheit.

Das Erforschen der Ereigniskette kettet uns los. Das Erforschen unserer Verlangen und ihrer Verhaltensmuster vermittelt uns ein Gefühl der Befreiung. Die Momente der Klarheit werden häufiger. Wir nähern uns dem Befriedigtsein auf direktem Weg. Ohne das Verlangen als Vermittler zu benötigen, treten wir direkt an die Quelle heran. Wir gelangen in die Unermeßlichkeit von „nur so viel". Wir lassen uns nicht mehr vom kummervollen Geist steuern, sondern vertrauen auf das sich offenbarende Herz.

Das Spiel mit dem Jucken: Ein Bewußtseinsexperiment

Tiefe Einsicht in die Wirkungsweise des Verlangens können wir gewinnen, wenn wir auf zwanghafte Willensäußerungen nicht reagieren. Wenn es uns juckt, greift unsere Hand an die betreffende Stelle, ohne daß uns dieser Vorgang normalerweise besonders bewußt wird. Um jene Ereigniskette zu erforschen, durch die sich das Verlangen im Handeln manifestiert, sollten wir den Prozeß studieren, der sich abspielt, wenn wir dem Drang zum Kratzen nicht nachgeben.

Wenn sich ein Juckreiz (egal welcher Art) bemerkbar macht, erkennen wir ihn erst einmal als unangenehmes Etwas. Natürlich hat der raffinierte Geist, sobald ein Moment der Unannehmlichkeit wahrgenommen und anerkannt wird, bereits ein Dutzend Strategien ersonnen, um dem Ungewollten abzuhelfen und zu entgehen. Dieses kleine Jucken umfaßt die Zwänge eines ganzen Lebens.

Also sitzt man ruhig da und kommt erst einmal ganz zu sich selbst. Man beobachtet, wie sich die geistige Hand immer wieder zu der juckenden Stelle bewegt, um Erleichterung zu schaffen. Indem man die Hartnäckigkeit des Geistes in seiner wiederkehrenden Absicht beobachtet, läßt sich erforschen, wie selbst das geringste Unbehagen, die leiseste Unerfreulichkeit den rastlosen Geist in eine kritische Lage bringt.

Es ist eine faszinierende und weisheitsfördernde Übung, ein Anfang vom Ende unbewußten Handelns.

Solche Art von Zeitvertreib läßt uns ein wenig leichter und spielerischer zur Essenz des Seins gelangen – zur vollkommenen Freude unserer vollkommenen Natur.

Ein Studium des Essens

Manche sagen: „Nahrung ist Liebe", doch bei vielen spiegelt sich die Beziehung zur Nahrung nur als Selbstverachtung wider. Bedenke dies und sei barmherzig, gebrauche diese Meditationen nicht zu weiterer Selbstmißhandlung und Selbstberaubung. Benutze sie statt dessen als eine Gelegenheit zur barmherzigen Erforschung unserer Beziehung zur Nahrung und zum Essen, als einen Weg des Bereitseins von Körper, Geist und Herz für den Empfang lebensspendender Energie. Genieße dein Essen achtsam – dies ist die Meditation des einen Bissens. Und von ganzem Herzen – dies ist die Meditation andächtigen Essens.

Für viele Menschen in den „überentwickelten" Ländern der Welt ist unausgewogenes Essen zu einem Problem geworden. Man ißt nicht, um den Körper zu ernähren, sondern um sich einen Ersatz für die mangelnde Nahrung der Seele zu verschaffen.

Oft essen wir, um das hungrige Gespenst in uns zu sättigen. Wir befriedigen unseren Hunger nach Vergnügen, nach Anerkennung, nach Glück, nach Sex, nach Erfolg (hier geht es nicht so sehr um Hunger, sondern mehr um eine Art seelischer Magenverstimmung). Weil unser Heimweh nach der Wahrheit, unser Großes Verlangen so selten gestillt wird. Und weil wir nicht das bekommen, was wir wirklich wollen, begnügen wir uns mit flüchtiger Befriedigung.

Wir werden hungrig und verängstigt geboren, doch zugleich mit dem Geburtsrecht unserer vollkommenen Natur auf vollkommene Freude.

Wenn wir dieses verängstigte Gespenst, diesen ewighungrigen Schatten in den heiligen Geist, in den geweihten Atem verwandeln, haben wir die Freiheit gefunden, nach der wir suchten. Befreiung tritt ein, wenn der gespenstische Geist in den spirituellen Geist übergeht.

Jedes Erforschen irgendeines Hungers führt zur Befreiung von allem Hunger – vom eigentlichen Hunger, *dem* Hunger, der *den* Schmerz entfacht. Kurioserweise sind die Objekte unseres Hungers nichts speziell Persönliches und führen dennoch zu einem Gefühl persönlicher Betroffenheit.

Wenn wir daran gehen, irgendeinen automatischen Prozeß wie das Atmen oder das Essen zu studieren, schaffen wir die Möglichkeit, das Unfreiwillige in den Bereich des Willens und des barmherzigen Gewahrseins zu bringen. Wir beginnen achtsam zu essen, um andere, größere Begierden besser zu verstehen und offener anzunehmen. Wir öffnen uns dem beständig Konditionierten ohne Konditionen. Wir verurteilen das Verlangen und selbst den Hunger nach seinem Gestilltsein nicht länger, sondern treten diesen oftmals unbarmherzigen Neigungen einfach barmherzig entgegen.

Traditionell betrachtet man das hungrige Gespenst oft als ein Geschöpf mit einem bleistiftdürren Hals und einem riesigen Mund, das alles mit unersättlichem Appetit verschlingt und doch nichts hinunterschlucken kann, weil sein Schlund dafür viel zu eng ist. Es hat den aufgeblähten Bauch der Verhungernden. Nichts aus der äußeren Welt kann es innerlich sättigen. Das Gespenst (der enge Körper) kann die Welt gewissermaßen schmecken, ohne indes jemals von ihr ernährt zu werden. Ihm geht es ganz so wie dem Magen – es will die ganze Welt in sich selbst verwandeln. Dieses Geschöpf lebt in den äußeren Sinnen, klammert sich an vorübergehende Befriedigungen und erlebt doch niemals die ewig leuchtende Essenz des Seins, die „reine Befriedigung". Es liest die Speisekarte im Licht einer Sphäre jenseits seiner Gelüste und intensiven Verlangen.

Die Sufi-Tradition kennt eine Geschichte über die verrückte Gestalt des weisen Nasruddin, der mit einem großen Korb voller scharfer Paprikaschoten vom Markt zurückkehrt. Als er nun eine nach der anderen verschlingt und seine Zunge zu brennen, seine Nase zu triefen und seine Augen zu tränen beginnen, fragt ihn einer seiner Schüler vorwurfsvoll, weshalb er sich mit diesen doch so beißend scharfen Bissen peinige. Und Nasruddin blickt mit einem wäßrigen Lächeln auf und sagt: „Ich warte darauf, daß ich eine süße erwische!"

Klingt das nicht irgendwie vertraut? Warten wir nicht auch auf „diese Süße" und behalten dabei doch immer jenen bitteren Geschmack? Wieviel Pein mögen wir wohl ertragen? Wie lange werden wir uns in sehnlicher Erwartung dieser Süße noch verbrennen lassen? Und wann entdecken wir, daß diese Süße in uns selbst zu finden ist, daß wir eigentlich das suchen, *was sucht*?

Indem wir dem Prozeß des Essens gegenüber achtsam werden, können wir diese tiefe Sehnsucht und diese Begierde erforschen, die uns oft so ausgehungert bleiben läßt. Es ist wie bei jeder mechanischen Tätigkeit: Wenn Gewahrsein des Prozesses (Achtsamkeit) vorhanden ist, werden die unter der Bewußtseinsschwelle liegenden Inhalte (die unfreiwilliges Handeln nach sich ziehen) in das Licht klarer Betrachtung gerückt. Wo Gewahrsein besteht, läuft die Konditionierung nicht mehr automatisch ab. Der zwanghafte Impuls wird unterbrochen.

Achtsamkeit erlaubt uns, den Augenblick zu verlangsamen und unsere Präsenz auch bei Tätigkeiten zu bewahren, bei denen wir gewöhnlich geistesabwesend sind. Wir werden nicht mehr von unerforschten Verlangen nach „Süße" oder von brennenden Ängsten in die Unbewußtheit gelockt.

Wenn wir in Zeiten der Einfachheit (des Seins) Hunger verspürten, dann aßen wir. Heutzutage aber, in unsere persönliche Vergangenheit verstrickt, werden wir von wechselseitig wirkenden Reizen in alten Reaktionen festgehalten. Wir essen unseren Kummer. Angst keimt auf, und wir kauen heftiger. Zweifel tauchen auf, und wir kehren uns von uns selbst ab, um den Kühlschrank ins Auge zu fassen.

Ironischerweise ist der Beweggrund, welcher uns zu übermäßigem Essen verleitet (Sehnsucht nach Befriedigung, nach Ganzheit), identisch mit jenem Stimulus, der uns zur konzentrierten spirituellen Suche motiviert. Der Hunger, der uns an den Mittagstisch zieht, führt uns ebenso zum Meditationskissen. Allerdings ist dieser zweite Hunger von einer etwas anderen Art: es ist der Hunger nach Weisheit, nach Freiheit, nach Frieden. Es ist das Große Verlangen, das alle kleineren Verlangen dem Feuer des inneren Forschens und des Loslassens opfert.

Das Große Verlangen verschlingt unseren Schmerz und nährt das Herz. Ramana Maharshi sprach davon, das Feuer der Freiheit zu hüten, ihm alle kleineren Verlangen, alle kleineren Hunger zu übergeben und seine Glut mit dem „großen Stock des Großen Hungers nach Befreiung" zu schüren. Es ist dieses Große Verlangen (welches unergründet den „Alptraum der Erleuchtung" schafft), das uns sogar durch den Schmerz jener machtvollen Sehnsucht (Sehnsucht schafft Leid, nicht das Ersehnte) zum tiefen inneren Leuchten führt. Das Licht wird vom Licht selbst angezogen.

Das Verlangen, das uns zum Mittagstisch treibt, erzeugt immer wieder neues Verlangen. Das Verlangen nach dem Meditationskissen kehrt den Prozeß um. Das erstere will das „Ich" des „Ich bin" erhalten. Es steckt den Kopf in den Sand, während es ißt. Es hält sich selbst für den Körper. Das letztere wird von der Binheit des Herzens genährt.

Jemand, der eine Zeitlang mit der Meditation des Essens gearbeitet hatte, sagte einmal: „Der Mund ist der Geist im Transvestitenkostüm. Er ist wie ein leerer Tunnel, der bis zum Schädeldach hinaufreicht, wo die hungrigen Geister lauern."

Indem wir unser Leben aus der Vergangenheit herauslösen, leben wir Schritt für Schritt in der Gegenwart. Wir entdecken das Wunder des Erdbodens, der unseren Füßen entgegenwächst, damit wir, wie Schwarzer Elch es empfiehlt, „andächtig gehen" können. Wir schöpfen jeden Atemzug im Gewahrsein des Körpers, den er nährt – im Bewußtsein der wunderbaren Leichtigkeit des Gewahrseins inmitten der Beschränktheit der Form. Um andächtig zu atmen. Um sogar die unzähligen Mikroben zu achten, die mit jedem unserer Atemzüge zugrundegehen. Leben verzehrt Leben. Wir liegen alle auf dem Teller. Alles, was lebt, wird durch anderes Leben erhalten. In Achtung dieses Prozesses leben. Jeden Bissen der Nahrung schmecken. Jeden Atemzug kosten. Augenblick für Augenblick da sein. Andächtig essen.

Vor allem aber lernen wir, den einzelnen Bissen in uns aufzunehmen. Augenblick für Augenblick präsent zu sein. Jeden einzelnen Bissen zu betrachten, zu riechen, zu hören, zu fühlen, zu schmecken und zu denken. Für den Augenblick offen zu sein, in dem sich das Leben abspielt. Das Leben nicht zu denken oder zu träumen, sondern es von Augenblick zu Augenblick direkt zu erfahren. Den vergangenen Moment loszulassen und den gegenwärtigen ganz neu wahrzunehmen. Aus der Tasse zu trinken und sie nicht zu begutachten. Sie direkt zu erleben und nicht in den alten Geist umzuformen, weil sich ein Hauch Erinnerung und Vergangenheit an sie knüpft, ausgedörrte Träume wachruft und den Durst verstärkt.

Kühles Wasser
Aus der Tasse trinken –
Gedanken schaler Erinnerung
Beim Trinken –
Achtsam denken –
Kühles Wasser.

Indem wir zuerst lernen, einen einzelnen Bissen wahrzunehmen, lernen wir schließlich, voll und ganz zu essen. Nicht nur des Essens, sondern auch des Essenden und des Gegessenen gewahr zu sein. Und auch der Verbundenheit dieser drei. In der wahren Natur des Essens erwachend, enthüllen wir die wahre Natur des Essenden.

Das Essen ist eine unserer meistgeschätzten mechanischen Tätigkeiten. Nur gibt es in einem Leben nicht allzuviele Mahlzeiten, die wir in ihrer Ganzheit erleben.

Achtsames Essen kann sich zum achtsamen Reden, Denken, Handeln und Sinnen vertiefen und erweitern. Es gibt dem Herzen Raum.

Es heißt, daß Jesus gesagt habe: „Sorge dich nicht darüber, was in deinen Mund hineingeht, sorge dich darüber, was ihn verläßt!“ Klarheit erwächst nicht daraus, *was* wir in unseren Mund stecken, sondern *wie* wir das tun. Es kommt ja bei unserer Befreiung auch nicht darauf an, was wir tun, sondern wie wir es tun. Oder wie sagte jemand? „Die Frage ist nicht, wie man Gutes tut, sondern wie man etwas Gutes richtig tut.“

Viele Leute, die um ihre Gesundheit oder ihr Gewicht besorgt sind, machen sich Gedanken über das, was sie essen – aber das eigentliche Problem ist, *wie* wir essen. Wir essen mechanisch. Der Happen auf der Gabel wird in den Mund geschoben, während wir noch kauen, und schon wartet die nächste volle Gabel, als wäre sie ein Müllwagen, der seinen Inhalt loswerden muß, um gleich die nächste Ladung aufnehmen zu können. Wir kauen, blicken dabei schon auf die gefüllte Gabel und erwarten den nächsten Moment, um noch mehr konsumieren zu können. Wir kauen, ohne zu schmecken. Wir sind uns kaum bewußt, daß wir schlucken. Wir nehmen das Essen nur richtig wahr, wenn es auf dem Tisch erscheint und bemerken seinen Duft fast nur im ersten Augenblick. Wir treten fast gar nicht mit dem Essen in Kontakt, erspüren kaum seine Beschaffenheit und Zusammensetzung – außer für einige Sekundenbruchteile beim ersten Bissen. Wir fühlen nur selten das Besteck in unserer Hand. Wir hören nur unbewußt, wie das Besteck auf dem Teller scharrt oder das Essen zwischen den Zähnen knirscht. Und kaum einmal nehmen wir die Bewegungen der Zunge wahr, welche die Nahrungsstücke umherschiebt und auf die Backenzähne verteilt.

Und wenn wir uns dann manchmal fragen, woher denn der bittere Nachgeschmack rührt: es sind die „sauren Trauben". Es ist das Rationalisieren einer zwar verspeisten, aber nicht geschmeckten Mahlzeit. Wir versäumen so viele Mahlzeiten; viele haben das Gefühl, zu verhungern.

Zahlreiche spirituelle Techniken beinhalten Meditationen des Essens, um die alltäglichsten und mechanischsten Handlungen in eine Sphäre heilenden Gewahrseins zu bringen. Sie sollen ermöglichen, was man mit „Entscheidungsfreiheit" bezeichnet. Wenn sich Achtsamkeit mit dem Augenblick verbindet, sind wir fähig, uns vom Mechanischen, Gewohnten zu lösen und uns dem Naheliegenden zuzuwenden. Sich in einem Augenblick des Gewahrseins vom Alten zu lösen, wird zum neuen Erleben jedes Augenblicks. Den Augenblick in seinem Entstehen zu erfahren, bedeutet die Präsenz in einem barmherzigen Gewahrsein, das zum Wohle aller tätig ist – uns selbst eingeschlossen.

Es gibt verschiedene Methoden, um sich den zwanghaften Vorgängen im Umfeld des Essens zuzuwenden und alte Hungergefühle mit neuem Gewahrsein zu erfüllen – kleine Aufmerksamkeiten, die der Achtlosigkeit entgegenwirken: Es beginnt damit, daß du nicht im Stehen ißt. Setze dich zum Essen hin und spüre erst einmal deinen Körper auf dem Stuhl. Sei deiner Anwesenheit am Eßtisch gewahr. Um automatisches Verhalten zu vermeiden, kannst du auch das Eßbesteck auf die andere Seite legen. Bist du Rechtshänder, dann nimm die Gabel oder die Eßstäbchen in die linke Hand – jede „Schaufelaktion" dürfte somit unmöglich werden. Und sieh dir selbst zu.

Wenn die Gabel wie durch Zauberkraft in die altgewohnte Hand zurückfliegt, hat das Verlangen die Achtsamkeit verdrängt.

Wie auch im übrigen Leben widmen wir uns beim Essen immer einer Sache nach der anderen. Um Ablenkungen zu minimieren, verzichten wir beispielsweise auf Musik, Fernsehen oder andere sinnliche Reize, die den gegenwärtigen Prozeß trüben könnten. Immer nur eines zu tun, vertieft die Konzentration und Achtsamkeit während des ganzen Tages. Das Essen bietet die ideale Gelegenheit, diesen „einen Schritt nach dem anderen" und dieses andächtige Verhalten zu praktizieren, das uns der Würdigung und Verwirklichung unseres Lebens näherbringt. Vielleicht denkst du daran, die Gabel abzulegen, nachdem du einen Bissen in den Mund geschoben hast. Sie kann während des Kauens auf dem Teller liegen. Wenn du die Gabel hinlegst, achte einmal darauf, wie die Finger zögern, sich von diesem Instrument momentaner Befriedigung zu lösen.

Immer wenn du eine gefüllte Gabel zum Mund gehoben und einen Bissen genommen hast, legst du sie auf den Teller zurück und läßt die Hand still daneben ruhen. Achte wieder auf den Mund, auf den Vorgang des Kauens, auf die Zunge, welche die Nahrung zu den Backenzähnen schiebt. Auf das Erlebnis des Schmeckens. Achte auf das Verlangen nach „Süße". Auf das Weiterkauen. Auf den Vorgang, welcher der Absicht zum Schlucken folgt. Auf das Hinunterschlucken selbst. Achte auf das Verlangen, „mehr zu bekommen". Ein einziger achtsamer Bissen lehrt uns, andächtig zu essen. Ein einziger Bissen erfüllt jeden Augenblick mit dem ganzen Mahl. Mit ihm öffnen wir nicht einfach nur unseren Mund, sondern auch unser Herz.

Indem wir Absicht auf Absicht verfolgen und den zwanghaften Drang nach noch angenehmeren Empfindungen beobachten, erkennen wir das Fundament all unserer Abhängigkeiten.

Wir verstehen, wie das Verlangen zur Absicht und die Absicht zum Handeln führt und lernen daraus, wie wir uns vor immer neuem Straucheln, vor weiterer Verarmung unseres Gewahrseins einem Leben gegenüber bewahren können, das wir zu führen glauben, während es doch eigentlich *uns* führt. Mit dem Beobachten von Absichten zerbrechen wir das mechanische Verbindungsglied zwischen Verlangen und Handlung.

Durch sorgfältiges, achtsames Erschmecken der Nahrung erleben wir Freude ohne Drang. Wir erfahren bewußtes Behagen, ohne der Begierde nach mehr oder der Furcht vor weniger zu erliegen. Die Begeisterung verliert ihren quälenden Aspekt. Einen einzigen Nahrungsbissen erleben wir als Geschmack, als Berührung, als Duft, und dieser Augenblick sättigt uns viel tiefer, als unser Drang nach „mehr" uns glauben macht.

Wenn uns dieser Augenblick genügt, dann genügt uns auch das Leben. Wenn wir mit diesem Augenblick nicht zufrieden sind, dann sind wir mit nichts zufrieden.

Eines nach dem anderen. Wie auch in den Meditationen des Gehens oder Atmens lernen wir unsere ersten Schritte, unser erstes Atmen – ein ganz neues Leben. So lernen wir in der Meditation des Essens, durch einen einzigen Bissen in uns einen Weg zum geweihten Mahl und zum geweihten Leben zu entdecken.

Meditation des einen Bissens

(Man kann sie einem Partner langsam vorlesen oder auch allein mit ihr arbeiten.)

Mache es dir auf deinem Stuhl bequem. Ziehe ihn an den Tisch heran. Fühle, wie der Stuhl dich trägt.

Fühle diesen Körper auf diesem Stuhl.

Empfinde den Druck, mit dem das Gesäß den Stuhl berührt. Den Einfluß der Schwerkraft.

Empfindungen der Füße, die den Boden spüren.

Fühle diesen Körper, in dem du sitzt, diesen Körper, dem du nun Nahrung geben wirst.

Fühle den ganzen Körper, so wie er ist.

Vielleicht spürst du Regungen des Magens.

Erwartungen der Zunge.

Verlangen im Geist.

Spüre, welches Essen nun vor dir steht.

Und entspanne langsam den Bauch.

Löse die Spannung, die Erwartung und den Drang, die sich unter dem Deckmantel des Appetits und der Vorliebe an den Tisch gesetzt haben.

Gestatte dem Körper nach und nach, sich zu entspannen und zu öffnen, um die Nahrung zu empfangen.

Beobachte, daß selbst eine freudige Erwartung den Bauch in unangenehme Spannung versetzen kann.

Und entspanne dich von neuem.

Der gesamte Geist/Körper ist an diesem Vorgang beteiligt.

Die Empfindungen des Daseins in einem Körper werden erlebt und angenommen.

Betrachte jetzt den Tisch und die Gegenstände, die sich vor dir ausbreiten.

Sieh auf den Teller vor dir und auf das Essen, das sich auf ihm darbietet.

Beobachte, wie schnell das Denken alles benennt, was auf dem Teller liegt.

Und wie sich sofort Vorliebe und Verlangen einschalten.

Schon ist das Essen vom Teller in den Geist gesprungen.

Das reale Objekt wurde wieder einmal gegen eine Vorstellung, eine Seifenblase, einen Gedanken eingetauscht.

Die lebendige Soheit der Nahrung wurde in den denkenden Geist verwandelt, der kaum einmal die ganze Frische des Essens schmeckt.

Und wieder einmal verzehren wir dieselbe alte Mahlzeit auf dieselbe alte Weise.

Das Gewahrsein aber macht alles neu, frisch, lebendig, gegenwärtig. Wir lernen, in voller Bewußtheit zu essen.

Wir lernen, einen einzigen Bissen zu nehmen.

Verfolge die Reaktionen des Geistes, während er das Essen studiert.

Achte auf jedes Gefühl der Dringlichkeit, jenes Essen vom Teller in den Mund zu befördern. Entspanne den Bauch von neuem, um die Nahrung zu empfangen, um völlig bewußt zu sein.

Achte auf die Absicht, nach der Gabel zu greifen.

Fühle beim Ausstrecken der Hand die Muskeln des Armes, des Handgelenks, der Handfläche. Spüre, wie die Bewegung von der Absicht stimuliert, vom Verlangen getrieben wird.

Fühle, wie sich die Hand öffnet, um die Gabel aufzunehmen.

Nimm die Sehnen in der Handfläche wahr.

Fühle das langsame Strecken der Finger, die sich dem Eßbesteck nähern.

Spüre die Kühle der Gabel bei der ersten Berührung.

Achte beim Anheben der Gabel auf das Spiel der Streck- und Beugemuskeln, die der Hand die perfekte Ansteuerung des Mundes ermöglichen. Die vollkommene Koordination von Arm, Hand und Auge.

Achte beim Erwachen des Geruchssinnes auf den Duft des Essens, der in die Nasenlöcher steigt. Atme ihn tief in den Körper hinein. Widme dich ganz dem Riechen.

Spüre, wie das Riechen schon den Geschmack entstehen läßt, welcher dem Kauen und Hinunterschlucken vorausgeht.

Fühle die Gabel, die den Bissen trägt.

Der Unterarm schwingt zurück, der Ellbogen nähert sich dem Körper, um den erwarteten Bissen zum wartenden Mund zu transportieren.

Achte auf die Gefühle in Mund und Kiefer.

Beobachte, wie sich die Zunge begierig der Empfindung entgegenstreckt.

Fühle die Berührung der Gabel, die die Lippen streift.

Spüre den Kontakt der Zunge mit der Nahrung.

Empfindung im Körper – Erwartung im Geist.

Fühle die Nahrung auf der Zunge.

Beobachte den ersten Schwall des Behagens, wenn das Schmecken einsetzt.

Beobachte, wie der Mund sich zur Einleitung des Kauens schließt, wie sich die Muskeln der Kiefer spannen, wie die Zähne mit der Nahrung in Berührung kommen.

Kauen. Geschmack erscheint.

Kauen.

Geschmack entfaltet sich.

Beobachte, wie die Zunge den Bissen zur leichteren Zerkleinerung im Mund verteilt.

Beobachte, wie die mahlenden Zähne für einen Moment innehalten, weil sie weitere Nahrung erwarten.

Lege die Gabel nieder.

Bleibe einfach beim Kauen.

Kein hastiges Kauen, um weitere Bissen in den Mund zu schaufeln.

Kein eiliges Hinunterschlucken halb zerkauter Brocken. Einfach ein Mundvoll nach dem andern.

Iß einen einzigen Bissen mit ganzem Herzen.

Wenn neuer Wohlgeschmack neues Verlangen erweckt, dann registriere die Merkmale des Gefallens und des Nichtgefallens bei jedem Augenblick des Kostens, bei jeder Veränderung der Nahrung im Mund.

Achte darauf, wie sich die Beschaffenheit des Essens mit jedem Biß verändert – wie sich feste Stücke mehr und mehr in Nahrungsbrei verwandeln.

Beobachte, wie homogen die Konsistenz der Nahrung allmählich wird und wie rasch daraufhin der automatische Drang zum Schlukken aufkommt.

Registriere die Absicht zum Hinunterschlucken.

Beobachte, wie das Verlangen die Absicht seiner Befriedigung erzeugt und wie diese Absicht zum Handeln drängt.

Verfolge den Ablauf der notwendigen Reflexe, wenn der Nahrungsbrei zum Rachen wandert und im Trichter der Speiseröhre zum Magen gleitet.

Verliere dich nicht in der Erwartung weiterer Genüsse. Bleibe bei den Wahrnehmungen des Essens, des Kauens und des Schluckens dieses einen Bissens.

Spüre, wie die Nahrung am Herzen vorbei in die dunkle Weichheit des Bauches hinunterwandert.

Liegt die Gabel schon wieder in der Hand und balanciert einen neuen Bissen auf ihrer Spitze? Wie ist sie dort hingekommen?

Lege die Gabel wieder auf den Teller zurück und laß die Hand auf dem Tisch ruhen, während du kaust.

Dieser eine Bissen beschäftigt alle Sinne.

Betrachte das Essen, seine Farben, die sich gegen die Tellerfläche abzeichnenden Formen.

Das Riechen, das Einatmen des Duftes wird zu Geschmack.

Der ganze Körper nimmt Anteil an diesem Vorgang.

Gegenwärtig in der Gegenwart.

Immer wenn die Gabel oder der Löffel einen Bissen zum Mund befördert und sich in ihm entleert haben, werden sie auf den Teller zurückgelegt. Laß deine Hand ganz ruhig daneben ruhen und richte die Aufmerksamkeit wieder auf den Mund, auf den Körper, auf den Geist. Erforsche und erfahre ganz direkt den weiten Bereich der Gefühle und Wahrnehmungen beim Vorgang des Essens.

Beobachte die Neigung des hungrigen Geistes, nach dem nächsten Augenblick zu greifen, um imaginäre Befriedigung in einer imaginären Zukunft zu suchen. Werde gewahr, wie deutlich dieses Verlangen nach „mehr" beim Essen erkennbar wird. Und begegne dieser tiefen Sehnsucht nach Vollendung und Erfüllung mit Erbarmen.

Lenke deine Aufmerksamkeit wieder auf den Mund, auf den Ablauf des Kauens, auf die ordnenden Bewegungen der Zunge, auf die Vorgänge des Schmeckens, des Zerkleinerns, des Schluckens.

Bewußtes Hinunterschlucken.

Bissen für Bissen vollzieht sich das gesamte Mahl.

Einen einzigen Bissen nehmend, essen wir geweihte Nahrung.

Einen einzigen Bissen nehmend, würdigen wir unsere Speise in jedem Augenblick.

Einen einzigen Bissen nehmend, verwandeln wir das Leben in ein festliches Mahl.

Weitere Betrachtungen zum Thema Essen

Ein Zen-Meister sagte einmal, Essen sei nichts anderes als das „Einfüllen von nichts in nichts“. Was ist dies doch für ein Festmahl der alles umfassenden Unermeßlichkeit, die nichts „enthält“ und doch in allem wahrzunehmen ist! Gott füllt Gott in Gott hinein. Und in dieser Unermeßlichkeit gibt es nicht einmal „nichts“. Ein ebenso unbeschreiblicher wie inhaltsloser Raum. Heilige Leere. Grenzenlos. Ungreifbar, aber nicht unfühlbar. Nicht zu schmecken, aber doch so köstlich. Fast unhörbar für unser Ohr – bis sie den Geist eines Mozart oder eines Rumi oder einer Drossel durchflossen hat. Sie ist der Klang des Windes in den Bäumen. Und auch der Klang der Bäume in windstiller Luft. Im Lauschen hören wir. Im Schmecken kosten wir das Aroma des Grenzenlosen, unserer wahren Natur. Das Einatmen seines Duftes raubt uns beinahe die Sinne. Sein Erscheinen in unseren Gedanken offenbart uns das Denken als Prozeß, und wir lösen uns in dem Raum auf, den dieser Prozeß durchfließt. Kein Beobachter, nichts Beobachtetes. Kein Essender, nichts Gegessenes. Nur das Essen selbst. Nur der sich im exakten Brennpunkt eines leuchtenden Gewahrseins entfaltende Prozeß. Nur das Beobachten, das sich in der Unermeßlichkeit entfaltet. Nicht das Besitzen, sondern das Teilhaben an der Lebenskraft in allem, was existiert. Ein Element der großen Allverbundenheit aller Dinge.

„Mehr" ist nicht genug. Nur das Eine (unsere gemeinsame Soheit) genügt. Der Rest ist Rastlosigkeit.

Ebenso wie Absicht das Verlangen zur Handlung treibt – gleich einer Antriebswelle, welche die Kraft des Motors auf die Räder überträgt – so verbindet auch die Gabel das auf dem Teller wahrgenommene und gerochene Essen mit dem hungrigen Mund ersehnter Befriedigung.

Achtsames Essen bedarf daher der Entwicklung einer achtsamen Beziehung zur Gabel.

Betrachte sie. Fühle sie. Nimm sie auf. Belade sie. Hebe sie zum Mund. Fühle sie an den Lippen und an der Zunge. Beobachte, wie sie ganz von selbst zum Teller hinabsinkt. Werde gewahr, wie ungeduldig sie darauf wartet, wieder beladen und im Mund geleert zu werden. Beobachte, wie sie auf dem Teller nach neuer Befriedigung fischt und den nächsten Bissen auswählt. Und ihn wie ein Schaufelbagger zum Mund emporfährt. In der *Geschichte von der Gabel* ist jedes Schauspiel von Shakespeare, jedes Gedicht von Baudelaire oder Poe, jeder Country-Lovesong wiederzufinden.

Gabeln essen ganz von allein. Man muß ein wachsames Auge auf sie haben. Lerne deine Gabel kennen!

Die Geschichte von der Gabel

Wir alle kennen die berüchtigte *Geschichte von der Gabel* und die von ihr verkörperte Zwanghaftigkeit bereits zur Genüge:

Schau, da liegt sie ja schon auf dem Tisch. Eine metallene Skulptur. Ein massives Objekt. Es wirft einen Schatten.

Diese Gabel ist längst nicht so unschuldig, wie uns ihre momentane Unbeweglichkeit weismachen will. Sie ist ein ausgesprochenes Angriffsinstrument, ein Apparat der Sinne.

Wie kühl sie bei der ersten Berührung noch ist. Und wie schnell sie sich in den hungrigen Fingern erwärmt. Schon nimmt die Hand sie nicht mehr wahr, denn sie ist zu einem verlängerten Glied des verlangenden Körpers geworden.

Ganz von selbst belädt sie sich, dann geht es aufwärts zur Zunge. Gefüllt mit Brokkoli und Erwartung.

Und schnell hin zu den Sinnen, in den offenstehenden Mund. Schon grunzt der Magen: „Wo bleibt das Essen?"

Die Zunge, natürlich ein ganzes Stück anspruchsvoller als „dieser Primitivling von Magen", legt sich flach wie ein demütiger Bittsteller, um diesen ersten Bissen zu empfangen.

Und sie schubst ihn nach hinten zu den willigen Mahlzähnen, die bereits den ersten Ansturm von Wohlgeschmack vermelden.

Ein Geschmack nach dem anderen entfaltet sich. Das Gefüge des Bissens ändert sich von Augenblick zu Augenblick.

Die Gabel, längst wieder zum Teller gefahren und zurückgekehrt, schwebt ungeduldig vor den Lippen, um den nächsten „Knüller" zu liefern.

Die Zunge hat ihr Werk des Schmeckens, Schiebens und Verteilens noch gar nicht beendet, als unter dem Drängen des Verlangens nach „mehr" schon das unfreiwillige Schlucken beginnt. Die Zunge biegt sich zurück, als wolle sie der verschwundenen Nahrung durch den Schlund hinterhereilen, um „noch ein einziges Mal zu kosten".

Doch ihre Panik legt sich schnell, als die Lippen sie beruhigen, weil ja schließlich eine weitere vollgeladene Gabel in Bereitschaft steht. Und die Kiefer sperren sich auf wie der Schnabel eines Nestkükens, um den nächsten köstlichen Happen zu empfangen.

Die Zunge streckt sich ein wenig und bangt gespannt dem nächsten Augenblick entgegen.

Der Geist, erfüllt von Vorlieben und Abneigungen, reiht Bissen an Bissen, Kauen an Kauen, Geschmack an Geschmack, Moment an Moment.

Und für einen kurzen Augenblick schwindet das Verlangen, denn inmitten eines bestimmten Geschmacks oder Kaugefühls erleben wir „Befriedigung".

Aber schon erwacht der Wunsch nach „mehr". Die hungrigen Gespenster melden sich wieder zu Wort, und Verlangen wühlt die ruhigen Wellen des Geistes auf. Was eben noch Gegenstand der Befriedigung war, müssen wir nun „bewahren" und gegen Verlust sichern. Neuer Kummer ist daraus entstanden. Die wirbelnden Fluten der Erwartung und Unzufriedenheit warten ruhelos auf die Befriedigung, die dicht unter unserem Verlangen schlummert.

Und wieder fordert uns die Gabel auf, unseren Kummer zu essen. Geschickt schnappt sie sich die Erbsen in der cremigen Soße und mischt sie unter den Kartoffelbrei. Der Magen ist bereits gesättigt, doch die Zunge ist noch voller Begehren – selbst als der letzte Bissen vom Teller verschwunden ist. Die Wachsamkeit hat sich längst vom Tisch zurückgezogen und mit schwerem Bauch zu einem Nickerchen zusammengerollt, während die Gabel teilnahmslos ihre vorgeschriebenen Runden beendet.

Doch in der Rückbesinnung auf unsere Lebendigkeit beginnen wir den Augenblick zu erforschen. Wir nehmen einen einzigen, geweihten Bissen zu uns und werden Schritt für Schritt von der „Krise des Verlangens" befreit, jener nervösen Sehnsucht, die so viel Kummer erzeugt. Achtsames Essen. Gewahrsein heilt.

Direktes Sehen klärt die Sicht, läßt uns nicht nur das Gesehene, sondern auch den Ablauf des Sehens erkennen. So lernen wir, direkt und klar im Augenblick zu hören, zu schmekken, zu fühlen, zu riechen und zu denken. Es ist ein direkter Eintritt in die „Realität", bei dem wir die Schleier altgewohnter Wahrnehmung, welche die Sinne trüben und den Geist mit gespenstischen Bildern aus dem Gestern füllen, untersuchen und durchdringen. Direktes Sehen erweckt uns aus dem sich ewig wiederholenden Traum.

Indem wir so in unser Leben eintauchen, nicht dieselben alten Dinge aus derselben alten Perspektive sehen, dieselbe alte Mahlzeit schmecken, denselben alten Duft riechen und dieselben alten Gedanken denken, werden wir zu echter Erwiderung fähig anstatt lediglich auf Reize zu reagieren. Wir lernen, uns noch viel inniger an der Neuheit jedes Bissens, jedes Atemzuges, jedes Schrittes zu erfreuen. Wir sind nicht mehr an alte, programmierte Erfahrungswege und Interpretationen des Vergangenen gebunden.

Achtsamkeit läßt den Tod und die Leblosigkeit in unserem Leben vergehen, indem sie uns in die heilige Gegenwart führt.

Und was dann?

Ein Zen-Meister sagt vielleicht: „Wasch das Geschirr ab."

Erleuchtung hört nicht beim letzten Gabelbissen auf.

Reinige die Sinne, wenn du das Geschirr reinigst. Fühle die Wärme des Wassers. Den schlüpfrigen Seifenfilm auf dem Teller. Achte auf jeden Drang zur Eile. Auf jeden Gedanken, wonach die absolute Befriedigung woanders zu finden wäre.

Reinige als letztes das Silberbesteck. Achte dein Küchengerät. Poliere deine Gabel sorgfältig, achtsam, in andächtiger Ruhe.

Dies ist das Zen der Gabel.

Doch das Essen endet auch nicht mit dem Reinigen des Geschirrs. Wenn du später bedachtsam auf der Toilette sitzt, dann sei dir der Nachwirkungen der Verdauung bewußt – der Verarbeitung jenes Kartoffelbreies mit Soße und Erbsen durch den Körper. Nimm den vibrierenden Körper wahr, in dem du sitzt.

Vollziehe die Ausscheidung dankbar und bewußt.

Dies ist das Zen der Toilette.

Es ist nicht das Ende der *Geschichte von der Gabel*.

Andächtig essen

Andächtig zu essen heißt, sich der wesenhaften Verbundenheit des Essenden mit dem Gegessenen bewußt zu sein. Die Speise zu würdigen. Sich dessen gewahr zu sein, was der außergewöhnliche Lehrer Thich Nhat Hanh als „Interexistenz" *(interbeing)* bezeichnet.

Um andächtig zu essen, müssen wir lernen, aus dem Herzen zu essen. Also beginnen wir mit der Meditation des weichen Bauches, mit der wir die tief eingeprägte Trauer, die den Bauch verhärtet, auflösen können. Indem wir barmherzig und bewußt mit dem Schmerz in Verbindung treten, der den Magen tief im harten Bauch gefangenhält, geben wir dem Magen endlich die Freiheit, Nahrung zu empfangen. Und wir haben an jedem Element dieses geheiligten Prozesses teil.

Wenn wir in andächtiger Weise essen, nähren wir den Körper, damit er fortbestehen und uns dienen kann. Essen hört nicht bei der Zunge auf. Wir bieten dem ganzen Körper Nahrung an, die im weichen Bauch empfangen wird. Wir würdigen den Lebensprozeß und die Geschöpfe, die sich unserem Teller geopfert haben. Wir nehmen unser Mahl zum Wohle aller fühlenden Wesen ein.

Wir entwickeln dieses Gefühl der Allverbundenheit, indem wir der ursprünglichen Form des Gegessenen gewahr werden: Wir besinnen uns auf das Getreide, aus dem das Brot besteht, auf die Kuh, die ihre Milch gab, auf die Schote, in der die Erbse reifte. Auf den Ozean, der den Fisch ernährte. Und auf die Sonne, die all dies erhält. Wie beim Heiligen Abendmahl nehmen wir das Geweihte, den Keim des Lebens dankbar und ehrfurchtsvoll in uns auf.

Wenn wir das Essen aus dem Herzen lernen, achten wir auch den Magen, nicht nur die Zunge. Wie kleine Kinder lernen wir unbeholfen, uns selbst zu füttern und unseren tiefen Hunger so zu stillen, daß auch quälendes Verlangen gestillt und nicht noch weiter genährt wird. Essen wir nur mit der Zunge, setzt sich ein einzelnes Organ über den „gesunden Menschenverstand" aller anderen Sinne hinweg. Sich zum Nachteil des restlichen Körpers von einem einzigen Organ leiten zu lassen, verschafft Einsicht in manches andere zwanghafte Handeln.

Andächtig zu essen heißt, im Bewußtsein des Heiligen, des einen Lebens zu essen, das wir alle teilen. Es heißt, an der allumfassenden Göttlichkeit all dessen teilzuhaben, was ißt und was gegessen wird.

Wenn wir in andächtiger Weise essen, dienen wir nicht mehr der Ursache des Hungers in der Welt, sondern eher seiner Linderung. Während wir mit unserem Mahl bewußt am Leben anderer Wesen teilhaben und uns auf die gemeinsame Essenz besinnen, erwacht unwillkürlich ein wortloses Verstehen, ein Gefühl für die Untrennbarkeit alles Existierenden. Wir erahnen die tiefe Wahrheit der Aussage Buddhas, daß wir jede unserer Mahlzeiten mit anderen teilen würden, wenn uns klar wäre, wie gewaltig die Kraft des Gebens ist, unser gemeinsames Wesen zu offenbaren. Wenn du in andächtiger Weise ißt, ißt du niemals allein. Jeder Mahlzeit geht ein Gebet voraus, das dem Wohlergehen all jener gewidmet ist, die an diesem Abend hungrig zu Bett gehen müssen. Wir blicken in das Gesicht des obdachlosen Kindes in den Straßen von New York, das gefragt wird: „Hast du denn genug zu Essen?", und das erwidert: „Manchmal bin ich wahnsinnig vor Hunger!" Andächtig zu essen heißt, der Welt zu dienen.

Man nehme es mir nicht übel, wenn ich hier eine vielleicht etwas aufdringliche Anmerkung zum Thema Fleisch einfüge: Wenn es einem wirklich um das Ende des Hungers in der Welt zu tun ist, dann sollte man ernstlich erwägen, weniger Fleisch zu verzehren. Für dessen Erzeugung wird Raubbau an den Regenwäldern betrieben und der Treibhauseffekt beschleunigt. Für den Fleischkonsum einer Minderheit werden Tausende von

Quadratkilometern fruchtbaren Landes geopfert, das Millionen Menschen ernähren könnte – eine unglaubliche Verschwendung von Ressourcen. Doch von aller rationalen Erschütterung abgesehen, ist es auch eine Sache des Herzens. Eigentlich geht es nicht um Fleisch oder den Fleischverzehr, sondern um die simple Tatsache des sinnlosen Leidens unserer Mitgeschöpfe.

Wenn wir unsere Nahrung andächtig aufnehmen, lernen wir, den Augenblick als lebendige Gegenwart in uns aufzunehmen – und nicht als einen vagen Nachgeschmack, der uns auf dem Totenbett vielleicht zu spät in tiefes Bedauern stürzt.

Als ein Zen-Meister auf dem Totenbett lag, trat einer seiner Schüler an ihn heran. Er hatte ihm seinen Lieblingskuchen mitgebracht, reichte ihm das Gebäck und fragte ihn: „Was ist die Natur des Lebens und des Todes?" Und der alte Mann erwiderte: „Oh – dieser Kuchen ist einfach köstlich!" Sein Essen war voller Andacht. Und so war auch sein Tod.

Eine geleitete Meditation andächtigen Essens

(Man kann sie einem Partner langsam vorlesen oder auch allein mit ihr arbeiten.)

Wenn du dich dem Tische näherst, dann denke über den todbesiegenden Akt des Essens nach.

Setze dich auf deinen Stuhl. Spüre den Stuhl unter deinem Gesäß. Fühle den Halt, den er deinem Rücken gibt. —

Fühle, wie dieser Körper hier sitzt.

Sei dir des Körpers in seiner Beziehung zum Tisch und zum Essen auf dem Teller bewußt. Gewahrsein des Körpers.

Würdige die Nahrung auf dem Teller. Sieh dir an, welche Formen, welche Farben das Essen besitzt. Beachte, wie sich die Form durch die Farbe begrenzt. Wie die grüne Rundung der Erbse vor dem weißen Teller ihre Kreisform zeichnet. Lerne, das Sehen zu sehen.

Wenn du die Nahrung in ihrer gegenwärtigen Form studiert hast, dann stelle dir ihren ursprünglichen Zustand vor. Im Brot wiegen sich goldene Weizenfelder im Wind. Gebirgsbäche. Eier in einem Nest. Schwarzweiß gefleckte Kühe, die gemolken werden. Grüne Erbsen, die sich in ihre rankenden Hülsen schmiegen. Dunkle Erde. Regen. Und über allem die Sonne. Reisfelder. Bohnenstangen. Kartoffeln, von kräftigen Händen aus dem Acker gegraben. Und wenn Fleisch auf deinem Teller liegt, dann halte dir das Tier vor Augen, von dem es stammt. Kühe auf der Wiese oder in Lastwagen auf dem Weg zum Markt. Eine Herde gefügsamer Schafe. Das grunzende Schwein. Den stummen Fisch.

Jetzt betrachte dich selbst, wie du die Lebensmittel erntest – vielleicht singst du dabei oder chantest für das Leben, das als Speise dienen soll. Stelle dir vor, wie du den Spargel aus der Erde ziehst, Tomaten pflückst, Getreide mähst und Kräuter oder Gewürze sortierst. Und wenn du Fleisch verzehrst, dann mache dir eine Vorstellung von dem Tier. Singe für das Tier. Preise es. Danke ihm für das dargebotene Fleisch.

Dies ist eine Vision deiner Nahrung aus der Sicht des Herzens.

Würdige den Ursprung deiner Mahlzeit und konzentriere dich auf die Umgebung, in der du das Essen nun verzehren wirst. Auf den Tisch, die Tischdecke, die Anordnung der Nahrungsmittel. Auf die Füllung des Salz- und Pfefferstreuers, die winzige Krümmung des Flüssigkeitsspiegels an der Wandung des Glases.

Segne die Nahrung auf dem Teller. Betrachte jeden Bissen, als wäre er ein neuer Atemzug, der das Leben im Körper für einen weiteren Moment erhält. Danke ihm. Nutze ihn weise. Atme seinen Wohlgeruch ein. Fühle, wie der Duft des Essens in die Nasenlöcher steigt. Laß deine Nase die verschiedenen Aromen genießen. Achte sorgfältig darauf, wie sich der Duft der dampfenden Erbsen von dem der Bratkartoffeln unterscheidet. Beobachte, wie der Duft das Verlangen stimuliert. Der Duft ist das Vorspiel. Er lehrt uns das Riechen.

Werde gewahr, wie rasch sich das Verlangen aus einem Seitenblick, aus einem flüchtigen Reiz der Nase, aus einer aufblitzenden Erinnerung herauskristallisiert.

Atme bedachtsam ein. Atme bedachtsam aus.

Während du das Besteck zur Hand nimmst, fühlst du, wie unmittelbar die verschiedenen Muskeln im Arm auf die Absicht reagieren, die Gabel, das Messer oder die Eßstäbchen zu ergreifen. Respektiere das Gewicht der Gabel in deiner Hand. Fühle ihre Rauheit. Ihre Glätte. Ihre Kühle. Ihre zunehmende Wärme. Beobachte die ständige Veränderung der Empfindungen. Lerne zu fühlen.

Bleibe in direktem Kontakt mit den Gefühlen, die das Besteck in deiner Hand auslöst.

Nachdem du die Absicht zum Aufnehmen der Gabel registriert hast und ganz und gar empfindest, wie die Gabel in der Hand, in den Fingern liegt, achtest du auf die Muskeln des Bizeps und des Unterarms, welche die Gabel zum Teller führen.

Andächtige Präsenz in einem Körper an einem Tisch.

Fühle die Spitze der Gabel, die sich einen Bissen vom Teller fischt, und die leichte Zunahme ihres Gewichtes, wenn sie sich vom Teller erhebt.

Empfindungen fließen vom Teller zum Mund.

Fühle, wie sich die Mundhöhle durch das Schwingen der Kinnlade für die Nahrung öffnet. Studiere die Kühle der Gabel, wenn sie die Lippen streift. Deutliches Empfinden.

Während die Gabel auf dem Teller schabt, registrierst du auch das Vogelgezwitscher in den Bäumen, den Wind, der in den Ästen rauscht. Den Lärm von der Straße, das Gemurmel im Geist. Du lernst zu hören.

Spüre die Nahrung auf der Zunge. Klares Empfinden.

Beachte die Absicht, den Mund zu schließen.

Koste die Nahrung mit deiner Zunge. Würdige ihre Struktur, die Verwandlung ihrer Konsistenz beim Kauen. Beachte die Vielfalt der Süße oder Herbheit, der Bitterkeit oder Würze, die jeder Moment des Schmeckens vermittelt. Empfinde von Augenblick zu Augenblick die ständig variierenden Aromen. Lerne zu schmecken.

Achte beim Vorgang des Kauens auf alle automatischen oder mechanischen Einflüsse. Kaue langsamer, schmecke ganz bewußt. Schmecke ganz direkt.

Würdige die Erwiderung des Geistes auf die Nahrung, beobachte das unwillkürliche Gefallen und Mißfallen, das jeder Bissen bewirkt.

Wie das Gefallen zum Verlangen verleitet.

Wie das Verlangen die Erwartung stimuliert.

Wie die Erwartung um Zufriedenheit bangt.

Wie diese Furcht vor „weniger" neue Absicht erweckt.

Wie die Absicht auf Erwiderung drängt.

Wie sich die Erwiderung in der Reaktion verstrickt.

Wie dieses Reagieren unsere alten Verhaltensmuster in Gang setzt.

Erkenne, wie das Bewußtwerden des Heiligen dieser Verschwörung Einhalt gebietet.

Wir würdigen diese uralte Impulsivität, und daher bewerten wir sie nicht, sondern begegnen ihr voller Erbarmen und Respekt. Wir beobachten die Kette der Ereignisse im Geist als vorüberziehendes Schauspiel.

Erkenne, wie jeder Moment den nächsten prägt.

Würdige die heilige Leere, in der dieser Prozeß dahinfließt.

Studiere die Beziehung zwischen Nahrung und Verlangen. Den Drang zur Befriedigung. Das Streben nach „mehr". Studiere den Geist direkt. Lerne zu denken. Lerne zu fühlen.

Jeder Bissen öffnet den Weg zur Andacht. Zum andächtigen Berühren. Zum andächtigen Lauschen. Zum andächtigen Riechen. Zum andächtigen Denken. Zum andächtigen Fühlen.

Und im Herzen erwacht tiefe Dankbarkeit für diesen Augenblick des Lebens, für diesen heiligen Mundvoll Speise.

Noch ein geweihter Bissen

Wenn wir in andächtiger Weise essen, haben wir – auch wenn uns das Mahl vielleicht enttäuscht, weil es zu weich gekocht ist, zu wenig Soße oder zuviele Bohnen enthält – die Gelegenheit zu heilender Einsicht.

Wenn wir unser Verlangen andächtig und in teilnahmsvollem Gewahrsein ergründen, essen wir die ganze Mahlzeit im Herzen des Göttlichen. Jeder Moment klärt den vorangegangenen. Was die Welt verschlungen und unseren Hunger gestillt hatte, ordnet sich neu und beginnt die Hungernden zu nähren.

Wenn wir in andächtiger Weise essen und jeden einzelnen Bissen achten, verwandeln wir die Hölle in den Himmel. Wir lenken unser Leben aus den alten Schatten heraus in das neue

Leuchten. Wir entdecken die fließende Gegenwart in der Gegenwart. Wir würdigen das Sein.

Sobald sich das Essen in ein Gebet zum Wohle alles Heiligen verwandelt – alles Lebendigen und Atmenden, all dessen, was ebenso wie wir einfach nur glücklich sein möchte – erfüllt ein Gefühl des Göttlichen unser Leben. Indem wir uns des einen, uns allen gemeinsamen Lebens bewußt werden, spiegeln wir selbst das Göttliche wider. Dann wird das Essen zu einem Prozeß, in dem die namenlose Unermeßlichkeit die Welt in ihrem Erbarmen und Frieden aufnehmen kann.

Wenn wir in andächtiger Weise essen, gibt es keinen „Jemand" mehr, der „etwas" ißt. Es gibt nur noch Sein, das an sich selbst teilhat. Das Entfalten einer einzigartigen Freude.

Indem wir das Unbewußte ins Bewußtsein bringen, würdigen wir unser eigenes Leben und das Leben all dessen, was uns Nahrung gibt. Wir vermindern die Impulsivität unbemerkter Neigungen, bevor sie ihren Einfluß entwickeln können. Indem wir uns eine einzige Empfindung oder Neigung erschließen, erhalten wir Zugang zum gesamten Spielraum des Verlangens.

Wenn wir mit einem weichen Bauch die dichten Wolken des Verlangens registrieren, die das Leuchten unserer wahren Natur verdecken, lassen wir das befangene „Ich", das bei jedem Mahl, wie gesellig es auch sein mag, allein und einsam bleibt, hinter uns. Der endgültige Ausstieg aus diesen alten Verhaltensmustern, aus diesem ewig gleichen Mahl läßt uns die Göttlichkeit der Speise und des Speisenden empfinden und unmittelbaren Anteil an unserer Nahrung haben. In einem einzigen Bissen achten wir die ganze Welt und machen uns auf, in andächtiger Weise zu essen, zu gehen und zu leben.

Meditation des Essens – Ein Wort zur Technik

Essen ist eine aktive Meditation. Aktive Praktiken haben einen speziellen Nutzen. Wenn sie vervollkommnet werden, entwikkeln sie sich zu dem, was man in manchen Zen-Klöstern „Arbeitsmeditationen“ nennt. Sie bewirken, daß wir uns nicht im Tun verlieren.

In der aktiven Praxis der Meditationen des Essens (und natürlich auch aller anderen hier aufgeführten Meditationen) kommt ein Prozeß zum Tragen, der sie zu einem direkten Bestandteil unseres Lebens macht.

Weil diese geleiteten Meditationen des Essens anfangs nicht mit geschlossenen Augen geübt werden können, muß vor dieser Praxis erst einmal die Technik erlernt werden. So vollzieht man die Meditation anfangs als Kontemplation, als Betrachtung. Man liest sie wiederholt, wobei man die Augen hin und wieder schließen sollte, um den letzten Satz auf sich wirken zu lassen.

Anschließend können die Meditationen auf Tonband aufgenommen und wiedergegeben werden, während man vielleicht ein paar Rosinen oder Erdnüsse ißt – oder auch beides durcheinander, um den Veränderungen in ihrer Konsistenz, in ihrem Geschmack, in ihrem Einfluß auf unsere Vorlieben und Intentionen nachzugehen. (Wenn du ißt und zuhörst, solltest du aber wirklich *nur* essen und zuhören.)

Letztlich jedoch, und so ist es bei jeder Meditation, wird sie weder gelesen noch angehört, sondern durch aufmerksame Wiederholung verinnerlicht. Dies ist der Prozeß, der die Meditation zu einem Element des eigenen Lebens macht. Man *wird* zur Meditation; sie ist nicht mehr bloße Technik, sondern ein neuer Lebensstil.

Genauso – eine gewisse Stetigkeit vorausgesetzt – entwikkelt sich die Meditation des einen Bissens auf natürliche Weise zum andächtigen, heiligen Essen.

Spiel des Essens: Ein Bewußtseinsexperiment

Bereite dir eine Woche lang die gleiche Mahlzeit zu. Studiere, wie dein Verlangen darauf anspricht, seine Wünsche nicht erfüllt zu bekommen.

Um auch mit massiveren Gemütsverfassungen locker umgehen zu können, ist das Erforschen solcher primären Bedürfnisse und elementaren Verdrießlichkeiten, wie sie im Geschmackssinn verflochten sind, recht nützlich. Es gibt nicht viele Lebensbereiche, die uns das Verlangen nach „mehr" so mühelos verdeutlichen wie das Essen und die Auswahl seiner Geschmacksrichtungen.

Man kann sich diesem Studium des Essens auf vielerlei Weise spielerisch nähern. So kannst du dir Nahrungsmittel aussuchen, die eine ausgewogene Ernährung gewährleisten, und dich einige Wochen oder einen Monat lang auf sie beschränken – die Zeitdauer hängt von deinem Interesse an einem solchen Experiment ab.

Des weiteren kannst du eine Woche lang für jedes Frühstück, für jedes Mittagessen und Abendbrot die gleichen Zutaten wählen, indem du zum Beispiel morgens immer nur Haferflocken, mittags Reis und Bohnen und abends ein belegtes Brot ißt. Beobachte dabei die Sehnsüchte und Quengeleien des Geistes, der nicht bekommt, was er will. Registriere den Kummer, der unsere Verklammerung an einem ganz bestimmten

Stand der Dinge begleitet. Registriere die Freude, die das Loslassen in das Tatsächliche vermittelt.

Wenn du die Intensität dieser Praxis steigern willst, dann entscheide dich dazu, das Besteck mit der anderen Hand als der gewohnten zum Munde zu führen. Dies setzt einige der unbewußten Verlangensimpulse außer Kraft, die sich aus dem altgewohnten Ablauf ergeben. Zudem verschafft der wiederholte, unwillkürliche Drang, das Besteck in die schnellere, geschicktere Hand zu nehmen, eine gewisse Einsicht in das Willensmoment, das den Ursprung jeder Handlung bildet.

Einsicht erwacht, wenn wir den weitgehend unfreiwilligen Drang des Verlangens wach und aufmerksam verfolgen. Indem wir jeden neuen Moment eines erfüllten Verlangens genau beobachten, erkennen wir, daß das Verlangen ein Eigenleben, eine eigene subjektive Vergangenheit hat. Wir erklären dann dem Verlangen nicht rigoros den Krieg, um Wunschlosigkeit zu *erzwingen* (wiederum angetrieben vom *Verlangen* nach der Beseitigung des Ärgernisses), sondern schließen mit unseren Sehnsüchten allmählich Frieden.

Wenn das Verlangen kein Objekt der Bewertung mehr ist, sondern als eine wesentliche Ursache persönlichen und menschlichen Leidens erkannt wird, verankern wir seine teilnahmsvolle Erforschung als lebenslange heilende Praxis tief im Herzen. Wenn wir all unsere kleinen Verlangen vom Großen Verlangen verzehren lassen, werden wir niemals Hunger verspüren.

Jemand fragte: „Warum denn immer wieder das gleiche Essen!?“

Weil dir sein Geschmack beim letzten Mal entgangen ist!

Wenn Buddhisten meditieren

Wenn Menschen meditieren,
schließen sie manchmal die Augen
und fühlen diesen Körper –
ein flimmerndes Feld der Empfindungen –
hier und da ein Kribbeln, Hitze und Kälte,
ein Schweregefühl.

Sie folgen dem Atem
im Bauch oder an den Nasenlöchern,
entscheiden sich für einen Punkt
und bleiben fünf Jahre lang dabei –

folgen nicht dem Denken des Atems,
sondern den Empfindungen bei
jedem Einatmen,
jedem Ausatmen.

Der Beginn,
die Mitte,
das Ende
jedes Einatmens –
und der Raum dazwischen,
aus dem das Denken schlüpft.

Der Beginn,
die Mitte,
das Ende
jedes Ausatmens,

und der Raum dazwischen,
und das Denken
und der Raum zwischen den Gedanken.

Rückkehr zum Atem –
Empfindung atmet sich selbst.
Empfindungen spüren sich selbst,
schweben im Raum.

Auch die Frage,
wer dies alles eigentlich macht,
schwebt vorbei –
wieder eine Seifenblase,

wieder ein sich denkender Gedanke,
spiegelnd wie Escher –
der zarte Augenblick verliert sich
im Raum

zurück zum Atem wie ein Devotee,
der sein Gelübde tausendmal
gebrochen hat
und unerschütterlich
von neuem beginnt.

Beobachtung des Denkens der Gedanken,
die ineinanderfließen –
um flüchtig zu bestehen
und zu vergehen –
sogar Meinungen zur Unbeständigkeit
treiben im Strom.

Gefühle erscheinen
ungebeten –
unerwartet unpersönlich.
Niemand tadelt
oder wird getadelt,
nur die Hände brennen vom Griff
um das Seil ewiger Wandlung.

Und wieder zurück zum Atem –
Gewahrsein macht das Alte
nagelneu.

Das Bewußtsein träumen sehen
von Selbst und Welt –
es erschafft mehr und mehr,
während es immer weniger ist.

Den Inhalt sterben sehen
im Prozeß,
der in der Leere schwebt.

Wir suchen nur, um zu entdecken,
daß das Gesuchte
den Suchenden weit hinter sich läßt.

Wir sind, was wir suchen,
nämlich – es gibt kein größeres Wort –
Gott.

Sich erinnern

Ein großer Teil der Praxis besteht aus simpler Erinnerung. Erinnerung an den Atem, Erinnerung an die Achtsamkeit, Erinnerung an unsere wahre Natur und Erinnerung an den Raum, in dem alles schwebt.

Erinnerung erzeugt eine kurzzeitige Pause, in der das Licht in den Prozeß eindringen kann.

Oft besteht der Unterschied zwischen Abhängigkeit und Freiheit, zwischen Verstrickung in verworrenen Geisteszuständen und der Wiederentdeckung der sie umgebenden Leere einfach in der Erinnerung an den Bauch oder an den Atem. Manchmal ist es auch ein simples Registrieren des Augenblicks. Ein einfaches Zentrieren. Ein teilnahmsvolles Gewahrsein.

Um uns das Vermitteln dieser Grundsätze auf Workshops zu erleichtern, benutzten wir viele Jahre lang ein großes Spruchband mit der Aufschrift: ERINNERE DICH. Manchmal hängten wir es bei unseren Kursen an der Stirnwand des Raumes auf. Später aber nahmen wir das Spruchband nicht mehr mit, denn ich begann es zu Hause zu vergessen! Offenbar sollte es mich selbst daran erinnern, mich zu erinnern.

An manchen Tagen setzt das Erinnern schon mit dem ersten Atemzug bei mir ein. Manchmal auch erst, wenn ich in Maharajjis oder Ondreas Augen blicke. Wenn aber das Herz präsent ist, gibt es auch ohne Erinnerung kein Vergessen.

Nimm es leicht

Eigentlich sollten wir nicht den Begriff *Erleuchtung*, sondern *Erleichterung* verwenden.

Laß die Erleuchtung leichtherzig los. Es gibt kein Ziel. Es gibt keine Verlierer. Es gibt nur den Prozeß.

Das Erleuchtungs-Konzept verschließt die Herzen und versetzt den Schließmuskel der meisten „Aspiranten" in Spannung. Für viele wird es zu einem Mittel der Selbstgeißelung. Es kollidiert mit dem tiefen Unzulänglichkeitsgefühl, das der Geist so gern hervorbringt, wenn er zum Wachsen gezwungen wird.

Was der Orgasmus für den Körper ist, sind höchste Erfahrungen für den Geist – und beide können erhebliche Versagensängste verursachen.

Die Vorstellung der Erleuchtung (im Gegensatz zu ihrer Wirklichkeit) verwandelt unseren täglichen Kummer in tägliches Leid. Wir stellen uns für den Sprung des Glaubens auf die Hinterbeine, als wollten wir zu einem Wettlauf starten. Erleuchtung ist unser angestammtes Recht. Erleichterung aber ist der Prozeß. Ein schrittweises Loslassen. Ein tieferes Seinlassen. Eine umfassendere Heilung, die Spiel und gefühlvolle Torheit ist. Eine heilende Weisheit, ein Quentchen mehr Klarheit, ein wenig mehr Liebe.

Kurioserweise kommt es vor, daß auch die klassischen „Erleuchtungs"-Erlebnisse letzten Endes eher erleichtern als erleuchten. Ein halbes Jahr nach solchen höchsten Erfahrungen werden sich auch bei fortgeschrittenen Meditationspraktikern, die an Klarheit und Gelassenheit gewonnen haben, bestimmte latente Neigungen wieder geltend machen.

Es heißt, daß es zur Erleuchtung dreißig Jahre bis eine Millisekunde dauert – gewöhnlich trifft beides zu. Warum blickst du so finster drein? Wieviel Kummer verlangt nach seiner Auslöschung? Und mit wieviel Erbarmen können wir *jetzt* diesem Schmerz begegnen, der nach künftiger Erleuchtung dürstet?

Den wirklichen Körper erforschen

Ein Zen-Meister äußerte einmal einem Freund gegenüber, der von seiner „dienenden Arbeit" mit schizophrenen Jugendlichen erzählt hatte, daß wir anderen Menschen einzig dadurch dienen könnten, daß wir ihr Vertrauen in ihr eigenes wahres Wesen stärken!

Techniken zur intensiven Einkehr und Selbsterforschung zu vermitteln ist der größte Dienst, den wir anderen erweisen können. Wir teilen mit ihnen die Freude unserer tiefsten Wirklichkeit, unsere wahre Natur, den unbegrenzten wirklichen Körper. Ganz gleich, was wir tun, wir erweitern fortwährend den Kontext, in dem sich unser Tun vollzieht. So weitet sich auch der Raum immer mehr, in den hinein wir loslassen können.

Wenn der wirkliche Körper unseren Kontext bildet, wird die Krankheit für unseren engen Körper nicht mehr zu einer Notlage, sondern eher zu einer Lehre. Und wir betrachten Krankheit nicht mehr als Bestrafung oder als Anzeichen früherer Verhaftung, sondern als eine gute Gelegenheit, direkt auf unsere tiefste Heilung zuzugehen. Krankheiten oder Verletzungen erinnern uns nun an das ewig unverletzte und unverletzliche Wesen unserer wahren Natur, und wir wachsen immer weiter in eine Heilung hinein, die jenseits einer körperlichen Gesundung liegt.

Wenn der Kontext aus *„meinem Körper"* besteht, dann ist es *mein* Schmerz und *meine* Krankheit und *mein* Problem, gesund zu werden. Alles ist Kampf und Niederlage. Wenn jedoch „*der* Körper" den Kontext bildet, verbindet sich ein Gefühl der Universalität mit *dem* Schmerz, und die Heilung wird zu einem Raum, in dem das Ungeheilte schwebt.

Der wirkliche Körper ist der Körper des Gewahrseins. Er ist die unsterbliche, grenzenlose Weite des Seins. Unermeßliches Gewahrsein.

Der wirkliche Körper ist das Ungeborene. Das Höchste in uns.

Der wirkliche Körper läßt sich entdecken, wenn wir das flimmernde Feld des Körpers und des Geistes unserer derzeitigen Geburt direkt erforschen. Der wirkliche Körper fragt nicht nach Zeit und Raum. Dauer und Verlust haben mit ihm nichts zu tun. Er ist die vibrierende Soheit des Seins, aus der heraus sich das Bewußtsein und alle Welten manifestieren, während sie erkundet, wieviele Elektronen auf einer Nadelspitze tanzen können.

Als Krishna dem Buddha dieses Geheimnis zuflüsterte, wurden die Götter zu Sternen eines längst sternenübersäten Himmels, sein Lachen fuhr wie Blitze durch die Wolken, und sein Räuspern überschüttete die Erde vierzig Tage lang mit Regen.

Der wirkliche Körper ist der Ur-Körper, der Körper vor der Form. Er geht auch dem leichten Körper und den feinstofflichen astralen Körpern voran, von denen so viele Suchende in ihren Reiseberichten erzählen. Das Licht des leichten Körpers ist die Energie, die abgestrahlt wird, wenn die Formlosigkeit in die Form einbricht – noch bevor sich jene subtileren Körper aus ihren subtileren Verhaftungen an der Form manifestieren. Dieser flimmernde Körper, den wir „unseren Körper" nennen, wird aus dem wirklichen Körper geboren – so etwa wie die Nachschwingung eines vorausgehenden Impulses.

Der wirkliche Körper ist nicht das beglückte und gequälte, hartbäuchige, inkarnationsgebundene Fleisch. Er ist der Körper der Istheit. Für diese Unermeßlichkeit ist unser flimmernder Körper nur ein peripherer Funke, ein unbedeutender Kosmos.

Der permanent konditionierte Geist schafft kleine Körper und große Grenzen. Das Herz schafft nichts. Es braucht nichts. Wenn wir der Essenz des Gewahrseins und der liebevollen Güte folgen, die aus dem *„Ah"* des Seins spontan entspringen, brauchen wir uns nirgends mehr festzuhalten und können leichten Herzens durch die zehntausend Regionen des Geistes auf das Licht zuschreiten, das dahinter liegt.

Im Zen wird gefragt: „Was war dein Gesicht, bevor du geboren wurdest?“ Was ist das unwandelbare *„Ah“* des Seins, die einzige konstante Größe im Leben? Was ist es, worin all diese unbeständigen Gedanken über unsere wirkliche oder wahrscheinliche Identität fließen und flimmern? Hat dieses *„Ah“*, von dem wir unsere Existenz ableiten, einen Anfang und ein Ende? Oder ist es einfach *die* Istheit, aus der *unsere* Istheit entsteht?

Krishna dreht sich inmitten der Schlachtlinien des konfliktbeladenen Geistes zu Arjuna um und sagt ihm, er solle Geist und Körper aus der Sicht des „Wirklichen“ betrachten.

Niemals wurde der Geist geboren;
niemals wird der Geist aufhören zu sein.
Nie gab es eine Zeit, in der er nicht war;
Ende und Anfang sind Träume.
Ohne Geburt und Tod,
unwandelbar
bleibt der Geist ewig bestehen;
niemals wurde er vom Tod berührt,
mag sein Haus auch auch tot erscheinen.

Wenn du dich für diesen flimmernden Körper hältst, wirst du nach dem Tod in Verwirrung geraten. Bleibe nirgendwo stehen! Alle zeitlichen Erscheinungen lösen sich auf, mögen sie nun voller Schönheit oder Schrecken sein, mögen sie fein sein oder grob. Der wirkliche Körper ist der Geist vor dem Denken, vor „mir und mein“.

Der Geist, der sich sein „Ich“ und „die Welt“ zusammenbraut, ist ein Atom in einem kurzen Kettenmolekül. Ein Elementarteilchen in einem einzigen Strang der DNS, verwoben in ein winziges Gen (oder All), verloren im mannigfaltigen Glitzern der schimmernden Doppelhelix, die sich wie ein Sternennebel bis in die Unermeßlichkeit unseres wirklichen Körpers ausbreitet.

Erster Schnee

Für diesen ersten wunderbaren Schnee
danke ich all den winzigen Göttern
Krishna, Athene, Jesus und Buddha,
die in meinem Wirklichen Körper schweben.

Selbst in unserem flimmernden Körper,
irgendwo unter der Oberfläche,
glitzert es
wie Sonnenstrahlen
in einem Strudel.
Es ist der Zyklus von Geburt und Tod,
ein peripherischer Kosmos,
ein Universum der Möglichkeiten.

Das Formlose
tritt ein in die Form –
der Urknall
oder der leiseste Gedanke
geben den Impuls.

Einstein empfahl die Meditation
an der Grenze, wo sich das Nichts
im „Weniger als nichts" verliert –

wo Inhalt unsichtbar ist
und Form auf Inhalt beruht.

Wo die Grenzen der wirbelnden Welten
im Bewußtsein zerrinnen,
löst sich eine ferne Galaxie auf
wie diese erstaunlichen Schneeflocken –
Illusionen der Wirklichkeit,
deren Schmelzen
sich nicht messen läßt.

Eine Sondierung des Widerstandes

Widerstand ist Widerwille gegen das Weitergehen. Er ist (anders als die Erwiderung) eine Reaktion auf den Schmerz, sei dieser seelisch oder körperlich. Bleibt er unerforscht, blockiert er unseren Pfad.

Sowohl zu Beginn unserer Praxis als auch während des gesamten spirituellen Lebens können Perioden auftreten, in denen das Meditieren schwierig wird. Abschnitte nervöser Unruhe und verdrießlicher Langeweile, Zeiten träger Verhaftung an bequemeren Wegen. Manchmal ist diese Unruhe auf alte Wunden zurückzuführen, die aus dem Verborgenen emporsteigen. Manchmal resultiert sie aus einer Angst, die uns auf unbekanntem Territorium überfällt. Angst begleitet unsere Entwicklung immer wieder, denn Wachstum vollzieht sich stets an unseren Grenzen – und dort, wo wir noch einen Schritt über sie hinausgehen. Manchmal erleben wir eine schwierige Periode, weil wir einfach „mal etwas anderes machen und Spaß haben" wollen. Verlangen nach Annehmlichkeit führt zu einer angespannten Ungehaltenheit. Manchmal ist es die Besorgnis, die unsere Heilung begleitet. Und oft ist es einfach das Ungleichgewicht zwischen unserer Konzentration und unserer Energie. Wenn die Konzentration größer ist als die vorhandene Energie, „versinkt" der Geist und gerät in eine dumpfe Verträumtheit. Ist die Energie größer als die Konzentration, werden wir unruhig und können unsere Präsenz nur schwer aufrechterhalten.

All dies kann bewirken, daß sich unser Verlangen nach einem anderen Lauf der Dinge verstärkt. Dieses Verlangen „nach etwas anderem" ist unser Widerstand. Widerstand ist ein Verlangen, nicht präsent zu sein.

Bei unserem Blick nach innen fällt es uns manchmal schwer, mit Bereichen in Verbindung zu treten, die uns lange Zeit verborgen waren. Vielleicht ist es eine „schützende Mauer", eine gewisse Nervosität, die diese isolierten und oft abgestumpften Bereiche der Aversion umgibt. Deshalb sind wir nicht früher aufgebrochen. Dem gedankenträgen Geist erscheint dieser Widerwille undurchdringlich. Vielleicht zweifeln wir sogar daran, daß uns diese Praxis „weiterbringen" wird – also, was soll dann die ganze Mühe? Das ist der Widerstand gegen unseren Widerstand.

Das Studieren des Widerstandes lehrt Geduld. Nicht, daß wir geduldig auf die Auflösung des Widerstandes warten würden – denn *entweder* wartet man, *oder* man ist geduldig. Entweder strebt man schon dem nächsten Augenblick entgegen oder ist in jedem neuen Moment völlig präsent. Mit dem Widerstand zu arbeiten, ihn zu ergründen und über ihn hinauszublicken bedeutet, ein teilnahmsvolles, absichtsloses, nichteingreifendes Gewahrsein zu entwickeln – einfach das, was für unsere nächsten Schritte notwendig ist.

Widerstand scheut vor „nur so viel" zurück. Wenn das passiert, versuche nicht, dem Widerstand auszuweichen, sondern konzentriere dich auf ihn. Beobachte, wie sich unsere Faust um das „Unkontrollierbare" zusammenpreßt und Gefühle der Hilflosigkeit und Bestürzung produziert.

Viele, die ihren seelischen oder körperlichen Schmerz beobachten wollen, haben Probleme damit, sich ganz direkt mit dieser Erfahrung zu konfrontieren. Es fällt ihnen schwer, „einfach damit dazusitzen". Unser beständig konditionierter Widerstand gegen das Unangenehme versetzt Geist und Körper in Spannung. Der Ausbruch aus dem Gefängnis ist wieder einmal mißlungen. Ein Fluchtversuch ist mißglückt – wie bei einem angebundenen, flatternden Vogel, dessen Schwingen in der weichen Luft vergeblich schlagen, so daß er immer wieder zu Boden fällt und von Erschöpfung und Panik ergriffen wird. Der Versuch zu fliehen schafft ein größeres Leid als die vorübergehend vorhandene Fessel.

Wenn Menschen zu uns kommen und sagen, daß sie bei ihrem Versuch, sich ihrem Leid zu nähern und es zu heilen, immer wieder gegen innere Widerstände anzukämpfen haben, dann ermutigen wir sie dazu, ganz direkt mit diesen Gegebenheiten zu arbeiten. „Versuche nicht, den Widerstand zu umgehen, sondern dringe in ihn ein. *Der Widerstand ist die Meditation.*"

Eile ist hier fehl am Platz. Sie kennzeichnet nur eine weitere Art des Widerstandes. Eine weitere Abneigung gegen das, was ist. Eine weitere mißmutige Klage, welche die „stille, kleine Stimme im Innern" erstickt.

Wie bei jeder anderen Schwierigkeit bewegen wir uns auch beim Arbeiten mit dem Widerstand stets Schritt für Schritt voran. Während wir uns den am klarsten erkennbaren Elementen zuwenden, die Schmerz in Leid verwandeln, öffnen wir das Herz, um die Funktionen und Funktionsstörungen des Geistes mit einem sanften und teilnahmsvollen Gewahrsein zu studieren.

Auch wenn es um seelischen oder physischen Schmerz geht, solltest du nicht länger als jeweils zehn oder fünfzehn Minuten lang mit einer solchen Meditation arbeiten. Lege dann eine Pause ein und konzentriere dich wieder eine Weile vollständig auf den Atem. Ohne den betreffenden Bereich in irgendeiner Weise zu attackieren (und dem Augenblick Widerstand zu leisten), wenden wir uns erneut der Heil-, Schmerz- oder Widerstands-Meditation zu, deren Zeitdauer von unserem Gefühl bestimmt wird. Während manche Körperregionen im Licht des Gewahrseins regelrecht aufblühen, verschließen sich andere dem direkten Kontakt. Hier ist Geduld sehr förderlich. Wenn ein Gefühl der Aversion oder Bedrängnis die Oberhand gewinnt, dann gestatte es dem Gewahrsein, sich diesem Bereich schrittweise in einer tiefen Bereitschaft zur Befreiung dieses schmerzhaften Geisteszustandes zu nähern.

Um diesen Widerstand unmittelbar ergründen zu können, mag es notwendig sein, erst einmal eine visualisierende Meditation anzuwenden. So wird es möglich, mit dem Widerstand auf Ebenen in Verbindung zu treten, die vorher nicht zugänglich waren. Es entsteht ein machtvoller Brennpunkt für den Geist, der in tief eingewurzeltem Widerstreben vor seinem Schmerz und damit auch vor der Welt zurückgewichen ist.

Wenn die Visualisierung auch einen Schritt außerhalb der direkten Erfahrung des eigentlichen Problembereiches liegt, läßt sich ihr Vermögen, dem Kern des Geschehens nahezukommen und seine tieferen Inhalte einer direkten Erforschung zu erschließen, sehr nutzbringend einsetzen.

Diese Meditation ebnet den Weg. Sie schafft eine direkte Verbindung zu den geistigen Strömungen, die das Herz verdunkeln. Dabei besteht das anfängliche Hindernis wohl immer in unserer mangelnden Fähigkeit, dem Hindernis selbst direkt gegenüberzutreten.

Diese Technik, den Widerstand zu heilen, gründet auf der Erkenntnis, daß wir unsere Hand öffnen müssen, wenn wir das Wesen unserer Verklammerung klar verstehen wollen. Wir rennen einem Bus oder einer Straßenbahn hinterher, klammern uns „auf Teufel komm raus" an unser Gepäck, und wenn wir uns schließlich auf unseren Sitz fallen lassen, fällt es uns schwer, unsere Hand wieder zu ihrer natürlichen Offenheit zu bringen. Unsere Finger haben sich völlig verkrampft, und vielleicht müssen wir sie einzeln von dem Griff lösen, den sie umklammert haben. Diese Rückkehr zur Offenheit mag bisweilen ein schmerzhafter Prozeß sein. Wie die Hand eines schlafenden Babys ist unser Geist von Natur aus offen und weich, aber zahlreiche Verlangen und Ängste haben ihn in eine Art Leichenstarre versetzt. Ganz gewiß besteht das Problem nicht in diesen Verlangen und Ängsten. Es ist unsere Identifikation und Verklammerung, die das Leid hervorruft. Loslassen ist das Heilmittel.

Wer ein solches Hindernis manchmal als hemmend empfindet, dabei aber sowohl die Fähigkeit zum Weiterschreiten als auch ein Gespür für die Kraft der Visualisierung besitzt, die Verbindung zu einem Bereich herzustellen, wird aus dieser Übung Nutzen ziehen. Sie beginnt damit, daß man sich eine große Hand vergegenwärtigt, welche die geistigen oder körperlichen Eigenschaften umschließt, die der Geist mit „Schmerz" bezeichnet. Es ist die Faust unseres Widerstandes – etwas, das sich so fest an das Unbehagen klammert, das ihn so stark einkapselt. Sie verwandelt Unbehagen in Schmerz und Schmerz schließlich in Leid.

Wenn man im Verlauf des inneren Prozesses das Gefühl hat, von undurchdringlichen geistigen oder körperlichen Zuständen in eine „aussichtslose Lage“ gedrängt zu werden, ist natürlich immer die Basis unserer Praxis, nämlich die Achtsamkeit, das Wichtigste. Doch es gibt auch Hilfsmittel, welche die Achtsamkeit fördern. Spezifische Brennpunkte für die Auflösung verhärteter Schichten der Verklammerung und Panzerung, die uns bei der Heilung in unser eigenes Leben, in unsere eigene wahre Natur hinein begleiten. Der Gebrauch der „Hindernis-Meditationen“ (wie z.B. der Sondierung des Widerstandes oder der bedrückenden Zustände) ist ein nützliches Mittel zur Vertiefung, weil er uns den Boden zeigt, auf dem wir stehen. Widerstand isoliert uns völlig von diesem Boden. Wenn wir diese Verklammerung mit dem tiefen Seufzer des Loslassens aufgeben, wächst uns die Erde entgegen, um unsere Schritte zu tragen.

Vertrauen in den Prozeß ist das Gegenteil von Widerstand. Ohne Vertrauen in den Prozeß werden wir immer auf den Schmerz bezogen sein, anstatt *zu* ihm in Beziehung zu stehen.

Kein Beurteilen des Urteilens. Kein Verschließen gegen das verschlossene Herz. Kein Verschanzen in der Panzerung des harten Bauches. Heilung entfaltet sich spontan, wenn wir uns von der Verklammerung an unserem Widerstand lösen und jede Entwicklung von Geist und Körper mit teilnahmsvollem Gewahrsein betrachten.

Wenn beim Blick nach innen Widerstand erkennbar wird, kann man sich diese Faust des Widerstandes vergegenwärtigen und barmherzig und bewußt Finger auf Finger öffnen. Ganz langsam, Finger für Finger, wird das Leid, wird die Anspannung aufgegeben, die sich so lange in uns angesammelt und festgesetzt hat.

Das Loslassens unseres Leidens ist die schwerste Arbeit, der wir in unserem Leben begegnen.

Indem wir diese grobknöcherige, über lange Zeit hinweg geformte und verstärkte Faust unserer Verklammerung nicht mehr als „Beschützer“, sondern als „Kerkermeister“ betrachten, dämpfen wir allmählich den Widerstand, der uns so lange in alten, oberflächlichen und eingerosteten Gewohnheiten gefangenhielt. Indem wir erkennen, was das Unbehagen zu undurchdringlichem Schmerz anwachsen läßt, lösen wir uns Augenblick für Augenblick, Finger für Finger von der intensiven Anspannung, die das Unbehagen umschließt.

Um diese Wahrheit zu testen, umklammere einmal einen Schmerz mit aller Kraft und spüre dabei, welch ungeheure Pein daraus resultiert. Schöpfe sodann ein paar Mal ruhig Atem und entspanne dich tief im Bereich des Schmerzes – laß ihn einfach schweben. Wie fühlt sich das an?

Sich ergeben ist keine Niederlage. Es ist ein Loslassen des Widerstandes. Es ist Offensein für unseren Schmerz. Es führt zum Ende unseres Leidens.

Vergegenwärtige dir zunächst diesen Widerstand, diese angespannte Faust. Beobachte, wie sie den Schmerz umklammert und das Herz verdunkelt. Sie erfüllt den Geist mit Unruhe und zusätzlichem Unbehagen. Schon ein einziger Augenblick der Einsicht in den Mechanismus, der diese Umklammerung in Leid verwandelt, kann unsere gesamte Perspektive verändern. Und er kann weitere Einsicht in zahlreiche Ursachen von Problemen und Hindernissen unseres Lebens vermitteln. Schon die Fähigkeit an sich, diese Ursachen zu visualisieren, ohne sie verändern zu müssen, ist ein Aspekt des Nicht-Widerstandes gegen den Widerstand. Wir entwickeln eine Bereitschaft zur Annäherung an das, was sich uns so lange verschlossen hat. Es ist der Eintritt des Herzens in unser Leid. Wir lernen, auch in der Hölle ein offenes Herz zu bewahren.

Wenn der Geist Widerstand produziert, kann bereits das Erwägen einer Meditation die Bereitschaft entstehen lassen, den Widerwillen zu überschreiten und diesen Zustand ungehindert im Gewahrsein schweben zu lassen. So beginnen wir allmählich, die unseren Schmerz umgebende Spannung zu lösen, die Heilung in uns einzulassen. Visualisiere diese Faust, die sich auf das Loslassen besinnt. Die sich an ihre natürliche Offenheit erinnert. Laß sie seufzen. Laß die Spannung aus ihr abfließen und eine ungekannte Wärme und Anteilnahme durch das weiche Fleisch der Güte und Anteilnahme strömen. Augenblick für Augenblick des Sich-Ergebens, Augenblick für Augenblick des Loslassens. Die Finger, welche die lange verschleierten und abgestumpften Schmerzen unseres Daseins umschlossen haben, entspannen und öffnen sich.

Und in der sich öffnenden Faust unserer Verklammerung entdecken wir die weitherzige Hingabe an die Heilung. Das unermeßliche Nichtwissen, das so empfindsam auf Wunder und auf die Wahrheit reagiert. Wir erleben die Öffnung der

Faust, als würde in ihrem Innern ein kostbares Geschenk der Entdeckung harren – ein „Edelstein, der alle Wünsche erfüllt". Wir sehen die Faust als die heilige Hand des Dienens an, die alles losläßt, was die Heilung behindert.

Mit solcher Vergegenwärtigung kann eine tiefe Entspannung der Körpergewebe, Muskeln und Sehnen im Bereich des Schmerzes oder des Unbehagens einhergehen, welche die Empfindung so sein läßt, wie sie wirklich ist. Sie kann etwas durchfließen, das größer ist als die beharrliche Verhaftung des alten Geistes.

Geschickt angewandt, kann die Visualisierung zu einer größeren Weiträumigkeit und Offenheit führen, die das Gewahrsein direkt in den Kosmos eindringen läßt, der im Zentrum jeder Empfindung pulsiert – in jedem Schmerz, jeder Erstarrung, jeder argwöhnischen Gebärmutter, in jedem bekümmerten Herzen, in jeder verängstigten Seele. Und es erkennt, daß all diese Gefühle ihr angestammtes Recht auf Befreiung besitzen.

Wenn wir beobachten, wie sich ein bedrückender Geisteszustand mit dem direkten Eindringen eines barmherzigen Gewahrseins ganz von selbst zerstreut, sobald er durch nichts eingedämmt oder in seiner natürlichen Unbeständigkeit blokkiert wird, entdecken wir die befreiende Kraft des Gewahrseins. Wir erkennen, wie sich Herzensgüte und Erbarmen im Zusammenspiel mit tiefem Gewahrsein als Loslassen manifestieren.

Indem wir verfolgen, wie Angst, Zweifel und Zorn das Herz unserer Ganzheit verschleiern, wie jedoch Liebe und Gewahrsein bedrückende Zustände ausbalancieren, entwickeln wir ein Gespür für den Weg, der zu unserer Befreiung führt. Wir erleben, wie der Schmerz der Verklammerung im barmherzigen Licht einer neuen Klarheit zu schweben und allmählich zu zerrinnen beginnt.

Wenn wir die Natur des Widerstandes absolut klar erkennen könnten, kämen wir zu einer unmittelbaren Erfahrung dessen, was uns auf einen engen, morschen und funktionsgestörten Abschnitt unseres Lebens beschränkt. Mit unserer Offenheit für den Widerstand entwickelt sich Vertrauen, wo vorher Mißtrauen herrschte.

Widerstand ist die rissige Faust, die sich um unsere winzigen Ängste schließt, von denen wir uns nicht zu lösen wagen. Wir lassen nicht davon ab, uns selbst lebendig zu begraben – solange, bis wir diese Faust ganz langsam öffnen und die Angst vor der „Unberechenbarkeit des Augenblicks" fallenlassen. Wir lassen los in dem Glauben, es sei unsere Angst, die sich verliert, doch es zeigt sich, daß es das Angst-*Haben* ist, von dem wir uns gelöst haben – die Angst selbst kann durchaus noch präsent sein.

Wenn wir unseren Schmerz loslassen, geben wir im Loslassen auf, nicht im Schmerz. Wir schweben ungebunden.

Ein Freund, der sich regelrecht „aufgeschmissen" fühlte, weil es ihm nicht gelingen wollte, sich seinen starken Widerständen gegen die Meditation und andere Kümmernisse zu entziehen, übergab seinen Schmerz einer Kritzelei auf die Wand seiner Küche:

Gehe nicht drum herum.
Laß dich darauf ein –
Laß es los –
Komm voran damit!

Eine geleitete Visualisierung des Widerstandes

(Man kann sie einem Partner langsam vorlesen oder auch allein mit ihr arbeiten.)

Nimm eine Sitzhaltung oder eine liegende Position ein, die angenehm für dich ist.

Komme in dieser Position zur Ruhe, so daß du die Präsenz des gesamten Körpers fühlst. Laß dir Zeit.

Konzentriere die Aufmerksamkeit allmählich auf das Unbehagen, sei es körperlich oder seelisch. Laß es einfach vorhanden sein.

Richte das Gewahrsein langsam auf die Gefühle und Empfindungen des Bereiches, der zu sondieren ist. Versuche nicht, sie zu verändern. Beobachte sie einfach.

Umgibt irgendeine Spannung diesen Schmerz? Ein Bestreben zu fliehen?

Fühle einfach, was dort in Erscheinung tritt.

Spürst du dort eine Furcht, einen Widerstand, der dem Herzen den Zugang zum schmerzenden Geist/Körper verwehrt?

Achte auf jedes Gefühl der Ablehnung, das sich der absoluten Offenheit für dieses Unbehagen entgegenstellt. Ablehnung ist Widerstand.

Entsteht ein Gefühl zunehmender Bedrängnis?

Bildet sich eine Spannung, weil sich der Geist dem Körper widersetzt?

Das Problem besteht im Widerstand gegen das Problem. In dem Wunsch, es beiseite zu schieben, es zu beherrschen, es abzuändern. So verwandelt sich das Unbehagen in Schmerz und der Schmerz schließlich in Leid.

Widerstand entwickelt sich unaufgefordert. Heiße ihn willkommen, wenn er erst einmal vorhanden ist. Öffne dich ihm. Erkunde ihn.

Laß einen Moment einfach Ruhe in dir entstehen, ohne dem Widerstand zu widerstehen. Ohne die Abneigung gegen den Schmerz zu verdrängen. Erlaube dem Widerstand, in einen widerstandslosen Raum des Gewahrseins einzutreten, der ihn ohne Bewertung oder Angst in sich aufnimmt.

Wo lassen sich die Empfindungen des Widerstandes im Körper lokalisieren?

Jeder seelische Zustand ist mit einer bestimmten körperlichen Struktur verbunden.

Welches körperliche Muster entspricht dem Widerstand?

Treten die Empfindungen auf der einen Körperseite deutlicher hervor als auf der anderen?

Wie liegt die Zunge in deinem Mund? Drückt sie gegen den Gaumen? Rollt sie sich nach unten ein? Preßt sie sich an die untere Zahnreihe?

Nimm die Tendenz von Geist und Körper wahr, sich dem Unbehagen zu verschließen und es zu verbannen.

Halte dir die Faust des Widerstandes vor Augen, die den Schmerz umschließt.

Beobachte, wie diese Faust den Schmerz umklammert und ihn nicht loslassen will. Sich weigert, ihn einfach bestehen zu lassen. Fühle, wie sie das Unangenehme in eine Notlage verwandelt. Wo bleibt da noch Raum für unser Leben?

Betrachte diese weißknöcherige Umklammerung des Schmerzes, die ihn zum Leid verzerrt.

Beobachte, wie der Körper jede Empfindung festhält und an sich reißt.

Beobachte, wie sich der Geist gegen das Ungewollte verhärtet.

Beginne nun langsam, dieses Verschlossensein zu öffnen. Schon der geringste Widerstand kann so schmerzhaft sein. Öffne dich.

Entspannung breitet sich aus.

Laß die Empfindungen und Gefühle in barmherzigem Gewahrsein schweben.

Laß sie Anerkennung finden, so wie sie sind, wie sie sich von Augenblick zu Augenblick wandeln.

Weichheit und Entspannung breitet sich um die Empfindungen und Gefühle herum aus.

Erlaube es der Faust, sich langsam zu öffnen. Stelle dir vor, wie sich ein Finger nach dem anderen vom Schmerz löst. Wie ein Freiraum um die Empfindungen und Gefühle herum entsteht, der sie barmherzig empfängt und ihrer gewahr ist.

Heiße die Unzufriedenheit in einem freundlichen, teilnahmsvollen Gewahrsein willkommen.

Laß den Schmerz los. Was bringt es, noch weiter an ihm festzuhalten? Laß ihn los. Laß ihn sein.

Löse die Umklammerung, die Leid hervorruft.

Wehre sie nicht ab, sondern umgib sie mit Erbarmen und sanfter Empfänglichkeit.

Entspannung breitet sich um die Empfindungen, um die Gefühle herum aus, und die Faust des Widerstandes löst sich, öffnet sich, läßt endlich los. Läßt endlich sein.

Die Handfläche dieser Faust wird weicher. Die Finger lösen ihren Griff, öffnen sich. Geben den Empfindungen und Gefühlen Raum.

In jedem einzelnen Augenblick spürst du das Loslassen, das Aufgeben der Angst, die den Schmerz verstärkt hat. Alle Empfindungen und Gefühle können sich nach Belieben entfalten.

Alle Spannungen lösen sich in der Weichheit auf.

Die Konturen der Empfindungen und Gefühle zerfließen. Von Augenblick zu Augenblick zerschmelzen die Empfindungen in der innigen Umarmung des Erbarmens und des Gewahrseins.

Jeder Augenblick ist ein Augenblick des Loslassens.

Jeder Augenblick ist ein Augenblick der Entspannung.

Die Faust hat sich geöffnet, die Finger haben ihren Griff gelöst, die Empfindung ist nicht mehr länger vom Widerstand eingeschlossen.

Offenheit. Freies Fließen in der Weichheit.

Die Konturen des Schmerzes zerschmelzen und verrinnen im Raum.

Aller Widerstand löst sich auf.

Gefühle erfüllen jeden Augenblick, Empfindungen erfüllen jeden Augenblick – sie entstehen und vergehen in der Ruhe der Weiträumigkeit.

Widerstand gegen den Schmerz, Widerstand gegen das Unbehagen, Widerstand auch gegen die Heilung – diese Faust hat sich nun einer größeren Tiefe des Lebens geöffnet.

Jeder Augenblick wird von Sanftheit und Aufmerksamkeit empfangen.

Gewahrsein und Empfindung verbinden sich, verschmelzen von Augenblick zu Augenblick.

Körper und Geist sind weich und offen. Empfindungen und Gefühle entstehen und vergehen, schweben frei im weichen, offenen Körper. Im weiten Raum des Geistes.

Jeder Augenblick ist ein Augenblick des Loslassens.

Jeder Augenblick ist erfüllt von Erbarmen und Herzensgüte.

Jeder Augenblick ist ein Augenblick der Befreiung von aller Verklammerung, die noch bestehen mag. Auch das leiseste Zucken des Widerstandes verrinnt in der Unermeßlichkeit.

Jeder Widerstand gegen den Widerstand hat sich im Raum verflüchtigt.

Du spürst nur noch diese weiche, offene Weite des Seins, in der alles in zärtlichem, teilnahmsvollem Gewahrsein schwebt. Nur noch ein sanftes Loslassen in die Unermeßlichkeit des Herzens.

Loslassen bis ins Innerste des Daseins, in das Erbarmen und in die Herzensgüte deines tiefsten Wesens – jenseits des Körpers, ja sogar jenseits des Geistes.

Unermeßliche, grenzenlose Weite.

Nur Sein.

In dieser Weite jenseits des Körpers, jenseits des Geistes hat das Herz für alles Raum.

Die Kunst des Widerstandes

Nachdem die Erforschung der tieferen Sphären bedrückender Zustände hinter uns liegt, sei hier angemerkt, daß Widerstand nicht in jedem Fall unzweckmäßig sein muß (siehe das Gandhi-Zitat auf Seite 30). Der Widerstand gegen Ungerechtigkeit kann ein Ausdruck des Mitempfindens sein. Erfolg wird sich jedoch auch hier nur einstellen, wenn sich die Faust geöffnet hat. Dies ist ein Thema für tiefe Kontemplation.

Es erscheint merkwürdig, daß man die Idee, dem „Bösen nicht zu widerstehen", ausgerechnet Jesus Christus zuschreibt, der ja ein Reformer war. Doch wenn wir einmal anerkennen, daß alle Reformer(innen) – wie auch die entsprechenden Aspekte unser selbst – zornig waren, so wird die Frage um so wichtiger, wie wir der Unbarmherzigkeit Widerstand leisten können, ohne ihr durch unser Handeln weiteren Auftrieb zu geben.

Solch einen nicht-verletzenden Widerstand entwickeln wir, wenn wir uns dafür entscheiden, nicht mehr die alten, ungeeigneten Wege einzuschlagen. Denn wenn uns der Geist entgegenruft, daß es sich um *nichts* in der Welt lohnt, das Herz noch eine Sekunde länger zu verschließen, kämpfen wir uns von ewig unbefriedigenden Verhaltensmustern frei. Dies ist der Widerstand, der eine bewußte Erwiderung auf unbewußte Reaktion darstellt. In ihm entfaltet sich ein neuer Aspekt des Pfades zum Licht.

Wirklichkeitstest: Ein Bewußtseinsexperiment

Um unsere alltägliche innere Klarheit zu vertiefen, müssen wir uns darüber klar sein, *was* geschieht, *während* es geschieht. Registrieren trägt dazu bei. Oft aber läßt sich der Geist von Begierden und Ängsten mitreißen und verliert sich in starren Vorstellungen von Herrschaft und Hilflosigkeit.

Um unsere eigene Wirklichkeit umfassend zu erfahren, ist eine gewisse Stetigkeit erforderlich. Wir können unsere Meditation nicht auf dem Meditationskissen zurücklassen und darauf bauen, daß von nun an der Alltag unsere liebevolle Weisheit begünstigen wird. Vielleicht müssen wir uns hundert Mal am Tag an den weichen Bauch erinnern. Zuerst einmal müssen wir überhaupt bemerken, daß der Bauch angespannt ist, daß sich der Geist verklammert.

So wie das Registrieren ein Erkennen des Geschehens während des Geschehens fördert, können wir durch einen „Wirklichkeits-Test" jederzeit eine Sondierung vornehmen, auch inmitten der Aktivität des täglichen Lebens. Das weckt uns aus schläfriger Blindheit, klärt den Augenblick und vertieft unser Gefühl spielerischer Entspanntheit.

Praktiken, die Einsicht in unser tägliches Leben vermitteln, spiegeln die Heilung wider, nach der wir suchen. Eine Sondierung wie die folgende erlaubt es uns, mit uns selbst Schritt zu halten und nicht vom Brennpunkt des Geschehens abzuweichen.

Sie ist ein Element des Leuchtens, das zur Erleuchtung führt.

KÖRPERTEST

Bauch angespannt?
Was macht der Schließmuskel?
Zähne zusammengepreßt?
Welchen Eindruck vermittelt der Körper?
Wo liegt die Zunge im Mund?
Am Gaumen? Oben an den Zähnen? Unten?
Ist sie eingerollt, gegen den Unterkiefer gepreßt?
Steckt im Hals ein Kloß?
Wird eine innere Wahrheit mühsam hinuntergeschluckt?
Wie geht es dem Herzen?

GEISTESTEST

Welcher Geisteszustand herrscht momentan?
Ist er angenehm oder unangenehm?
Liegen Beschwerden vor?
Welchen Tonfall hat die innere Stimme?
Spricht sie mit dir oder belehrt sie dich?
Findet eine Bewertung statt?
Aggression?
Angst?
Wird der Schmerz vom Wunschdenken frischgehalten?
Widerstand?
Welchen Einfluß haben Entspannung und Loslassen auf diesen Gefühlszustand?

HERZENSTEST

Lastet ein Druck auf der Brust?
Ist dort Wehmut zu spüren?
Zweifel?
Furcht?
Wut?
Freude?
Trauer?

Was auch immer du im Körper, im Geist oder im Herzen findest – öffne dich ihm.

Laß es im Atem des Herzens schweben.

Spüre den Frieden dahinter.

Wie antwortet der restliche Körper/Geist auf diese wachsende Entspannung?

Stellt der Atem durch die Panzerung, durch den Widerstand hindurch eine Verbindung zum heiligen Herzen in der Tiefe her?

Was empfiehlt die „stille, kleine Stimme im Inneren“?

Mit Schmerz umgehen

Schmerz wandert durch die Seele
wie der Atem,
um den Körper zu formen.

Schmerz macht den Körper
so klein.
Wir vergessen unseren wirklichen Körper –
den Körper des Seins,
aus dem dieser winzige,
hartbäuchige,
geborene
und sterbende Leib entsteht.

Manche sagen: „Schmerz ist Liebe“ –
sie sind in Panik geraten!
Jedoch der Schmerz erinnert uns
immer wieder,
wieviel Erbarmen
unsere Ganzheit erfordert,
und wie sehr die Liebe
die tiefen Wunden heilt
und die Erde wieder festigt, die uns trägt.

Wenn sich Schmerz mit Liebe verbindet,
löst sich die Welt des Leidens auf.

Wenn Schmerz
im Herzen erfahren wird,
entspannen sich Körper
und Geist,
dehnt sich der Raum.
Die Mauern weichen zurück,
und wir bleiben allein
mit dem Mysterium
unseres wirklichen Seins –
auch wenn der Körper weint
und sich doch nicht verschließt,
und der Schmerz
zu fließen beginnt
in etwas Größerem.

Und in diesem Offensein
für den Schmerz
wird nichts hinzugefügt
oder aufgegeben –
nur dies
im Herzen des Erbarmens –
und nirgendwo Leid.

Eine Sondierung des Schmerzes

Die Fähigkeit, mit dem Schmerz umzugehen, mit ihm zu arbeiten, entwickelt sich schrittweise. Mit dem Schmerz zu arbeiten bedeutet, sich an den Widerstand zu gewöhnen, der sich automatisch einzuschalten versucht. Indem wir die Abneigung gegen ein Überschreiten dieses Punktes akzeptieren, lernen wir, uns zu entspannen und dem Schmerz mehr Spielraum zu geben, so daß er schließlich einfach im Gewahrsein schweben kann statt nur auf Ablehnung zu treffen.

Wir sind darauf konditioniert, auf unseren Schmerz mit Angst und einem Gefühl der Notlage zu reagieren. Wir gehen durch das Zimmer und stoßen irgendwo mit der Zehe an. Wie reagieren wir darauf? Senden wir Herzensgüte und milde Nachgiebigkeit in den pochenden Zeh? Können sich diese Empfindungen in den Raum ausbreiten und auflösen, werden sie von Erbarmen und Herzensgüte empfangen? Treffen sie mit dem Verstehen des Prozesses zusammen, der unseren Schmerz in Leid verwandelt? Oder ist es so, daß wir den Schmerz verbannen, ihm Haß entgegensenden und uns dann hilflos fühlen, weil wir ihn nicht kontrollieren können? Untermauert der Widerstand alte Begrenzungen, die eine Heilung blockieren?

Wir verwandeln Schmerz in Leid, indem wir zu fliehen versuchen, indem wir uns dem Augenblick verschließen. Indem wir es unserer einzigartigen Gabe der Offenheit verwehren, leicht und frei fließen zu lassen, was eben noch so schwer auf uns lastete. Das Unbehagen zu erkunden, läuft darauf hinaus, „den Schmerz zuzulassen, der den Schmerz beendet“. Es ist die direkte Erfahrung jener vielfältigen Empfindungen, die sich zu etwas verdichten, das wir in nervöser Unruhe mit „Schmerz“ bezeichnen. Es ist eine direkte Annäherung an diese Empfindungen, bevor sie sich in den tiefen Furchen und langen Bremsspuren unserer schroffen Panik gegenüber allem Unbehagen verlieren.

Den Schmerz zuzulassen, der den Schmerz beendet, heißt einfach, den Schmerz in barmherzigem Gewahrsein anzuerkennen. Dem angespannten Geist/Körper aus der Weite des Herzens zu antworten. Die wechselnden Geisteszustände zu registrieren. Sich auf den weichen Bauch zu besinnen. Zu beobachten, wie alte, reaktive Muster in den Prozeß zurückfließen und in ihm zerrinnen.

Schmerz stimuliert Trauer. Er enthüllt tiefe, verborgene Neigungen, Gefühle der Isolation und Aggression, der Preisgabe und Ungewißheit. Er verstärkt das Urteilsstreben, die Hilflosigkeit und die Angst. Und was wir unser „inneres Kind“ nennen, wird von unserem Widerstand mit Gefühlen der Schuld, der Niederlage und Hoffnungslosigkeit überschüttet.

Die Arbeit mit dem Schmerz gleicht eigentlich in vielem der Öffnung für die Trauer. Beiden nähern wir uns ohne jegliche Achtsamkeit oder Fürsorge, bis sich der Schmerz zu einem so großen Leid verdichtet hat, daß er alle dem Herzen widerstehende Verneinung überwältigt. Bis dahin aber bleibt uns kaum ein Spielraum, in dem wir uns der Ruhe des Herzens anvertrauen können, um die glühende Erregung, die der Schmerz wachgerufen hat, mit barmherziger Gelassenheit zu betrachten.

Wenn wir beide in eine Turnhalle gingen und sofort eine 150-Kilo-Hantel hochstemmen wollten, würden wir das wohl auch gemeinsam kaum schaffen. Wir würden uns womöglich einen Bruch heben oder wenigstens eine Zerrung holen, ganz zu schweigen von unserem Zweifel, überhaupt etwas emporbewegen zu können. Mit den 5 oder 2½-Kilo-Gewichten können wir jedoch den ganzen Tag lang üben und unsere Leistungsfähigkeit voll ausschöpfen.

Wie bei der Arbeit mit der Trauer und der Ergründung unserer alltäglichen Wehmut können wir nicht so lange warten, bis der Verlust oder Schmerz so groß geworden ist, daß er die

Sonne verdunkelt. Wir lernen den Umgang mit der großen Trauer, indem wir uns den weniger schweren Gefühlen der Entbehrung und Isolation öffnen. Wenn man so lange wartet, bis Schmerz zur Qual oder zum Todeskampf geworden ist (ein 150-Kilo-Gewicht), wird es wahrscheinlich unmöglich sein, sich diesen kaum zugänglichen Gefühlen mit einer gewissen Offenheit zu nähern. Also lernen wir, mit den geringeren Schmerzen, mit den leichteren Gewichten umzugehen, mit den kleinen Schrammen und Halsentzündungen. So können wir zwischen Unbehagen und Herzen eine Verbindung schaffen, ohne uns in furchtsame Fluchtreflexe zu verlieren, die den Geist zu einem Irrgarten machen.

Wenn wir schon gegenüber geringeren Schmerzen kaum Offenheit entwickelt haben, werden wir uns im Gefolge größerer Beschwerden förmlich verkümmert fühlen. Denn indem wir den schmerzenden Zeh verbannen, weisen wir das Herz zurück und hinterlassen nur Leid.

Indem wir jedoch die kleineren Momente des Unbehagens erforschen, gewinnen wir ein wenig Einsicht in das Wesen des Unbehagens. Und damit in das Wesen des furchtsamen, ringenden Geistes. Wir lernen von innen heraus, wie Widerstand den Schmerz verstärkt und wie wir loslassen können. Wie wir einfach *sein* können, wenn sich das Erwünschte nicht einstellt. Aus jedem dieser Momente lernen wir, daß es uns niemals gelingen wird, glücklich zu sein, solange wir nicht gelernt haben, dem Unglück mitfühlend zu begegnen. Oder wie ein Freund sagte: „Solange du nicht gelernt hast, unglücklich zu sein, kannst du auch nicht glücklich werden."

Die Trauer, die sich erhebt und mit dem Schmerz verbindet, besteht aus lange unterdrückten Verklammerungen, aus den Rückständen früherer Siege und Niederlagen. Sie tauchen empor, wenn sich der Geist hilflos fühlt und „keinen Ausweg" sieht. Diese Verklammerungen verstärken den Schmerz und erweitern ihn zum Leid.

Dem Schmerz widmet sich auch das längste Kapitel meines Buches *WEGE DURCH DEN TOD – WER STIRBT?*. Um langatmige Wiederholungen dieses Stoffes zu vermeiden, möchten wir auf jene Passage verweisen.

Das Schlüsselwort bei der Arbeit mit körperlichem (und seelischem) Schmerz ist „Sanftheit". Es hat die Kraft, die Weiträumigkeit zu übertragen, die für eine tiefe Sondierung und Loslösung erforderlich ist.

Weil der Schmerz (insofern er die verdrängten Verhaftungen eines ganzen Lebens ins Bewußtsein bringen kann) von seinem Wesen her der Trauer gleicht, birgt er auch die Kraft machtvoller Läuterung, Heilung und Befreiung. Material, dem auf der Couch des Psychiaters oder in der Höhle des Yogi oft jahrelang nachgespürt wird, steht der unmittelbaren Erforschung offen. Inhalte, derer wir uns zuvor kaum gewahr wurden, die wir als „das Unbewußte" betrachtet haben, tauchen im Bewußtsein auf. Vor dem Hintergrund des Wissens, daß wir nichts loslassen können, was wir nicht zuvor akzeptiert haben, bietet uns diese Zugänglichkeit des Gewahrseins für das bislang Verborgene die Möglichkeit einer tiefgreifenden Heilung.

Natürlich ist dies leichter gesagt als getan. Der Umgang mit Schmerz bedarf eines tiefen Erbarmens. Unvermittelt treten Beschwerden auf, deren Intensität uns kaum Spielraum läßt. Meist kann das Herz schließlich auch sie erreichen. Oft ist es unsere Abneigung gegen das Zulassen von Schmerz, die ihm seine Heftigkeit verleiht. Der unerforschte 25-Kilo-Schmerz verwandelt sich unversehens in eine 150-Kilo-Last. Wenn wir auch vielleicht erkennen, wie dieser Prozeß zustande kam, und uns zu tieferem Gewahrsein anspornen, fühlen wir bald, daß uns dies nicht viel hilft. Wir mögen in der Lage sein, für einige Momente *zu* unserem Schmerz in Beziehung zu treten, doch dann macht sich die alte Konditionierung wieder geltend, *auf* den Schmerz, auf die Trauer bezogen zu sein. Vielleicht meinen wir sogar, daß es auf unsere Bemühung gar nicht mehr ankäme. Doch in Wirklichkeit prägt jeder Augenblick der Offenheit die Offenheit des nächsten Augenblicks. Langsam und stetig ebnen wir den Weg. Gerade in Situationen, in denen ein Weiterkommen besonders schwierig scheint, ist schon der kleinste Schritt von großem Wert. Aus winzigen Annäherungen des Gewahrseins an Objekte, denen wir zuvor ausgewichen waren, kann uns umfassende Heilung erwachsen. Thomas Merton drückt es so aus: „Wirkliches Gebet und wahre Liebe lernen wir in dem Moment, in dem das Beten nicht mehr möglich und das Herz zu Stein geworden ist."

Wenn der Schmerz unsere Trauer wachruft, schreit der Geist nach Erbarmen, und das Herz spendet Heilung. Je tiefer die Wunde, desto tiefer dringt das Herz, um sie in die Arme zu schließen. Und je dichter an der Oberfläche die Wunden erscheinen, desto direkter lassen sie sich von einem barmherzig vordringenden Gewahrsein bis an ihre Wurzeln verfolgen. So kann uns Offenheit für die Trauer ebenso zu ihrem Ende führen wie ein bewußter Eintritt in den Schmerz zum Ende des Leidens.

Je heftiger wir an der Schlinge zerren, desto enger zieht sie sich zusammen. Unsere Fesseln lockern sich erst, wenn wir uns dem Unwillkommenen mit teilnahmsvollem Gewahrsein nähern. Indem wir gezielt ergründen, was wir so oft angstvoll abgelehnt und verachtet haben, haben wir teil an der Heilung unseres ganzen Lebens.

Eine geleitete Meditation der Besänftigung des Schmerzes

(Schmerz-Meditation I)

(Man kann sie einem Partner langsam vorlesen oder auch allein mit ihr arbeiten.)

Versuche, eine bequeme Körperhaltung einzunehmen, und veranke-re dich in dieser Position.

Laß dein Gewahrsein langsam in den Bereich der Beschwerden wandern.

Beobachte, welche Gefühle in dir entstehen, während sich dein Gewahrsein dieser Region nähert.

Laß den Schmerz einfach bestehen.

Liegen Geist und Körper miteinander im Streit? Ist heftiger Widerstand zu spüren? Flucht der Geist auf den Körper?

Ist irgendeine Furcht in diesem schmerzenden Bereich gespeichert?

Beobachte, ob sich alte seelische Ängste dort festgesetzt haben, die Schmerz in Leid verwandeln – Widerstand gegen etwas Höllisches.

Achte auf alle Gefühle, die sich in diesem Bereich entfalten.

Beginne, dich rings um das körperliche und seelische Unbehagen zu entspannen.

Laß die Haut, das Fleisch und die Muskeln um diesen Schmerz herum immer weicher werden.

Öffne ganz langsam die Faust des Widerstandes und der Angst, die das Unangenehme umschließt. Löse die Spannung rings um das Unbehagen. Löse dich aus der Starre des Festhaltens an ungewollten Empfindungen.

Laß los. Diese Verklammerung, diese alte Gegenwehr und Furcht machen den Augenblick bitter.

Laß los. Es ist so schmerzhaft, voller Zorn, Angst und Verzweiflung am Schmerz festzuhalten. Löse dich von ihm.

Laß ihn mehr und mehr im Gewahrsein schweben, anstatt ihn fest im Körper einzukapseln.

Von Augenblick zu Augenblick breiten sich Empfindungen aus. Von Augenblick zu Augenblick wächst deine Offenheit. Entspannung fließt in jedes Partikel der Empfindung.

Die Muskeln werden weicher.

Das Fleisch öffnet sich, um den Augenblick voller Erbarmen und Güte zu empfangen – so wie er ist. Die Angst, die Wut, das Gefühl der Niederlage lösen sich in der Sanftheit auf.

Jeder Moment ist neu.

Die Entspannung fließt von einer Empfindung in die nächste.

Achte darauf, wie schon der leiseste Gedanke, die subtilste Verhaftung zu neuer Anspannung führen. Werde weicher. Jeder Augenblick ist ein Augenblick des Loslassens.

Besinne dich darauf, wie der Schmerz um Erbarmen fleht – entspanne dich immer wieder – immer wieder aufs neue.

Laß das Unbehagen bestehen – halte nicht an ihm fest und wehre es auch nicht ab.

Laß die Entspannung bis ins Zentrum eines jeden Augenblicks der Empfindungen und Gefühle fließen.

Begegne dem Innersten unseres Schmerzes mit Güte und Vergebung.

Durchwandere ihn ganz sanft, um ihn zu heilen, um ihn von so großer Enttäuschung, von so viel Hilflosigkeit zu befreien. Erlaube dem Augenblick endlich, einfach so zu sein, wie er ist – in tiefem Erbarmen mit dir selbst und mit diesen Empfindungen, die sich im weichen Körper entfalten.

Entspanne die Bänder und Sehnen.

Entspanne das Körpergewebe rings um jede Empfindung. Laß alle Empfindungen frei in dieser Weichheit schweben. Umgib sie mit dem Herzen der Anteilnahme und der Güte für dich selbst, für diesen Moment, für diese ständig wechselnden Empfindungen.

Öffne ganz sanft den Bereich der Empfindung.

Dränge nichts zurück.

Laß allen Widerstand mit einem tiefen Seufzer aus dem Körper fließen. Löse dich von lange festgehaltener Angst und Ungewißheit.

Und in dem Geist, der diesen Schmerz umklammert, der zu ihm betet und mit ihm kämpft, der ihn anfleht, beginnt sich eine tiefe Ruhe auszubreiten. Die innere Faust öffnet sich.

Fühle, wie sich die Spannung des Geistes löst, wie er dem Mißbehagen im Körper in immer tieferer Ruhe begegnet. Erbarme dich.

Ein Augenblick der Furcht, ein Augenblick des Mißtrauens, ein Augenblick der Wut – jeder von ihnen entsteht und vergeht in einer fortwährenden Kette. Jeder geistige Impuls löst sich im nächsten auf. Der Raum weitet sich immer mehr.

Heftige Reaktionen im Geist zerschmelzen zu sanften Erwiderungen. Die tiefe Ruhe des Körpers empfängt jeden Augenblick, so wie er ist.

Von Augenblick zu Augenblick breitet sich Ruhe und Sanftheit rings um die vorüberfließenden Empfindungen aus.

Sanftheit in den Geweben. Sanftheit in den Muskeln. Sanftheit, die jeden Augenblick der Erfahrung im Körper umgibt.

Laß die Entspannung bis ins Zentrum einer jeden Körperzelle fließen.

Strahle Erbarmen und Herzensgüte auf jeden Augenblick der Empfindung aus, der im Raum entsteht und vergeht.

Jeder Moment der Empfindung wird von einem Gewahrsein empfangen, das ihn zärtlich umarmt.

Laß das Unbehagen los.

Laß es in barmherzigem Gewahrsein fließen.

Laß den Geist im Herzen schweben.

Empfange diesen Augenblick im sich öffnenden Herzen des Erbarmens.

Empfange diese Ruhe und Sanftheit in all den ausgedehnten Galaxien des Körpers.

Der unermeßliche Körper heißt jeden Augenblick in seinem tiefen Erbarmen, in seiner unendlichen Güte willkommen.

Sanftes Fließen. In der Offenheit eines barmherzigen Gewahrseins setzen wir den Pfad der Heilung fort, für den wir Geburt annahmen.

Eine geleitete Meditation des fließenden Schmerzes

(Schmerz-Meditation II)

(Man kann sie einem Partner langsam vorlesen oder auch allein mit ihr arbeiten.)

Wenn die erste Meditation den Körper geöffnet hat und Teil deiner selbst geworden ist, solltest du erwägen, diese Praxis zu erweitern.

Suche dir einen bequemen Platz zum Sitzen, wo dein Körper Entspannung findet. Wenn die Empfindungen wie von selbst an dir vorüberzuziehen beginnen, dann verankere Geist und Körper in diesem Strom.

Wenn du dich dem Körper-Moment zu öffnen beginnst, dann empfange auch den Geist in dieser offenen Weiträumigkeit. Laß alles los, was die Empfindungen und Gefühle beengt. Sei sanft, sei offen. Ermutige den Geist, nirgendwo festzuhalten und einfach das ablaufende Schauspiel der Empfindungen zu beobachten, die im weichen Körpergewebe kommen und gehen. Gefühle und Gedanken entstehen und vergehen in sanfter Weiträumigkeit.

Löse dich von den Gedanken. Laß sie einfach ganz von selbst ablaufen und beobachte, wie sie sich in ihrer eigenen natürlichen Unbeständigkeit verlieren. Für einen Moment schweben sie im Raum. Und lösen sich auf im Prozeß.

Laß das Denken seinen eigenen Lauf in dieser Weite nehmen.

Welcher Gedanke auch immer erscheint, laß ihn nach Belieben fließen. Mische dich nicht ein.

Welche Empfindung auch immer erscheint, laß auch sie in der Unermeßlichkeit des Seins schweben.

Gedanken, Empfindungen, Gefühle schweben in dieser grenzenlosen Weite.

Du bist nicht der Schmerz, du bist auch nicht die Gedanken an den Schmerz, du bist einfach nur Sein – du gehst auf nichts zu und wendest dich von nichts ab.

Du bist nur die Offenheit, in der sich die Erfahrung entfaltet – als ein Moment der Empfindung, ein Moment des Denkens, ein Moment des Fühlens, ein Moment des Riechens, des Hörens, des Schmekkens, des Berührens. Das Leben entfaltet sich von Augenblick zu Augenblick in einer grenzenlosen Weite jenseits aller Worte.

Ein Funke der Angst erscheint, löst sich auf in einem Moment der Ungewißheit, löst sich auf in einer neuen, sich ausbreitenden Ruhe. Schwebt frei dahin.

Jeder geistige Impuls schwebt wie eine Seifenblase im grenzenlosen Raum.

Spüre die Winzigkeit der Gedankenwelt. Spüre, wie sich das Denken ununterbrochen im Prozeß verliert. Spüre die Unermeßlichkeit des Gewahrseins.

Spüre den Raum, den dieser Prozeß durchfließt.

Was auch immer in Geist oder Körper erscheint, unterliegt einer ständigen Wandlung. Zweifel, Verwirrung, Erwartung, Angst – laß all dies durch dich hindurchfließen. Halte nichts fest.

Gedanken wie Empfindungen verlieren sich im Raum.

Einen Augenblick bestehend, im nächsten vergehend.

Zuversicht, Trost und Vertrauen erwachen in einem Herzen, das selbst unserem Unbehagen Raum bietet. Der alte Geist löst sich in dieser sanften Klarheit auf.

Beobachte den ewig wechselnden Strom dieser Gedanken und Empfindungen. Nichts ist von Dauer, fortwährend erscheint es und verschwindet wieder im Strom des Seins.

Empfindungen schweben im Körper, wandeln sich von Augenblick zu Augenblick.

Der Körper entspannt sich tief, um auch auch die subtilste Strömung der Empfindung zu spüren.

Auch der Geist ist entspannt und erlebt die stetige Wandlung als Denken, als Fühlen, als Empfinden, als unaufhörlich offenbarte Erfahrung. Der ganze Körper ist weich, offen, nicht klammernd, nicht zurückweichend – er läßt alles so sein, wie es ist, ohne im geringsten einzugreifen.

Ohne auch nur im geringsten an etwas zu haften oder etwas zu beurteilen.

Empfindungen erscheinen, Gedanken erscheinen. Kein Widerstand, kein Greifen, kein Verdrängen, kein Zusammenkauern – nur sanfter, offener Raum.

Jeder Augenblick wird von Sanftheit empfangen.

Auch der Klang meiner Stimme entsteht und vergeht in der Weite des Raums.

Das Hören geschieht von selbst.

Nichts ist zu tun.

Klang in stetiger Wandlung, inmitten der Unermeßlichkeit.

Fühle die Weiträumigkeit des Seins, die sich in alle Richtungen ausdehnt.

Sie enthält jeden Klang, jeden Moment des Denkens, des Sehens, des Fühlens.

Ein Augenblick des Hörens geht über in einen Moment des Sehens, in einen Moment des Denkens.

Alles schwebt im unermeßlichen Raum des Gewahrseins, der Istheit selbst.

Der Klang meiner Stimme.

Ein Auto, das auf der Straße vorüberfährt.

Ein Flugzeug, das über uns hinwegfliegt.

Alles spielt sich ab in der grenzenlosen Weite des Gewahrseins.

Nirgendwo sind Grenzen, das Gewahrsein breitet sich aus bis ans Ende des Universums – und darüber hinaus.

Laß auch den Geist an dieser gewaltigen Ausdehnung des Raumes teilhaben.

Jede Erfahrung schwebt wie eine Wolke durch diese Unermeßlichkeit.

Jedes Fühlen, jedes Hören, jedes Sehen, jedes Riechen fließt im Strom, fällt in sich zusammen und löst sich in der Weite auf.

Spüre, wie dieses Gewahrsein überall zugleich existiert, daß es sich in alle Richtungen erstreckt, grenzenlos, empfangend, allumfassend.

Der unbegrenzte Raum des Seins ist nicht mehr an die Konturen des Körpers gebunden.

Das gesamte Feld der Empfindung schwebt im unendlichen Raum.

Das Gewahrsein ist nicht auf den kleinen Körper beschränkt, auf diese flüchtigen Empfindungen – es dehnt sich überallhin aus, strahlt hinaus in den Raum.

Es ist weder in den Wänden dieses Zimmers noch in der Atmosphäre dieses Planeten eingeschlossen.

Gewahrsein dehnt sich aus in den grenzenlosen Raum.

Laß dieses unbeschränkte Gewahrsein mit dem offenen Geist verschmelzen, der an nichts festhält, der nichts erschafft, der nichts verhindert. Der alle Dinge ohne jede Verhaftung oder Einmischung vorüberfließen läßt und den Strom der Klänge, der Lichtstrahlen, der Erinnerungen, der Gefühle erscheinen und vergehen läßt – Welle auf Welle in einem unermeßlichen Gewahrsein.

Jeder Klang entsteht und vergeht im weiten Raum.

Jede Empfindung, jeder Gedanke, jedes Gefühl schwebt im Gewahrsein dahin.

Nirgendwo Grenzen.

Unbeschränktes Sein entfaltet sich in grenzenlosem Gewahrsein.

Der Körper ist voller Ruhe, die Empfindungen fließen im weiten Raum.

Der Geist ist offen und klar, der Prozeß entfaltet sich in dieser endlosen Weite.

Laß die Grenzen von Körper und Geist in der Unermeßlichkeit zerrinnen.

Empfindungen, Gefühle – alles fließt.

Jeder Augenblick wandelt sich, fließt frei in reinem Gewahrsein.

In diesem weiträumigen Geist, dem offenen Herzen, wird der Körper empfangen wie ein neugeborenes Kind in den Armen seiner liebenden Mutter.

Gewahrsein nimmt alles in sich auf und läßt alles los – der Geist zerfließt im unermeßlichen Herzen.

Empfindungen fließen frei – vergehen im Raum.

Vergehen.

Nur Raum.

Nur Friede.

Eine Erkundung der Gefühle rings um den Schmerz

Den Bauch zu entspannen und den Schmerz in Seele und Körper zu erforschen, mag vielen Menschen sehr unattraktiv erscheinen. Die verschiedenen Schichten der Panzerung des Herzens zu durchdringen und sich Trauer und Zorn zu öffnen, halten sie vielleicht sogar für übertrieben. Und es erscheint ihnen sonderbar, Erbarmen und Gewahrsein in sich zu erwecken, um den eigenen Beschwerden mit einer neuen Zärtlichkeit zu begegnen. Vielen mag es bizarr, ja nutzlos erscheinen, angesichts ihrer Leiden und Verwirrungen nach dem Atem innerhalb des Atems, nach der reinen Istheit zu suchen, aus der das Leben entspringt.

Doch es gibt auch jene, die sich in ihrem Herzen dazu hingezogen fühlen, ihre Probleme und Schmerzen als eine Lehre zu verstehen, welche sie zur Entdeckung tieferer Ebenen der Heilung und der Liebe motivieren kann.

Wir haben viele Menschen kennengelernt, die barmherziges Gewahrsein auf ihre seelischen und körperlichen Wunden, auf ihre Krankheit auszustrahlen begannen und so den Verlauf ihres Krebs- oder Herzleidens, ihrer Depression, ihrer Angstneurose, ihrer multiplen Sklerose und ihrer Erkrankung an AIDS oder ALS tiefgreifend beeinflussen konnten. War auch nicht allen eine körperliche Gesundung beschieden, so erlebten doch viele von ihnen den Eintritt in eine tiefere Heilung. Zum ersten Mal konnten sie Befriedigung in einer Situation finden, die ihnen bis dahin als absolut unbefriedigend erschienen war. Irgendetwas in ihrem Inneren begann eine neue Beziehung zum seelischen und physischen Schmerz zu entwickeln. Auch wenn die eigentliche Krankheit blieb, erlebte doch das Herz eine Heilung. Bei vielen verwandelte sich die Problematik ihrer inneren oder äußeren Beschwerden, die zunächst ihr Interesse an einer tieferen Heilung geweckt hatte, zusehends in den Mittelpunkt einer völlig neuen Teilhabe am Leben.

Die Erkenntnis, wie hartherzig wir uns selbst behandeln und wie sehr wir uns an die Flucht vor unangenehmen Dingen gewöhnt haben, dürfte uns nicht allzu schwer fallen. Erinnern wir uns nur an das Bild des angeschlagenen Zehs. Denken wir daran, wie wir unseren Schmerz mit Widerwillen und Ablehnung überschwemmen. Wir fühlen uns betrogen. Wir hassen ihn. Wir stoßen ihn gerade dann von uns weg, wenn er der Verbundenheit des Herzens und der sanften Umarmung des Mitgefühls am meisten bedarf. Wir verschließen uns, wenn tiefempfundenes Loslassen der Heilung die Tür öffnen könnte. Wäre es nicht besser für uns, anstatt auf den Schmerz zu *reagieren*, auf ihn einzugehen und diese Empfindungen in barmherzigem Gewahrsein zu empfangen, sie bewußt zu erleben? Könnten wir diesen Gefühlen nicht einfach erlauben, zu existieren, sich selbst zu erfahren und in einem Raum des Mitempfindens dahinzufließen? Sie würden einer Sanftheit und Aufmerksamkeit begegnen, die sich nicht am Schmerz verklammert, sondern jeden Augenblick so akzeptiert, wie er ist. Überlege, welch mächtigen Einfluß es auf unser tägliches Leben hätte, könnten wir unser Herz der Enttäuschung öffnen!

Man kann in nahezu jeden seelischen oder körperlichen Schmerz eindringen und die unerledigten Geschäfte, die ihn umschließen, im Schatten unserer Hartherzigkeit entdecken. Habe Erbarmen mit dem erschöpften Geist. Wenn sich das Gewahrsein dem Schmerz zuwendet, werden diese Empfindungen von den Gedanken und Gefühlen, die das Unbehagen automatisch einkapseln, rhythmisch unterstrichen. Vielleicht umschließt sie eine Regung der Wut oder Scham. Oder es begleitet sie ein Selbstbild der Niederlage und Unzulänglichkeit. Weil wir nichts anderes gelernt haben, als angstvoll auf Schmerz zu reagieren, verfallen wir in Selbstmitleid. In einem Atemzug klagt der Geist die Pein und den Gepeinigten an. Er sagt: „Ich habe es nicht anders verdient." Und zugleich: „Daß mir so etwas passiert, ist nur wieder meiner eigenen Dummheit zuzuschreiben." Wir sind sehr unbarmherzig gegen uns selbst. Gerade wenn es darauf ankommt, haben wir für uns selbst kaum Platz in unserem Herzen, denn wir begegnen unserem seelischen und körperlichen Schmerz zumeist widerstrebend und wütend und versperren uns so selbst den Zugang zur Heilung.

Es ist absolut nicht nötig, Wut, Furcht oder gar die Bewertung zu bewerten, die unseren Schmerz vielleicht umschließt. So etwas kommt eben manchmal vor! Welche Überraschung! Vorwürfe sind überflüssig. Bleiben dieser Schmerz und dieser Gram aber unerforscht und werden ins Unterbewußtsein verdrängt, verbrennen sie das Herz und machen den Augenblick unerträglich. Viel Selbsthaß kann sich rings um unseren Schmerz versammeln – vieles, was sich gegen eine Heilung sträubt. Wenn wir diese Barrieren aber mit ganzem Herzen ergründen, werden sie zu Wegweisern auf dem Pfad der Befreiung.

Eine geleitete Meditation über die Gefühle rings um den Schmerz

(Schmerz-Meditation III)

(Man kann sie einem Partner langsam vorlesen oder auch allein mit ihr arbeiten.)

Schließe deine Augen und lenke die Aufmerksamkeit auf den Atem.

Laß das Gewahrsein allmählich die Ebene der Empfindung erreichen.

Wenn sich das Gewahrsein von selbst im Augenblick zu verankern beginnt, dann laß es langsam zum Bereich der Beschwerden wandern.

Fühle einfach, was vorhanden ist. Du brauchst nichts zu verändern. Du brauchst nichts zu tun.

Nur Augenblicke fließender Empfindung.

Laß einfach alles so sein, wie es ist.

Wenn sich das Gewahrsein dem Bereich des Unbehagens nähert, dann achte darauf, ob es dabei irgendeine Anspannung, irgendeine Starre durchdringen muß.

Will dort irgendetwas dieses Forschen abwehren? Baut sich ein Widerwille gegen weiteres Vordringen auf?

Beachte jeden Widerstand, der spürbar wird.

Achte auf alles, was sich der Annäherung des Gewahrseins entgegenstellt.

Ist der schmerzende Bereich von irgendeinem Gefühl der Verklammerung umgeben?

Erforsche ihn. Du brauchst nichts zu verändern.

Nimm den Augenblick so an, wie er ist.

Du brauchst nichts zu definieren. Sei einfach bereit, zu verstehen – oder nicht zu verstehen. Nimm diesen Augenblick einfach an.

Beobachte, wie sich das Gewahrsein mit den Empfindungen im Bereich des Unbehagens verbindet und welche Gefühle sich in diesem Strom der Empfindung entfalten.

Kommen Gedanken auf? Werden unangenehme Empfindungen von bestimmten Gefühlen begleitet? Formen sich andere Bilder?

Welche Stimmen umgeben den Schmerz?

Welchen Ton hat die Stimme der Gefühle, die sich rings um das Unangenehme zusammendrängen?

Kreisen sie um ein bestimmtes Thema? Um einen bestimmten Gemütszustand?

Welche Emotionen machen sich dort bemerkbar?

Angst oder Scham?

Wut oder Ungewißheit?

Du brauchst nichts hervorzurufen. Empfange einfach den Augenblick so, wie er sich dem wachen und offenen Gewahrsein darbietet.

Sind da Gefühle, die den Eintritt des Erbarmens in den Schmerz verwehren?

Gefühle, die sich einer Öffnung für die Heilung zu widersetzen scheinen?

Haben sich unerledigte Geschäfte um den Schmerz versammelt? Spürst du dort Trauer? Ein Gefühl des Verrats? Der Niederlage?

Wir haben mit uns selbst so wenig Erbarmen.

Beobachtest du im Geist ein Gefühl der Bedrängnis, das den Körper in Starre versetzt, das den Schmerz umklammert?

Hat sich dein Leben in eine Notlage verwandelt?

Haben sich Gefühle oder Stimmungen im Körper eingenistet, die mit den Schmerzen in Verbindung stehen?

Plagen dich Gefühle der Schuld oder des Zweifels? Fühlst du dich betrogen?

Wachsen Hilflosigkeit oder Hoffnungslosigkeit?

Will die Trauer, die sich über diesen Schmerz gebreitet hat, ihn befreien oder versklaven?

Habe Erbarmen mit dir selbst. Löse die Umklammerung.

Besänftige das Unbehagen.

Weich und entspannt öffnet sich der Körper allen Hindernissen, allen Verklammerungen, die sich zu erkennen geben.

Entspanne das Körpergewebe rings um das Unbehagen – laß es in einem barmherzigen Gewahrsein fließen.

Laß den Körper seine wunden Punkte umfangen, so als würde er sein einziges Kind umarmen.

Dränge nichts zurück.

Öffne dich in jedem einzelnen Augenblick für die Empfindung. Entspanne das Gewebe, das Fleisch, die Verhärtung, die sie umgibt.

Heiße die Empfindungen in einer barmherzigen Sanftheit willkommen. In einer Bereitschaft, ihnen mit Güte zu begegnen – statt angstvoll und bangend nach ihnen zu greifen. Empfange sie in der Bereitschaft, sie loszulassen, damit sie im unermeßlichen Raum des Herzens schweben können.

Welche Haltungen, Gefühle oder Gedanken den Schmerz auch begleiten mögen – laß sie fließen.

Empfange den gesamten Geist und Körper von Augenblick zu Augenblick in deiner teilnahmsvollen Sanftheit.

Was auch immer im Gewahrsein erscheint – laß es einfach sein.

Beobachte, wie eine Bewertung, eine Angst und sogar ein Verlangen nach Heilung die Spannung im schmerzenden Bereich erhöhen kann.

Laß diese inneren Bilder kommen und gehen. Verfolge, wie eine Erwartung zur Anspannung führen kann – und laß auch sie durch den unermeßlichen Raum des Gewahrseins fließen.

Beobachte, wie strenge Gedanken den Körper verhärten. Fühle, wie sich dieser Prozeß entspannt. Verfolge, wie sich das Unbehagen durch bestimmte Gefühle verdichten kann.

Tauche noch tiefer in die Entspannung ein.

Fühle, wie durch diese Entspannung alles in grenzenlosem Gewahrsein zu schweben beginnt.

Laß jede Empfindung, jede Gefühlsregung in diesem sanften, offenen Raum entstehen und vergehen.

Empfange jedes Partikel von Emotion oder Empfindung so, als wäre es das allererste Mal.

Werde dir auch der leisesten Anspannung oder Verklammerung in sanftem, offenem Gewahrsein bewußt – laß die Heilung in dich ein.

Erlaube dem weiten Raum barmherzigen Gewahrseins, diesen unaufhörlichen Strom der Veränderung im Bereich der Schmerzen zu empfangen.

Laß ihn die ständig wechselnden Gefühle, Empfindungen, Stimmungen, Hoffnungen, Ängste empfangen – und die Kraft jener tieferen Heilung, die sich entfaltet, wenn wir an nichts mehr festhalten.

Laß alles, was in Geist und Körper erscheint, voller Anteilnahme und Gewahrsein entstehen und vergehen.

Laß das Herz all dies erfahren. Heilung tritt ein und bereinigt die Geschäfte. Löse dich vom Leid, damit der Schmerz in der Herzensgüte schweben kann, die der gepeinigte Körper ersehnt.

Eine geleitete Meditation über das Erledigen der Geschäfte rund um den Schmerz

(Schmerz-Meditation IV)

Dies ist eine Variante der *Erforschung der Gefühle rings um den Schmerz*. Sie kann für jene von speziellem Nutzen sein, die mit schweren, nicht prognostizierbaren Erkrankungen arbeiten.

(Man kann sie einem Partner langsam vorlesen oder auch allein mit ihr arbeiten.)

Suche dir einen bequemen Ort zum Sitzen und schließe deine Augen.

Lenke deine Aufmerksamkeit auf den Atem.

Zentriere das Gewahrsein in den Empfindungen, die jeden Atemzug begleiten.

Erlaube dem Gewahrsein, der Ebene der Empfindung schrittweise näherzukommen.

Fühle, wie der Atem durch die Nasenlöcher ein- und ausströmt.

Zentriere dich von Augenblick zu Augenblick in der Empfindung, die jedes Einatmen und jedes Ausatmen begleitet.

Achtsames Atmen.

Während sich das Gewahrsein auf der Ebene der Empfindung verankert, werden neben dem Atem weitere Empfindungen spürbar.

Laß das Gewahrsein zu diesen anderen Empfindungen wandern.

Bezeichnet sie der Geist mit dem Wort „Schmerz"? Beobachte einfach, was geschieht.

Du brauchst nichts hervorzurufen.

Klares Gewahrsein empfängt diesen Augenblick, so wie er ist.

Führe das Gewahrsein noch näher an diese Empfindungen heran.

Laß es bis ins Zentrum der Empfindungen vordringen, die von Augenblick zu Augenblick in dieser Region entstehen.

Achte auf die entstehenden Gefühle, während sich das Gewahrsein den stetigen Empfindungen in diesem Bereich nähert.

Welche Emotionen ranken sich um diese Empfindungen?

Verschiedene Gemütszustände formen sich, um „den Schmerz abzuschirmen". Doch sie verwandeln ihn in Leid.

Sind diese Empfindungen von irgendeinem Zwang umgeben? Von einem Gefühl des Betrogenseins?

Wird der Eintritt des Gewahrseins von Angst blockiert?

Wird der Schmerz von Wut oder Scham überdeckt?

Wie unterscheidet sich die Wut vom Schamgefühl?

Wo sind Liebe und Vergebung zu finden?

Erforsche in dieser Stille, welche Gefühle das Unbehagen umgeben.

Lassen sich diese Gefühle als eine Art unerledigte Geschäfte betrachten, die das Unangenehme in deinem Leben hinterlassen hat? Als eine Art von Trauer? Sind es die Wehklagen der Aspekte deiner selbst, die du noch nicht im Herzen aufgenommen hast?

Bewerte dies alles nicht, aber registriere jede aufkommende Bewertung.

Wird der Schmerz von Bewertungen begleitet?

Fürchte nichts, aber registriere jede erscheinende Furcht.

Wird der Schmerz von Furcht begleitet?

Zweifle nicht an deinem Vermögen, Heilung zu finden, aber registriere jeden neuen Zweifel, der den Schmerz einkapselt.

Behindern Zweifel den weiteren Fortschritt?

Gesundheit wird dem Körper zuteil, oder sie bleibt aus. Heilung aber ist eine Frage des Herzens.

Heiße den Augenblick barmherzig im weichen Bauch willkommen.

Wisse: Es gibt eine Heilung, für die wir Geburt annahmen. Sie ist in jedem Moment zu finden.

Um auch in der Hölle das Herz zu öffnen, schließen wir Frieden, wo vorher Krieg herrschte.

Auch wenn der Körper seinen eigenen Weg geht, wird das Herz diesen Weg verstehen – und was jenseits dieses Weges liegt.

Vergebung bereinigt die unerledigten Geschäfte.

Nähere dich diesem unerledigten inneren Schmerz, der das körperliche Unbehagen umgibt, und sende Erbarmen in das Zentrum der Empfindungen, die von Augenblick zu Augenblick in diesem Bereich entstehen.

Vergib diesem schwachen Körper. Habe Erbarmen mit ihm.

Und vergib der Angst und der Wut und der Scham, die sich unaufgefordert um den Schmerz herum versammelt haben.

Nimm ihre natürliche Präsenz einfach in sanftem Gewahrsein wahr. Strahle Vergebung auf die seelischen und körperlichen Schmerzen aus, damit sie vom Herzen empfangen werden und uns nicht in die Irrungen des Geistes führen.

Gnade erwacht, wenn das Herz die Enttäuschung berührt.

Wende dich deinem Körper zu, als wäre er dein einziges Kind, und sage zu ihm: „Ich vergebe dir."

Laß das Gewahrsein in die Empfindung eintauchen, die von Augenblick zu Augenblick in der unermeßlichen Weite des Seins entsteht und vergeht.

Heiße die Gefühle und Empfindungen der schmerzenden Region in sanftem, teilnahmsvollem Gewahrsein willkommen.

Versuche nicht, irgendetwas zu ändern. Zwang verschließt das Herz. Nimm diesen Körper der Empfindung, diesen Geist der Gefühle, Ängste und Zweifel, der Verwirrung und der Hoffnung einfach in deinem Erbarmen, in deiner Herzensgüte auf.

Habe Erbarmen mit dir. Laß die Empfindungen und die Gefühle in der unermeßlichen Weite des Gewahrseins fließen. Halte an nichts fest, schiebe nichts beiseite.

Von Augenblick zu Augenblick verbinden sich Erbarmen und Gewahrsein mit den Gefühlen und Empfindungen, die im Strom des Bewußtseins entstehen und vergehen.

Nimm Körper und Geist in der heilenden Güte und Fürsorge des Herzens auf, die alle Empfindungen besänftigt und entspannt. Laß alles kommen und laß es wieder gehen – voller Erbarmen und Gewahrsein.

Karmische Ersparnisse und Kredite

Bei der „Karma Spar- und Kreditbank“ entsteht dein Grundkapital aus deiner Einlage. Karma basiert auf Intention. Es ist ein heilsamer Prozeß, der uns immer wieder daran erinnert, loszulassen und barmherzig zu sein. Er übermittelt uns regelmäßig die Nachricht, daß das im Königreich gültige Münzgeld die Weisheit des Herzens ist.

Überziehe dein Konto bei der „Karma Spar- und Kreditbank“ nicht. Gib acht. Und solltest du einmal vorübergehend eine Zahlung schuldig bleiben, dann stelle keinen ungedeckten Scheck aus – öffne das Herz, antworte voller Anteilnahme und Gewahrsein. Wenn auch jeder von uns mit einem Aktivsaldo geboren wurde, muß das Karma nicht unbedingt zu einer Anhäufung unerledigter Geschäfte oder zu einer fortwährenden Inspektion der Kontoauszüge führen. Wenn du über dein Karma, über die reine Reaktion hinaus zur Antwort gelangen willst, dann löse dein Konto auf und übergib alles dem Heiligen. Folge dem Herzen. Vertraue dem Prozeß.

Eine Erkundung der Heilung

Inneres Gleichgewicht entsteht, wenn wir teilnahmsvoll und bewußt in Bereiche eindringen, aus denen wir uns einst furchtsam oder wütend zurückgezogen haben. Heilung ist ein neues Zuhausesein in verödeten Bereichen von Geist und Körper. Eine Erfahrung der Ganzheit unseres Lebens.

Wenn diese teilnahmsvolle Klarheit längst Aufgegebenes in sich aufnimmt und es lange Verneintes akzeptiert, entsteht ein Augenblick der Stille. Die Stimme unseres Leidens verlangt nicht mehr danach, ihre Domäne zurückzugewinnen. Der alte Geist kann sein gewohntes Ungleichgewicht nicht mehr bewahren. Das Gemurmel der Geistesinhalte verklingt im Prozeß des Herzens. Und das Herz geht in Flammen auf und öffnet sich der Heilung, für die wir Geburt annahmen.

Erkunden heilt, denn überall dort, wo sich Gewahrsein konzentriert, stellt sich schließlich die natürliche Balance wieder ein. Heilung folgt dem Gewahrsein. Und die Heilung des Geistes folgt dem gleichen Pfad wie die Heilung des Körpers. Als erstes erkennen wir den Schmerz an. Verhärtete Regionen werden sanft gelockert. Meditation des weichen Bauches. Wir vollziehen einen Kurswechsel vom Rückzug zur Annäherung. Eine „Schicksalswende" tritt ein. Indem wir kontinuierlich die bei der Annäherung an die Enttäuschung vorgefundenen Einstellungen erforschen, lösen sich die Widerstände in einer Bereitschaft zur Heilung auf. Zur Heilung des „Ungeheilten".

Wir begegnen dem lange Verneinten mit einem neuen Erbarmen, mit einem tieferen Gewahrsein. Wir erkunden die Beziehung zwischen fühlendem Geist und gefühltem Körper. Wir öffnen uns dem Unerforschten.

Dieser heilende Prozeß wird zu einem direkten Eindringen des Gewahrseins in die Empfindungen des schmerzhaften Bereiches, der nach Heilung verlangt. Von Augenblick zu Augenblick tasten wir uns weiter durch die Strukturen und wechselnden Formen, die wir als Empfindung oder Schmerz bezeichnen. Mit mikroskopischem Blick untersuchen wir den unaufhörlichen Strom des Bewußtseins im Körper. Wir lernen den Bereich „auswendig" *(by heart).*

Während wir die Natur des Schmerzes und die Unermeßlichkeit erforschen, in der er fließt, werden uns diese Empfindungen immer vertrauter und entwickeln sich zu einem Kanal, der das Herz mit der Enttäuschung verbindet. Die Empfindungen ziehen Herzensgüte an.

Indem wir unser Leid loslassen, lassen wir die Heilung ein. Wir vertrauen dem Prozeß. Wir öffnen uns der Unermeßlichkeit und lassen eine Heilung zu, die umfassender ist als eine körperliche Gesundung. Etwas, das unserem tiefen Heimweh immer wieder als Wegweiser durch unser Leben dient, wenn wir still genug sind, um dem Herzen lauschen zu können.

Und der schmerzende Bereich wird zu einem Brennpunkt des Erbarmens und des Gewahrseins. Ein Bereich, der unter dem Eindruck des Unangenehmen erstarrt war, öffnet sich der Güte, die ihn jetzt durchströmt. Die Konturen scharfer Empfindungen zerfließen. Sie lösen sich in etwas auf, das weit größer ist als unsere Furcht. Sie zerrinnen im Herzen der Dinge. Jede Empfindung wird empfangen, als wäre sie dein einziges Kind. Sie versinkt in den zärtlichen Armen eines barmherzigen Gewahrseins, das nichts anderes erstrebt als ihre Befreiung.

Heilung ist ein Prozeß des gesamten Lebens. Sie bildet auch das Thema des von Ondrea und mir verfaßten Buches *SEIN LASSEN – HEILUNG IM LEBEN UND IM STERBEN.* Heilung, so heißt es dort, ist ein offenes Buch – und das Geheimnis der Heilung besteht darin, daß sie kein Geheimnis enthält. Heilung offenbart das Herz.

Eine geleitete Heilmeditation

(Man kann sie einem Partner langsam vorlesen oder auch allein mit ihr arbeiten.)

Begib dich, wenn es dir möglich ist, in eine Sitzhaltung oder nimm eine andere Stellung ein, in der dein Körper für eine Weile ruhen kann. Und fühle den ruhenden Körper.

Laß die Aufmerksamkeit in den Körper wandern.

Spüre den Atem, der ganz von selbst im weichen Bauche atmet.

Der Körper ist weich und offen.

Das Gewahrsein ist sanft und weit.

Nimm jeden Bereich des Körpers wahr, in dem Unbehagen spürbar ist. Fühle dich in den Körper ein und achte auf jede ausgeprägte Empfindung, die Aufmerksamkeit erweckt.

Bewege das Gewahrsein ganz sanft in den Bereich hinein, der geheilt werden möchte.

Mildere in dieser sanften Annäherung an das Unbehagen jeden Widerstand, jede Anspannung oder Unruhe, die aus Verlangen oder Furcht im Körper entstanden sind. Beobachte, wie schwer das Weitergehen fällt, wenn du auf Ablehnung oder Schuldgefühle triffst.

Richte das Gewahrsein ganz langsam und ohne jeden Zwang auf die Empfindungen, die in diesem Bereich entstehen.

Löse nach und nach alle Spannung, die diese Empfindungen umgibt.

Das Fleisch wird weicher, um sich dem Gewahrsein zu öffnen.

Es entspannt sich.

Der Raum um diesen Bereich öffnet sich – weitet sich mehr und mehr.

Sanftheit breitet sich in der Empfindung aus.

Die Muskeln entspannen sich.

Das Körpergewebe um die Empfindung wird immer weicher.

Entspannung fließt in die Sehnen, in das Fleisch.

Selbst in den Knochen breiten sich Weichheit und Entspannung aus.

Sanft öffnet sich das Fleisch – der Körper weitet sich in barmherzigem Gewahrsein.

Im weichen Gewebe kann sich die Empfindung so entfalten, wie sie ist.

Fühle, wie die Fasern der Muskeln ihren Griff lockern, wie sich ihre Spannung löst.

Die Sehnen entspannen sich. Das Fleisch entspannt sich. Die Haut entspannt sich.

Die Empfindungen beginnen im weichen Fleisch zu schweben.

Die Entspannung wird tiefer.

Laß alles los, was die Empfindung umschließt.

Laß sie einfach sein – im weichen Körper, im sanften Geist.

Jeder Augenblick der Empfindung verbindet sich mit einem Augenblick der Entspannung.

Die Knochen entspannen sich – entspannen sich bis ins Mark.

Jede Spannung, die sich zeitweilig bildet, beginnt zu zerfließen.

Laß sie kommen.

Laß sie gehen.

Von Augenblick zu Augenblick entsteht die Empfindung in sanftem Gewahrsein.

Das Körpergewebe öffnet sich ganz sanft, ganz langsam und ohne jeden Zwang, damit die Empfindungen fließen können.

Die Entspannung breitet sich bis ins Innerste der Körperzellen aus.

Jede Empfindung wird vom weichen, offenen Raum des Gewahrseins empfangen.

Empfindungen schweben in Gewahrsein.

Die Haut, das Gewebe, die Muskeln, die Sehnen – alles ist weich und geschmeidig. Offen und weit.

Willig, offen und weich ist das Fleisch.

Von Augenblick zu Augenblick empfängt das Gewahrsein die Empfindung in barmherziger Sanftheit.

Von Augenblick zu Augenblick erscheint die Empfindung, schwebt im Gewahrsein, löst sich auf im Strom.

Das Gewahrsein registriert auch das leichteste Zittern, die feinste Schwingung der Empfindung.

Sanft.

Klar.

Immer tiefer entspannt sich der Körper im Bereich des Unbehagens. Richte das forschende Auge des Gewahrseins ganz direkt auf diese Empfindungen.

Das Gewahrsein erkundet die Empfindung, die im weiten Raume schwebt.

Stehen die Empfindungen still oder bewegen sie sich?

Haben die Empfindungen eine Kontur?

Hat der Empfindungsbereich eine bestimmte Form?

Bleibt diese Form konstant oder wandelt sie sich ständig?

Von Augenblick zu Augenblick schwebt die Empfindung in einem sanften, mitfühlenden Gewahrsein, das einfach nur diesen Augenblick erforscht.

Haben diese Empfindungen eine bestimmte Dichte? Sind sie dick oder dünn?

Sind sie rund? Sind sie flach?

Jeder Augenblick der Empfindung wird von einem Augenblick des Gewahrseins empfangen.

Du erkundest das Wesen dieser Empfindung.

Haben diese Empfindungen eine Struktur?

Sind sie rauh? Sind sie glatt?

Bleiben sie konstant? Wandeln sie sich?

Empfindungen schweben im Raum.

Das Fleisch ist weich, die Muskeln sind offen und entspannt, das Gewebe sanft und teilnahmsvoll.

Beobachte alle Gedanken oder Gefühle, welche die tief verwurzelte Reaktion des Geistes auf eine Empfindung begleiten, die er als „Schmerz" bezeichnet.

Machen sich Gefühle bemerkbar, die den Bereich verhärten? Zweifel oder Angst? Hilflosigkeit oder Hoffnungslosigkeit?

Erforsche den Augenblick als Gefühl.

Beklagt sich der Empfindungsbereich darüber, isoliert zu sein? Weicht ihm der Körper aus?

Die Entspannung breitet sich in immer tiefere Schichten der Empfindung aus.

Erforsche den Augenblick, so wie er ist.

Laß mit dem Empfinden auch die Gedanken und Gefühle in der unermeßlichen Weite des Gewahrseins schweben.

Ein barmherziges Gewahrsein nimmt alle Empfindungen und die mit ihnen verbundenen Gefühle in sich auf.

Öffne dich auch der leisesten seelischen Anspannung, die den Körper verschließt. Laß sie zerfließen.

Immer tieferes Loslassen. Immer tieferes Seinlassen. Weichheit.

Bilden sich Ranken, die diesen Bereich mit anderen Empfindungen im Körper verbinden?

Jeder Augenblick ist ein Augenblick des Gewahrseins.

Jeder Augenblick ist ein Augenblick der Empfindung.

Jeder Augenblick ist ein Augenblick der Entspannung, der Bejahung, der Anerkennung.

Forsche, wie die Empfindung im unermeßlichen Raum entsteht und vergeht.

Sind die Empfindungen weich oder hart?

Sind sie heiß oder kalt? Sind sie weder das eine noch das andere?

Ist irgendein Druck zu spüren? Eine Vibration? Eine Bewegung?

Sanftes Gewahrsein öffnet sich zu einem unermeßlich weiten Raum, in dem sich die Empfindung unaufhörlich im klaren Licht des Erbarmens und des Gewahrseins entfalten kann.

Erforsche das Entstehen der Empfindung in jedem einzelnen Augenblick.

Du brauchst nichts hervorzurufen – nimm einfach wahr, was ist.

Vernimmst du irgendeinen Klang? Haben diese Empfindungen eine Stimme? Eine bestimmte Modulation?

Ist dir diese Stimme vertraut? Was hat sie dir zu sagen?

Lausche sanft und liebevoll auf die Botschaft dieser Empfindungen, die so lange von Verneinung und Widerstand, von Angst und Abscheu unterdrückt worden sind.

Lausche dem schmerzerfüllten Geist im gepeinigten Körper mit dem Herzen.

Nimm ihn in sanftem, offenem Gewahrsein auf.

Erbarme dich dieser verwaisten Stimmen. Höre ihnen zu. Lausche ihnen immer wieder.

Empfindungen entstehen und vergehen in barmherzigem Gewahrsein.

Nimm diese Empfindung, diese Region so an, als wäre sie dein einziges Kind. Begegne ihr mit Liebe, mit Güte und mit Erbarmen.

Empfindungen schweben in sanftem, offenem Gewahrsein, empfangen von Achtsamkeit und Erbarmen.

Formt sich ein Bild aus ihnen?

Erscheinen Farben?

Nimm wahr, was entsteht, ohne irgendetwas hervorzurufen.

Empfange die Empfindung einfach in liebevoller Güte und Fürsorge.

Berühre sie mit deinem Erbarmen. Nimm sie in deine Vergebung auf.

Empfange jede Empfindung in der Wärme und Geduld der Vergebung.

Jede Empfindung wird von liebevoller Güte und Anteilnahme aufgenommen.

Erlaube deinem Erbarmen, jede Empfindung in sich aufzunehmen.

Erlaube der Empfindung, in der Sanftheit zu schweben, im unermeßlichen Herzen des Seins.

Laß sie im Mitgefühl schweben.

Im Erbarmen.

Von Augenblick zu Augenblick nimmt das grenzenlose Herz die Empfindung in sich auf.

Laß diese Region mit dem Herzen verschmelzen, das wir alle miteinander teilen.

Das Erbarmen, das du so oft für diese Welt empfunden hast, berührt nun auch deinen eigenen Schmerz.

Unendlich sanft wird jeder Augenblick der Empfindung empfangen. Unaufhörlich entsteht und vergeht die Empfindung in unermeßlicher Weite.

Jede Empfindung zerfließt im Mitgefühl für alle leidenden Wesen.

Jeder Augenblick zerrinnt und verschmilzt mit dem Erbarmen und der liebevollen Güte.

Jeder Augenblick zerfließt in unendlichem Mitgefühl, in unendlicher Güte.

Teile diese Heilung mit allen fühlenden Wesen.

Laß die Schmerzen der Welt in zärtlichem Erbarmen zerfließen.

Begegne diesen Empfindungen voller Güte, voller Vergebung und Mitgefühl. Begegne der Welt, die wir alle miteinander teilen, in heilendem Gewahrsein.

Jeder Augenblick fließt.

Strahle Erbarmen und Herzensgüte in den Körper aus, den wir alle teilen.

Jedes Partikel der Empfindung schwebt in unendlicher Anteilnahme und Fürsorge.

Jeder Augenblick geht im Herzen der Heilung auf.

Empfindungen schweben wie winzige Funken in einem samtenen Dunkel. Glitzern und verlöschen im unendlichen Raum.

Sie verschmelzen mit dieser Heilung, die wir alle miteinander teilen, die allen lebenden Wesen zum Wohle gereicht.

Mögen alle Wesen frei sein von Leid.

Mögen alle Wesen Heilung im Herzen finden.

Ein Weckruf: Ein Bewußtseinsexperiment

Wachst du mit dem Einatmen oder mit dem Ausatmen auf? Wie lange brauchst du zum Wachsein, nachdem du aufgewacht bist?

Mit dieser Übung haben Ondrea und ich jahrelang gespielt. Man bemerkt unmittelbar nach dem Aufwachen, meist noch vor dem Öffnen der Augen, daß man aufgewacht ist.

Diese sehr simple Praxis der Beobachtung des Ein- oder Ausatmens nach dem Erwachen ist ein hilfreicher Start in den Tag. Selbst wenn es bis zum Nachmittag dauert, bis du dich an diese Übung erinnerst: Beachte immer noch, ob dir diese Erinnerung mit dem Einatmen oder dem Ausatmen kommt.

Im Verlauf einer intensiven Meditationspraxis wird man mit dem Atem so vertraut, daß sich selbst bei einem plötzlichen, nächtlichen Erwachen das sofortige Gewahrsein des Atems im Körper einstellt. Viele Menschen haben gerade in diesen Stunden vor Anbruch der Dämmerung zu tiefer Einsicht und Wachheit gefunden.

Wenn das Gewahrsein in die erwachende Welt zurückkehrt und sofort auf den Atem trifft, verweilt es für einen Moment in der Weiträumigkeit des Seins, in der noch keine Identifikation mit „diesem" oder „jenem" stattgefunden hat. Die noch unberührt ist vom rastlosen Traum unseres normalen täglichen Kummers. Und kaum daß wir wach sind, erwachen wir.

Mit der Trauer arbeiten

Auf dem Pfad der Heilung, der in das Herz hineinführt, sind wir oftmals aufgerufen, unsere Trauer zu ergründen. Trauer ist die harte Legierung, aus der die Panzerung des Herzens besteht. Wie eine Hand, die das Feuer spürt, schreckt der Geist davor zurück, etwas zu verlieren, das ihm lieb und teuer geworden ist. Wenn sich der Geist an seine Trauer klammert, rückt die Weiträumigkeit des Herzens oft in große Ferne.

Manche glauben, daß sie so etwas wie Trauer nicht kennen. Doch damit bekunden sie nur, wie beharrlich wir danach streben, uns selbst zu verleugnen und abzuschirmen. Manche Menschen sagen auch: „Ich habe noch nie jemanden verloren – warum sollte ich also traurig sein?“ Wenn es nur so einfach wäre!

Die meisten halten Trauer für einen vorübergehenden Kummer. In Wahrheit aber ist sie um vieles subtiler. Jeder von uns empfindet Trauer. Jeder von uns trägt vermutlich eine offene Lebensabrechnung, einige unerledigte Geschäfte mit sich herum. Diese Unentschiedenheit gegenüber sich selbst und der Vergangenheit, dieses mühevoll gewahrte Selbstgefühl ist gleichsam ein vorherrschendes Thema der unvollendeten Symphonie innerer Sehnsucht.

Unsere Trauer manifestiert sich als Selbstverurteilung, als Angst, als Schuldgefühl, als Wut und als Mißbilligung. Sie äußert sich in der beständigen Unbarmherzigkeit, mit der wir uns selbst und einer Welt begegnen, die uns meist nur am Rande interessiert. Unsere Trauer ist unsere Furcht vor Entbehrung, vor dem Unbekannten, vor dem Tod. Trauer ist die in uns zurückbleibende Schürfwunde, wenn uns etwas entrissen worden ist, woran wir mit größtem Eifer festgehalten haben – wenn es in unerreichbare Ferne rückt.

Auf subtileren Ebenen erkennen wir, daß unsere geistige Tendenz zur Verklammerung und Verhaftung, zur Bewertung und Mißbilligung ein alltäglicher Aspekt der Trauer ist. Sie stößt uns uns in ein Gefühl der Unzulänglichkeit, der Sehnsucht nach einer anderen Lage der Dinge.

Wenn wir damit beginnen, die Energie der Vergebung auf uns selbst und andere zu richten, erheben sich oftmals Stimmen in uns, die uns diese Art des Gebens und Empfangens verwehren wollen. Diese Stimmen wollen uns glauben machen, daß wir unwürdig und minderwertig seien. Das ist der Punkt, an dem wir uns von den anderen isoliert fühlen, an dem wir viele unserer Charakterzüge nicht wahrhaben wollen und deshalb der Entfaltung unseres Herzens kaum Beachtung schenken. Wir blicken in den verzerrenden Spiegel unserer Selbsteinschätzung und wundern uns darüber, daß wir in ihm so entstellt, so inakzeptabel, so unvollkommen und unliebenswert erscheinen. Diese Art der Trauer ist uns allen gemeinsam.

Doch wir können mit der Trauer durchaus zurechtkommen. Wenn wir unser Herz für das Leid der Seele öffnen, finden wir in uns den Raum für barmherziges Forschen. Indem wir uns ganz sanft auf die Verhärtung unserer seit langem angestauten Trauer zubewegen, auf die wir fast immer mit Abneigung und Widerwillen reagiert haben, entdecken wir das unerforschte Territorium zwischen dem Herzen und dem rationalen Geist. Und mit einem befreienden Seufzer gestehen wir uns ein, wie oft wir unseren Gefühlen mißtraut haben. Indem wir ergründen, *was* wir fühlen und nicht analysieren, *warum* wir etwas fühlen, werden wir der labyrinthähnlichen Struktur unserer Trauer und unserer unerledigten Geschäfte gewahr – jener Relikte alter Erfahrungen, die wir am Wegesrand des Lebens verloren hatten. Und in die Dunkelheit tausender Augenblicke der Hilflosigkeit und Hoffnungslosigkeit fällt das Licht eines klaren und mitfühlenden Gewahrseins. Was einst so unberührbar erschien, wird von den zärtlichen Armen der Vergebung und des Mitempfindens umfangen, und die Panzerung beginnt zu schmelzen. Der Pfad zum Herzen wird klarer und ebnet sich. Wir werden gewahr, wie sich uns durch das Ergründen unserer Trauer und unserer alten Leidenswege der Pfad zur Freude erschließt. Gerade jene, die mit ihrem Schmerz und mit ihrem Kummer am innigsten vertraut waren, haben wir als die unbeschwertesten und heilsten Wesen kennengelernt.

Manche mögen sich zu dieser Meditation hingezogen fühlen, weil sie den Tod eines geliebten Menschen noch nicht verarbeitet haben. Andere, die entweder selbst oder durch einen nahestehenden Menschen mit dem Leid einer körperlichen Erkrankung konfrontiert sind, suchen nach einer tieferen Heilung. Manche nähern sich ihr als demütige Bittsteller, um sich der kollektiven Last unerfüllter Träume und der vielfachen Entbehrung in einer Welt stetigen Wandels zu entäußern. Sie opfern den namenlosen, unerklärten Kummer, dessen Last sie so ermattet hat.

Diese Meditation verbindet uns mit den nicht vergossenen Tränen, mit dem ungelachten Lachen und den ungelebten Augenblicken. Man muß nicht unbedingt einen lieben Menschen verloren haben, um aus dieser Erkundung Nutzen ziehen zu können. Sie schafft im Herzen Raum für unseren Schmerz, für unsere Heilung, für unser Leben.

Die Umwandlung des Schmerzpunktes zum Berührungspunkt des Herzens

In der Mitte der Brust, zumeist in Höhe der Brustwarzen am Brustbein, befindet sich das Herz-Zentrum. Es ist ein Energie-Brennpunkt, der insbesondere dann sehr sensibel reagieren kann, wenn wir von intensiven Gefühlen der Trauer, der Unsicherheit, der Angst und der Entbehrung überwältigt werden. Diese sensible Stelle in der Brustmitte ist der Schmerzpunkt – ein seelisch-körperlicher Konvergenzpunkt, an dem sich langfristig angestauter seelischer Schmerz (Trauer) im Körper verhärtet und eine dicke Panzerung gebildet hat. Es sind die lange unterdrückte Einsamkeit und Angst, die Unentschiedenheit und Wut, die wir immer wieder hinuntergeschluckt und in den Durchlaß zum Herzen hineingestopft haben. Ein Felsbrocken, den wir als Bollwerk gegen unser Wiedererwachen in den Höhleneingang gerollt haben. Diese feinfühlige Region des Herzens (sie entspricht in der Terminologie der Akupunktur dem „Konzeptionsgefäß 17“) ist der Schmerzpunkt und der Berührungspunkt des Herzens zugleich. Die Umwandlung tritt ein, wenn die Trauer aus dem Geist der Isolation und Sorge, des Widerstandes und der Angst in das Herz des Erbarmens, der liebevollen Güte und des reinen Gewahrseins hinabzusinken beginnt. Nach dem Einbeziehen des Kummers in unser Herz besteht keine Isolation mehr – nur noch eine Einheit des Seins, die all unsere Leben miteinander verbindet.

Eine geleitete Meditation der Trauer

(Man kann sie einem Partner langsam vorlesen oder auch allein mit ihr arbeiten.)

Suche dir in einem ruhigen Zimmer einen bequemen Platz zum Sitzen.

Nimm dir einige Augenblicke Zeit, um dich in der Stille zu verankern.

Lenke deine Aufmerksamkeit allmählich auf die Mitte der Brust.

Zentriere das Gewahrsein an diesem Ort erhöhter Sensibilität. Beachte jedes Schmerzgefühl an dieser Stelle. Äußert sich deine innere Sehnsucht hier in einem körperlichen Schmerz?

Drücke mit dem Daumen sanft auf diesen Punkt der Trauer und der Liebe.

Verstärke den Druck schrittweise. Spüre den Knochen des Brustbeins, als wäre er eine Panzerung, die das Tor zum Herzen verschließt. Als wäre er die Sperre, die dir den Eintritt in deine weiträumige Natur so oft verwehrte.

Drücke stetig und teilnahmsvoll, aber ohne jede Gewalt auf diesen Punkt.

Übe einen sanften, beständigen Druck aus. Laß das Leid in dein Herz hinein. Atme dieses Leid durch diesen Punkt hindurch in dein Herz.

Schiebe es nicht länger beiseite. Drücke deinen Daumen hinein.

Laß es ein.

Atme dieses Leid durch den Schmerzpunkt ein.

Drücke mit dem Daumen fest, aber ohne Gewalt in diesen Schmerz hinein. Öffne das Gewahrsein mehr und mehr für diesen Empfindungspunkt inmitten deiner Brust. Ein Gewahrsein, das über diesen Druck auf den Schmerzpunkt die jahrelang angeschwemmten Sedimente verdrängter, unartikulierter, unerforschter Gefühle durchdringt. Das tief eintaucht in die Ohnmacht unserer normalen, alltäglichen Trauer, die so hart wie Stein geworden ist.

Drücke in den Schmerz hinein. Durchdringe den Widerstand gegen das Leben. Gehe über die Angst, die Zweifel, das Mißtrauen hinaus.

Durchdringe die Gefühle der Unsicherheit. Durchdringe die umklammerten Gefühle fehlender Liebe. Durchdringe die ungezählten Augenblicke, in denen du dich selbst aus deinem Herzen verstoßen hast. Die Urteile, die Sehnsucht, die Wut.

Durchdringe den verheimlichten Kummer. Die Scham, die geheimen Ängste, die unerwiderten Leidenschaften, die du immer für dich behalten hast.

Laß den Schmerz endlich ein.

Habe Erbarmen mit dir selbst.

Laß ihn ein.

Laß das Leben endlich ein. Atme diesen Schmerz in dein Herz hinein. Laß ihn durch die Fesseln und Panzerungen eines ganzen Lebens strömen. Laß ihn ein. Laß ihn endlich ein.

Laß dein Herz zerbrechen. All die Verluste, all die Kränkungen, all die Kümmernisse eines ganzen Lebens, die sich Schicht für Schicht dort abgelagert haben und dich vom Leben trennen. Die das Tor zu deinem Herzen versperren.

Drücke hinein. Atme sie in dein Herz.

Laß dein Herz all die Aspekte deines Lebens erkennen, die du nicht wahrhaben wolltest.

So wenig Raum hast du dem Leid in deinem Herzen gegeben. Laß es ein. Empfange es mit Erbarmen, nicht mit Angst oder Ablehnung.

Wiege das Leid in deinem Herzen. Jeder Atemzug schaukelt die Wiege sanft hin und her.

Alles Leid in unserem Herzen, dem wir uns so lange verschlossen haben, strömt nun mit jedem Atemzug in uns hinein. Alle Notrufe, die wir ignoriert haben. Alle Nachrichten aus einer leidenden Welt. Einer Welt, die innerlich und äußerlich in Flammen steht. So viele Hände, die die glühende Kohle unserer Sehnsucht und unseres Schreckens umklammern.

All die Kinder, die mit aufgeblähten Bäuchen und tränenden Augen verhungern. Die Myriaden von Fliegen, die über ihre Leichname herfallen.

All die Frauen und Männer, die mißhandelt wurden und in diesem Augenblick mißhandelt werden. All das Leid der Welt, das in diesem einen Moment durchlebt wird.

All ihr Schmerz. All unser Schmerz.

Atme ihn ein. Laß ihn ein.

Auch deine Kinder werden sterben.

Und deine Enkelkinder.

Atme es ein.

Will die Angst auch Einhalt gebieten – gehe weiter, im Erbarmen mit dir selbst, mit der tiefsten Heilung.

Drücke den Daumen sanft in die Angst hinein. Sanft und zugleich fest. Nicht zur Bestrafung, sondern in der Bereitschaft, über die alte Geborgenheit und Resignation hinauszuschreiten. Hinaus über alte Ängste. Habe Erbarmen mit dir. Laß dieses Leid, dem du immer ausweichen wolltest, in das Herz der Heilung strömen.

So viel Leid.

So viel Schauspielerei.

So viel Verheimlichung.

Lebenslange Angst, Wut, Skepsis.

Laß sie ein. Laß sie ein.

Es ist so schwer, mit verschlossenem Herzen zu leben. Es ist so schwer, hinter einer Mauer der Abwehr und Angst zu leben. Unerreichbar für das Leben, für uns selbst.

Erbarme dich.

Das zärtliche Herz nimmt all deine Wesenszüge in sich auf, die es als Selbstverwöhnen abtun wollen, daß du dir selbst vergibst. Diesen grausamen, gefühllosen, urteilenden Geist. Diese kalte Gleichgültigkeit gegen das Leid anderer und unser selbst. Laß diese Trauer im offenen Herzen zerrinnen.

Atme sie in dein Herz hinein. Laß sie zerschmelzen. Laß sie Heilung finden.

Laß uns im Leben weiterschreiten.

Alles Leid dieser Welt, alle Angst dieser Welt. All die Augenblicke, in denen wir uns selbst gehaßt haben. All die Augenblicke, in denen wir lieber tot gewesen wären – sie alle schlummern in unserer Brustmitte unter der Panzerung, die sich nun langsam auflöst.

All die Momente, in denen wir unsere Wünsche nicht zu äußern wagten, weil wir glaubten, daß man uns dann nicht mehr lieben würde. All die Momente, in denen wir uns fragten, was die Liebe überhaupt sei. All die Momente, in denen wir enttäuscht waren – sie alle schlummern dort, inmitten unserer Brust.

So viel Verlangen. Atme dieses Leid in dein Herz hinein. Laß es ein.

Laß es ein.

Jeder Atemzug, der durch den Schmerzpunkt in uns einströmt, trägt das Leid direkt ins Innere unseres Herzens.

So viel Raum für unser Leid entsteht in unserem Herzen, wenn wir uns vom Widerstand, von unserem Schutzschild lösen. Es ist nicht leicht, sich in unserem winzigen Körper, in unserem zerbrechlichen Geist diesem Leid zu öffnen – also atme es in das unermeßliche Herz hinein.

Das Herz des Erbarmens trinkt unseren Schmerz. Öffne dich.

All die Befürchtungen, daß wir in den Augen Gottes nicht gut genug seien, daß wir nicht von ihm geliebt würden – atme sie ein.

All die Ängste, daß wir in Ungnade gefallen seien, daß ein Fluch auf uns läge, daß wir keine Liebe verdienten – sie alle sind in diesem Schmerzpunkt eingeschlossen. Atme sie ein.

Atme sie ein.

Lebenslange Leiden. Atme sie ein.

Drücke den Daumen in diesen Punkt. Fühle, wie schon der Versuch zur Überwindung, zur Beherrschung der Trauer einen Teil unserer Trauer bildet. Fühle die Erbarmungslosigkeit, mit der wir uns selbst immer wieder ablehnen. Diesen oft so herzlosen Geist, dieses furchtsame Kind, das wir mit uns umhertragen.

Habe Erbarmen mit dir selbst. Laß dies alles in dein Herz hinein. Laß es dein Herz endlich aufbrechen.

Laß es ein.

Unsere Eltern sterben.

Unsere Liebsten sterben.

Unsere Kinder sterben.

Alles, was wir kennen, ist in ständiger Veränderung begriffen. Unablässig wird es geboren und strebt dem Tode zu.

Alle Menschen, die wir lieben, werden immer wieder Leid erfahren. Und wir können nichts tun, um sie vor ihrem Kummer zu bewahren. Es ist so schwer, in dieser Welt zu leben.

Atme es ein. Laß es ein.

Und manchmal geschieht es sogar, daß sich unsere Liebsten das Leben nehmen. Sie können den Schmerz nicht ertragen, sie können die Panzerung nicht durchdringen, hinter der die Heilung wartet. Aber du kannst sie durchdringen. Drücke in diesen Punkt hinein. In diesen Schmerzpunkt im Herz-Zentrum. Öffne dich. Wie lange kannst du deinem Leben noch ausweichen?

So viele unserer Wesenszüge haben wir verdrängt. So viel Scham und Teilnahmslosigkeit. So viele Haltungen, die wir uns nicht verzeihen. So viele Einstellungen, durch die wir uns herabwürdigen. So viel Verzweiflung und Hoffnungslosigkeit – atme sie ein.

Atme sie ein.

Laß den Atem das Leid ins Innerste deines Herzens tragen.

Für alles ist im Herzen Raum. Laß es ein.

Habe Erbarmen mit dir selbst. Laß den Schmerz durch die Angst hindurch in dich ein. All die Augenblicke, in denen wir nicht geliebt wurden und nicht lieben konnten.

All die Aspekte unser selbst, die wir unbewegt ignoriert haben, werden an diesem Schmerzpunkt teilnahmsvoll geachtet und liebevoll in das heilende Herz hineingezogen. Alle Selbstquälerei. Aller Widerwille dagegen, uns selbst zu lieben. All unsere Selbstverurteilung.

Jeder Atemzug trägt den alten Geist in das Herz hinein und läßt ihn in der Umarmung der Güte und Fürsorge zerfließen.

Die Angst vergeht.

Der Zweifel zerrinnt.

Der Schutzschild löst sich auf und legt die leuchtende Windung des Herz-Zentrums frei. Unser schimmerndes Wesen enthüllt sich unter der Oberfläche unserer Trauer. Das Gefühl der Entbehrung verglimmt in der Unermeßlichkeit.

Mit jedem Atemzug strömt Dankbarkeit für alle Momente in uns ein, die wir mit denen teilten, die wir geliebt und verloren haben. Dankbarkeit für das Mysterium der Gemeinschaft.

Die Angst eines ganzen Lebens löst sich im Herzen auf. Laß sie den sanften Druck deines Daumens spüren. Atme dieses heilende Erbarmen direkt in dein Herz hinein. Eine unermeßliche Energie. Laß sie ein.

Laß diese Energie in dein Herz strömen.

Bringe die Schatten ins Licht.

Der Panzer löst sich auf.

Der Schmerzpunkt geht in den Berührungspunkt des Herzens über. Die scharfen Konturen der Empfindungen zerfließen. Zerschmelzen in liebevoller Güte.

Bringe das verirrte Kind nach Hause. Das Herz umfängt den Geist im sanften Atem des Erbarmens, in der zärtlichen Liebkosung der Vergebung.

Wenn sich der Schmerzpunkt in den Herzpunkt verwandelt, beginnt der Körper zu singen. Fühle, daß alle Zellen wie ein trockener Schwamm diese Anteilnahme und Herzensgüte aufsaugen.

Wenn der Schmerzpunkt sein Leid dem Herzen opfert, schweben die belastenden Inhalte des Geistes in der Weiträumigkeit des Erbarmens und des Gewahrseins. Die Empfindungen der Isolation verwandeln sich in ein Gefühl untrennbarer Verbindung zu allen geliebten Menschen, zu uns selbst.

Löse die Hand nun langsam vom Schmerzpunkt und laß deine Hände ruhig im Schoß ruhen.

Der Druck auf diesen Punkt läßt nach.

Beobachte, daß dort, wo der Schmerz zu spüren war, eine Öffnung bleibt.

Die Hand sinkt nach unten, aber du fühlst den Berührungspunkt des Herzens.

Atme in diesen Punkt hinein und aus ihm heraus. Dies ist der Atem des Herzens. Laß das Bewußtsein um diese Strömung zwischen der Welt und deinem Herzen dein ständiger Begleiter sein.

Empfinde das Leid, das deine Aufmerksamkeit zum Herzen lenkte, als ein Eingeweihtwerden in die Heilung, für die du Geburt angenommen hast.

Mögen alle Wesen frei sein von Leid.

Mögen alle Wesen das weite Herz auf den schmerzerfüllten Geist konzentrieren.

Mögen alle Wesen die Freude ihrer großen, unsterblichen Natur erkennen.

Eine Sondierung der Trauer

Das Anwenden der Trauer-Meditation wie auch die intensive Arbeit an der Öffnung des Herzens inmitten der Hölle kann sich als äußerst hilfreich erweisen. Wenn wir den Schmerzpunkt der Trauer gefunden haben, haben wir auch den Berührungspunkt des Herzens entdeckt. Auch hier bietet unser größtes Leid die Möglichkeit zu unserer größten Befreiung. Wir brauchen nicht woandershin zu gehen. An jedem Punkt erreichen wir das Ziel. Es ist „nur so viel", worin alle Arbeit besteht.

Wir alle kennen irgendeine Trauer, die wir ergründen können – wir sind traurig, weil wir uns unvollkommen fühlen, weil unsere Wünsche nicht in Erfüllung gehen, weil wir unser Gesicht oder buchstäblich unsere „Fassade" verloren haben, weil wir voller Verzweiflung den Sand der Unbeständigkeit durch unsere Hände rinnen sehen, weil uns die ewig wechselnden Winde eines unbekannten Universums umwehen. Es kann der Tod von Freunden sein. Für ein Kind kann es der Tod eines Haustieres sein. Es kann die Trennung von guten Freunden und die Wiederkehr alter Schmerzen sein. Es können all die Augenblicke sein, in denen wir uns ungeliebt fühlen. Es kann der Gedanke an die Millionen sein, welche unter jenen leiden, die ihre Macht mißbrauchen – an die Hälfte der Weltbevölkerung, die sich abends hungrig zur Ruhe legen muß. Es kann der alternde Körper sein. Es kann der Verlust des Glaubens sein. Es kann Lebensüberdruß, Kampfesmüdigkeit, Verlust an Liebe, die

Achtlosigkeit bestimmter Handlungen sein – all dies hat das Herz mit einer erstarrenden Kruste umgeben. Es sind unsere ganz normalen Sorgen, unsere unerledigten Geschäfte, unsere täglichen kleinen Tode. Es ist all das, was im Reichtum von „nur so viel" ungelebt blieb.

Oft müssen wir erst den Verlust eines lieben Menschen erleben, bevor wir der Trauer gewahr werden, die schon immer in uns vorhanden war. Und gerade in der tiefen Wehmut über einen solchen Tod erkennen wir, daß uns die Trauer durchaus nicht fremd ist. Sie läßt uns den alten Geist wiedererkennen, den wir allerdings noch nie mit einer solchen Intensität wahrgenommen haben. Die uralten Hüter unseres Selbstbildes, die Barrieren des Herzens treten überdeutlich zutage. Angst, Selbstverurteilung, die Last des von Zweifeln beladenen Körpers, Schuldgefühle und die Wut vieler verpaßter Augenblicke, Gefühle der Niederlage, der Bestürzung, des Abscheus, des Schreckens und der Hilflosigkeit – all dies steigt zur Oberfläche hervor und verdichtet sich zu einem Feuer qualvoller Empfindungen. Keine dieser Regungen oder Erfahrungen ist uns fremd, wenn uns auch einige von ihnen bislang niemals so deutlich bewußt geworden sind. Es war nur ein kleiner Teil unserer alltäglichen Trauer, von dem wir Notiz genommen hatten.

In der tiefen Wehmut über einen Verlust können wir der Trauer, die wir schon immer in uns trugen und die unser Leben beengte, nicht mehr ausweichen. Manche bezeichnen diese alltägliche Trauer als Angst. Viele erfahren sie als einen Zustand quälender Befangenheit. Andere erleben sie als Eifersucht und wieder andere als Nationalgefühl. Immer jedoch ist sie von einem ausgeprägten Gefühl der Abgrenzung und Isolation begleitet. Sie beweist sich in der täglichen Verengung der Wahrnehmung, die unser Bewußtsein für weite Bereiche des Lebens verschließt. Sie besteht in unseren lebenslangen Neidgefühlen und Bewertungen, in unserem Kummer über die kleinen Verluste des Alltags. Sie ist unser Heimweh.

Viele Menschen, mit denen wir sprechen, neigen dazu, den Tod mit Gott gleichzusetzen. Der Tod jedoch ist nicht Gott. Unsere Heimkehr ist nicht etwas, das erst später eine Rolle spielen wird, sondern etwas, das schon jetzt für uns greifbar ist – in jedem Moment, da wir für sie offen sind. So, wie wir das Licht jetzt würdigen, werden wir auch später im Licht verweilen. Der Tod ist ebensowenig Gott wie ein Zaubertrick der Zauberer selbst. Und wie uns ein Zauberer nach der Vorführung den Kunstgriff erklären mag, so mögen wir nach dem Tod vielleicht auch Einsicht in den eigentlichen „Trick" gewinnen. Wenn der „Todes-Trick" nichts Mysteriöses mehr an sich hat, stimmt er uns tiefer auf den unbeschränkten Eintritt in das eigentliche Mysterium ein. Gott ist nicht irgendjemand oder irgendetwas Abgegrenztes, sondern die Soheit jedes Augenblicks, die fundamentale Realität. Ebenso wie Geburt, Krankheit und Alter ist auch der Tod nur eine Station auf dem Weg und hat, wenn man so will, eine universale Eigenschaft: er ist nichts Besonderes. Er ist so natürlich wie Gott und wohnt bereits jedem einzelnen Augenblick inne.

Verwechsle den Tod nicht mit dem Göttlichen. Suche deine wahre Natur nicht woanders. Betrachte sie nicht als etwas Kommendes, sondern erkenne sie als immer gegenwärtige Möglichkeit, die sich dir in jedem Augenblick eröffnen kann. Wenn wir die Trauer unseres Heimwehs nach Gott nicht jetzt ergründen, werden wir vergeblich nach unserer Heilung suchen. Der Tod selbst ist noch keine Heimkehr. Unser Heim ist das Herz, unsere wahre Natur. Gott ist „nur so viel", die unermeßliche Weite unserer ureigenen Natur, lichtvoll und allumfassend – die Seele des Augenblicks.

Trauer kann sich in viele Formen kleiden. Sie ist kein in sich geschlossener Geisteszustand, sondern bezeichnet allgemein einen sehr spezifischen Prozeß. Während eines Retreats über bewußtes Leben und Sterben setzten sich einige Teilnehmer nach einer besonders intensiven morgendlichen Kontemplation über die Trauer einmal zusammen, um ihre Erfahrungen miteinander zu teilen. Zuerst meldete sich ein Mann und sagte erregt: „Ich empfinde keine Trauer über den Tod meines Vaters, ich bin überhaupt nicht betrübt. Ich bin nur verdammt wütend darüber." Anschließend ergriff eine Frau das Wort: „Traurig bin ich nicht, aber ich fühle mich irgendwie bedrückt." Die nächste Person meinte: „Naja, ich weiß nicht, ob es Trauer ist, aber auf alle Fälle finde ich mich irgendwie nicht mehr im Leben zurecht." Eine Frau gab an: „Nein, Trauer spüre ich nicht, ich habe Schuldgefühle." Als nächstes wurden Schamgefühle angeführt, und eine weitere Frau bekundete den tiefen inneren Zwiespalt, in den sie nach dem Selbstmord ihres Bruders gefallen sei. Alle meinten, keine „echte" Trauer zu empfinden, und doch durchliefen alle genau diesen Prozeß. Ihre unterschiedlichen Gefühle waren die Panzerung, mit der die Trauer sie in Berührung brachte. Jede Person brachte den geistigen Zustand zum Ausdruck, der ihr den Zugang zu sich selbst versperrte. Für die meisten ist Trauer eher ein Wort zur Beschreibung des Überwältigtseins durch einen schmerzlichen Verlust als eine Definition der vielfältigen Stimmungen, die diesen ganz natürlichen Prozeß ausmachen. All die Gefühle und Geisteszustände, die an jenem Morgen zum Ausdruck kamen, waren Aspekte der Trauer. Die Frage nach ihrer „Echtheit" können wir also gar nicht erst stellen – wir können nur die Wirklichkeit so umfassend akzeptieren, wie es uns möglich ist.

Wir halten unsere Trauer für einen recht außergewöhnlichen Zustand. Tatsächlich aber ist sie ebenso alt wie unser Selbstbild und uns so nah, daß wir sie oft nicht erkennen, wenn sie uns ergreift. Sie ist unser ganzes Leben hindurch vorhanden, aber erst wenn uns ein großer, unausweichlicher Verlust getroffen hat, nehmen wir sie zur Kenntnis. Wären wir unserer alltäglichen Trauer schon früher gewahr geworden, ließen wir uns vielleicht nicht so leicht überwältigen, wenn sie uns in ihrer ganzen Schwere trifft. Wenn wir uns den kleinen Kümmernissen, den kleinen Verlusten und den kleinen Toden öffnen, dann schaffen wir Raum für den größeren Kummer, die größeren Verluste und den größeren Tod. Indem wir den leichteren Verhaftungen in unserem Herzen Raum geben, entwickeln wir Stärke und Präsenz für die schwereren.

Unter den zahllosen Menschen, mit denen wir gearbeitet haben, hat es nicht eine einzige Person gegeben, die ihre tiefste Trauer als eine völlig neue Erfahrung bezeichnet hätte. Stets war es eine altvertraute Wehmut, die nur tiefer empfunden wurde. Es waren derselbe Zorn, dieselbe Frustration, dieselbe Beklemmung. Die einzige neue Erfahrung schien darin zu bestehen, daß diese Gefühle jetzt so machtvoll in das Bewußtsein drangen und nicht länger zu leugnen waren.

Wir haben die normale Trauer unseres Alltags bekämpft und sie scheinbar unterworfen – in Wirklichkeit jedoch nur verdrängt. Wir haben es gelernt, sie zu überspielen. Und das heißt: „Wenn ich nicht allzuviel empfinde, fühle ich auch keinen allzu großen Schmerz." Wir nehmen einen Tauschhandel vor, der uns bitter macht.

Wenn uns jedoch ein Verlust getroffen hat, dem wir einfach nicht ausweichen können – wenn es unsere Eltern sind, die gestorben sind, unser Ehepartner, unser Liebespartner oder unser eigenes Kind, und wenn es unser eigener Körper ist, der von Krankheit und Siechtum bedroht wird – dann können wir das Leid, das wir schon so lange in uns getragen haben, nicht mehr ignorieren. Wir können den lebenslangen Schmerz nicht mehr unterdrücken. Wir erleben die Gefühle der Isolation, des Zweifels oder der Furcht, die uns oft veranlaßt haben, uns aus dem Leben zurückzuziehen und auf scheinbar sicherem Territorium Zuflucht zu suchen, plötzlich in ihrer ganzen quälenden Wirklichkeit.

Trauer ist ein Prozeß, keine in sich geschlossene Emotion wie Wut, Angst oder Zweifel. Dies sind saloppe Bezeichnungen, die wir wählen, um uns zu betäuben und der Fülle von Arbeit auszuweichen, die noch auf uns wartet – um vor den heftigen Schmerzen, Ängsten und Gewissensbissen zu fliehen, die wir noch nicht ergründet haben. Kürzlich fragte mich jemand: „Muß ich mich denn von allem Zorn befreien, bevor ich meiner Trauer auf den Grund gehen kann?" Der Zorn *ist* unsere Trauer, und solange wir ihn nicht anerkennen und erforschen, fällt es uns schwer, die Gefühle zu ergründen, die dahinterstehen. Manche von uns werden erst dann in der Lage sein, die Zustände und Stimmungen ihrer Trauer wahrzunehmen, wenn sie ergründet haben, inwiefern sie gegen die verstorbene Person irgendeinen Groll gehegt haben. Unerforschter Zorn kann uns von den tieferen Ebenen unserer Trauer ebenso trennen, wie er uns immer von den tieferen Wesenszügen der Person isoliert hat, um die wir nun trauern.

Das Gefühl, keine echte Trauer zu empfinden, keine Verbindung zu ihr zu haben, macht eigentlich schon die Trauer selbst aus. Es ist jenes Gefühl der Abgrenzung von uns selbst und den anderen, auf welches der Begriff „Trauer" voll und ganz zutrifft.

Gehen wir dem Wesen des rationalen Geistes auf den Grund, erkennen wir sehr rasch das tiefe Gefühl der Isolation, das ihm innewohnt. In diesem Gefühl, das sich das fiktive Ich in der Identifikation mit „meinem" Körper und „meinem" Geist zu eigen macht, tritt unsere allgemeine Trauer am deutlichsten zutage. In unserer Trauer, in unserem Schmerz verbirgt sich die unerforschte, unartikulierte Sehnsucht nach innerer Ganzheit.

Wenn wir unser alltägliches Gefühl der Trennung von dem, was uns am liebsten ist und mit dem wir uns von Herzen vereinen möchten, wirklich anerkennen, lassen wir den Kummer und den Schmerz, der unser Herz so oft verkrustet hat, allmählich los.

Wenn manche Menschen sagen, daß sie keinen Zugang zu ihrer Trauer finden, drücken sie damit eigentlich nur aus, daß sie sich ihrem Zorn, ihrer Angst und ihren Zweifeln nicht öffnen können. Sie haben sich so vielen ihrer Eigenschaften verschlossen, haben ihren Geist so lange überspielt und beherrscht, daß sie angesichts des Todes eines geliebten Menschen von der Intensität ihrer Gefühle überwältigt werden und fast keinen Raum in sich finden, in dem sie ihre Trauer verarbeiten, erleben und deren Wurzeln freilegen können.

Die Anerkennung jenes lange angestauten Kummers ist die erste Stufe, wenn wir in unserer Trauer Heilung finden wollen. Wir können die Realität dieser so lange unterdrückten Gefühle nicht mehr leugnen, und wie bei jeder Heilung ist Anerkennung der erste Schritt. Wir können nichts loslassen, was wir nicht zuvor akzeptiert haben. Inneres Forschen vertieft unser Loslassen. Die Furcht, die solche bedrückenden Emotionen stets gegen eine Sondierung abgeschirmt hat, wird nun zu einem Forschungsobjekt und dient uns als Führerin auf einem neuen Territorium. Sie wird unsere Verbündete, die uns leise zuraunt, daß wir uns unseren Grenzen, unseren unergründeten Tiefen nähern – dem Raum, in dem sich alles Wachstum vollzieht. Wir erkennen, daß wir es nie gelernt haben, uns überwältigen zu lassen, unsere Kontrolle aufzugeben und schließlich über unser altgewohntes Leid hinauszugehen. Immer weiter ergründen wir unseren Widerstand gegen das Leben und gegen jene uralte Trauer, die unsere Wahrnehmung so nachhaltig getrübt und unsere Erfahrungswelt auf ausgetretene Pfade stillen Leidens beschränkt hat. Wenn wir Trauer in uns fühlen, sind wir auf eine sehr konkrete Weise nicht mehr so blind für unsere eigene Blindheit.

Auf dieser Stufe des Erkennens, der Bejahung, der allmählichen Anerkennung unseres Zustandes müssen wir viel Güte aufbringen. Eine Güte, die es uns erlaubt, unseren Gefühlen freien Lauf zu lassen. Ein Mitempfinden, das uns einfach zuschauen läßt, wie sich der Prozeß auf seine eigene Weise entfaltet.

Langsam und sehr sanft dringen wir in die dunkle Nacht des rationalen Geistes ein, der einem Verlust gegenübersteht, welcher ihn mit allen früher erfahrenen Verlusten auf einmal in Berührung bringt. Wir gehen ganz und gar in unserer Trauer auf und werden unserer Fähigkeit, Vergangenes zu heilen, so deutlich gewahr, wie es vielleicht in keinem anderen Prozeß möglich ist. Jeder Verlust bietet uns die außergewöhnliche Möglichkeit, von allen Verlustgefühlen frei zu werden. Alle früheren Gefühle konzentrieren sich in diesem einen Verlust.

Unsere Trauer ist ein Reservoir der Entbehrung, ein geräumiger Speicher, in den wir alle früheren Verluste und alle momentanen Wirrnisse unverarbeitet ausgelagert haben. Aus diesem unterirdischen Gewölbe steigen oftmals Gefühle der Hilflosigkeit oder gar der Hoffnungslosigkeit auf. Unsere Trauer zehrt uns auf und gibt uns das Gefühl, nur halb zu leben, nur teilweise Heilung zu finden.

Wir fragen uns oft, ob wir jenes gedämpfte Leid, das wir Trauer nennen, überhaupt empfinden würden, wenn es keinerlei Überreste alter Wehmut in unserem Innern gäbe. Sicherlich würden wir den geliebten Menschen nach wie vor vermissen, aber jedes Vermitteln des Geistes wäre überflüssig, und wir könnten das Gefühl der Allverbundenheit des Herzens ganz unmittelbar in uns wachrufen.

Trauer kann uns erkennen lassen, wie angespannt wir immer gewesen sind. Wenn wir unser Leid akzeptieren, können wir uns über unsere altgewohnten Widerstände hinaus dem Unangenehmen und so auch dem Leben selbst öffnen. Unsere alte Voreingenommenheit löst sich in einer umfassenden Ganzheit auf, und wir können das einstige Leid sich selbst überlassen und uns von ihm lösen, ohne es dabei zu verdrängen. Wir finden wieder zurück ins Leben – in eine Bereitschaft und Offenheit, die den Weg in eine tiefe Heilung ebnet. Mitfühlend und bewußt erleben wir „nur so viel“ und begreifen, daß wir nichts verändern, sondern diesem Augenblick nur voller Anteilnahme und Gewahrsein begegnen müssen – dann kann alles so sein, wie es aus sich heraus ist.

Wenn wir uns den Empfindungen überlassen, die durch den Verlust eines geliebten Menschen in uns aufsteigen, wird uns deutlich die Distanz bewußt, die zwischen dieser Person und uns entstanden ist. Die Erfahrung der Trennung, der Abwesenheit des anderen kennzeichnet die erste Stufe der Trauer. In dieser Erfahrung des Getrenntseins beobachten wir etwas, das nicht allein dem Tod, sondern auch unserer allgemeinen, täglichen Trauer zuzuschreiben ist. Viele Menschen haben zu uns gesagt: „Ich weiß nicht genau, ob ich nun darüber traurig bin, daß er/sie jetzt nicht mehr hier ist – oder darüber, daß ich selbst später einmal nicht mehr hier sein werde." An diesem Punkt mag uns bewußt werden, daß es nicht einfach nur um *mein*, sondern im Grunde um *das* Gefühl der Trennung geht, um die Trauer an sich.

Sobald wir neuerlich mit Trauer konfrontiert werden, verbindet sie uns auf vielfache Weise mit dem Raum in uns, der schon immer von Isolation geprägt war. Sie stellt uns dem rationalen Geist gegenüber und setzt uns der Ebene aus, auf der jene Person eher ein Objekt unserer Gedankenwelt als eine lebendige Erfahrung war. Angesichts der Trauer über den Tod unseres eigenen Kindes denken wir beispielsweise daran, daß wir nie erleben werden, wie es größer wird und später einmal heiratet, und wir stellen uns vor, daß wir keine Enkelkinder haben werden. Wenn wir unseren Freund oder unsere Freundin, unseren Ehepartner oder unser Kind verloren haben, spüren wir, daß es uns nie möglich sein wird, den weiteren Weg dieses Menschen zu begleiten und mitzuerleben, wie er seine Ziele verwirklicht. Wir empfinden brennend deutlich, daß uns etwas genommen wurde. Vielleicht können wir erkennen, daß unsere Lieben unserem Herzen ständig als ein Spiegel dienen, daß sie uns helfen, Zugang zu uns selbst zu finden, indem sie unsere Liebe auf uns reflektieren. Uns wird bewußt, daß sie uns mit dem Raum der Liebe in unserem Innern verbinden. Deshalb empfinden wir tiefe Trauer über den Verlust der Verbindung zu uns selbst, wenn wir einen lieben Menschen verloren haben.

So treffen wir im ersten Ergründen der Trauer auf Gefühle der Isolation, der Trennung zwischen „mir" und dem „anderen". Wenn wir sie auch schon von früher her kannten, haben wir ihnen doch kaum jemals Beachtung geschenkt – es sei denn, daß bedrückende Zustände wie Wut, Angst, Neid oder Zweifel die Distanz zwischen Herz und Geist vergrößert haben. Vielleicht stoßen wir auf Gefühle der Reue, des Schuldbewußtseins oder des inneren Zwiespalts. Sie überraschen uns jedoch nicht, sondern versetzen uns in die Lage, die Entwicklung all dieser Zustände zu beobachten und einen immer tieferen Einblick in den Prozeß zu gewinnen. Wir erkennen, daß auch die

Trauer ihren ureigenen Charakter hat, daß sie eine eigene Stimme und Struktur besitzt, daß sie sich in bestimmten körperlichen und geistigen Mustern manifestiert. Und wie schwer es uns auch fallen mag – wir schließen zuletzt mit unserer Trauer Freundschaft und werden so daran erinnert, wie lange wir achtlos waren, wie lange wir in unserem kleinen Käfig gesessen und unsere Arme durch die Gitterstäbe gestreckt haben, ohne mit dem anderen wirklich in Kontakt getreten zu sein. Diese Erkenntnis macht uns frei. Die Zukunft wird nicht mehr von der Vergangenheit herbeigezwungen. Uns wird klar, daß es für unser Leid eine Alternative gibt. In tiefer Versöhnung gestehen wir uns ein, wieviel Mitgefühl wir uns selbst schenken müssen, um völlig lebendig zu sein, und wie schwierig es ist, allein im rationalen Geist zu leben und dennoch imstande zu sein, den anderen mit jedem Atemzug in unserem Herzen aufzunehmen.

Wenn sich der Prozeß der Trauer vertieft, wenn der Geist allmählich im Herzen versinkt, erkennen wir voller Anteilnahme und Gewahrsein die Kraft, welche uns für den Schmerz öffnet. Vielleicht dauert das Monate oder sogar Jahre. Das Herz hat sein eigenes Zeitmaß. Selbst wenn der Geist im Herzen versinkt, kann es Perioden geben, in denen es nicht möglich ist, dem Schmerz sanft und aufmerksam zu begegnen, denn der Geist stellt sich uns mit seinen tief eingeprägten Ansprüchen, Spannungen und Machtbedürfnissen in den Weg.

Wenn der Geist im Herzen versinkt, kommen Momente, in denen wir spüren, daß es eine Trennung weder gibt noch jemals gegeben hat. Vielleicht steigt sogar die Ahnung einer Verbindung in uns auf, die schon bestand, als wir noch nicht geboren waren – eine Ahnung der Unsterblichkeit unserer essentiellen Einheit.

Ist der Geist so tief im Herzen versunken, daß wir sogar einen fast unerträglichen Schmerz akzeptieren und mit dem in Berührung kommen können, was die Mutter eines ermordeten Mädchens „unsere gemeinsame Göttlichkeit" nannte, finden wir im innersten Lebenskern Heilung. Auch wenn wir uns nach wie vor zuweilen sehr niedergeschlagen fühlen, wirkt die Heilung fort. Es überrascht uns nicht mehr, daß wir uns manchmal einfach nicht öffnen können, daß sich unser Befinden sehr rasch ändert und unsere Heilung sich in keinen Plan einfügen läßt. Wir stellen fest, daß wir Stunden oder auch Tage einer Aufgeschlossenheit und tiefer Verbundenheit erleben können und am nächsten Morgen bemerken, daß sich unser Herz scheinbar schon wieder verschlossen hat. Wir empfinden Enge, wo wenige Stunden zuvor noch Raum und Weite zu spüren war. Doch wenn die Heilung ihrer selbst gewahr wird und unsere innere Kraft und unermeßliche Güte weckt, schaffen wir in unserem Herzen Raum für uns selbst, auch wenn unser Herz verschlossen scheint.

Auf dieser Stufe unserer Trauer und unserer Heilung kann nichts das Gefühl des Seins in uns zerstören. Wir empfinden keine Trennung mehr, und unsere Verbundenheit offenbart sich außerhalb aller meßbaren Zeit.

Eine noch größere Tragödie als der Verlust eines Kindes oder der Tod eines lieben Freundes kann aber mangelnde echte Gemeinschaft mit denen sein, die uns täglich nahe sind.

Wir müssen alle ohne Ausnahme an der Heilung der Trauer arbeiten, die uns von unseren Lieben trennt, damit wir allmählich unsere Ganzheit finden und sie mit ihnen teilen können – jetzt, in diesem Augenblick.

Bei vielen beginnt die Heilung durch das Anerkennen und Ergründen der Trauer erst dann, wenn ihnen ein Verlust entstanden ist. Manche erkennen aber auch schon eher sehr deutlich die „Arbeit, die getan werden muß“ – sie treten ihrem Schmerz *jetzt* gegenüber und begegnen dem Leid *jetzt.* Sie erledigen ihre Geschäfte und öffnen sich der Neuheit jedes Augenblicks. Sie durchbrechen die Kette alten Schmerzes, alter Isolation und Trauer, die ihr Leben, ihre Selbsterfahrung und ihre Beziehungen zu anderen so lange eingeschränkt hatte.

Wenn wir mit der Trauer unserer Seele verschmelzen und uns der kummerbeladenen Welt mit etwas mehr Weisheit und Vergebung nähern, treten wir ganz bewußt und klar in den Augenblick der Heilung ein.

Meditation über die Barmherzige Mutter

(Man kann sie einem Partner langsam vorlesen oder auch allein mit ihr arbeiten.)

Wenn der Schmerzpunkt zum Berührungspunkt des Herzens geworden ist, dann laß die Öffnung in der Brustmitte weiterhin bestehen und atme in sie hinein.

Konzentriere dich auf den Atem des Herzens.

Mit jedem Einatmen strömt liebevolle Güte durch den Schmerzpunkt zum Herzen. Mit jedem Ausatmen läßt du den Schmerz los.

Atme Erbarmen in diesen Punkt hinein. Atme den Kummer aus, die Verklammerung, die Panzerung.

Laß alles im grenzenlosen Ozean des Herzens schweben.

Laß den Schmerz kommen. Laß den Schmerz gehen.

Laß ihn fließen. Umklammere ihn nicht. Wehre ihn nicht ab. Betrachte ihn als das verängstigte Kind, das sich in die liebevolle Umarmung der Mutter schmiegt.

Atme Erbarmen in das Herz hinein, das so viel mächtiger ist als unser Schmerz. Atme liebevolle Güte, die das Herz für alles öffnet – für unser Leben, für unseren Geist.

Aus der Ruhe des Herzens entsteht in deinem Geist die Vorstellung einer liebevollen Präsenz im Raum. Eines freundlichen Wesens, das von ganzem Herzen um dich besorgt ist. Das ist die Barmherzige Mutter.

Fühle ihre sanfte Annäherung und entspanne den ganzen Bauch, um diesen Segen zu empfangen.

Weicher Bauch.

Sanftes Herz.

Die Arme der Barmherzigen Mutter umfangen dich. Du mußt nichts weiter tun, als deinen Kopf an ihre Schulter zu legen.

Ein goldenes Licht geht von ihr aus.

Spüre das Licht, welches die Barmherzige Mutter umgibt. Sieh, wie es ihrem unendlichen Herzen entströmt. Es ist das Licht des mitfühlenden Großen Herzens, das du erblickst, leuchtend in der Güte und Sorge um dein Wohlergehen.

Atme dieses goldene Licht in den Kontaktpunkt hinein, der über den Schmerz hinausführt. Atme das Licht ein.

Atme den Schatten aus.

Schatten zerfließen im goldenen Nebel. Der Schmerz fließt frei im Herzen der Barmherzigen Mutter.

Übergib ihn ihr. Sie hat für alles Raum.

Laß deinen Schmerz im Herzen der liebevollen Güte schweben.

In der innigen Umarmung der Mutter dringt ihr Erbarmen wie ein Bächlein voller Licht in dein Herz. Wird zu einem Strom. Wird zu einem Ozean im Zentrum deiner Brust.

Überflutet den Körper mit Licht.

Eine solche Fülle von Licht. Sie lockert dein Festhalten, löst die Trauer auf. Laß die Heilung ein.

Die Vergangenheit verliert sich wie eine Welle in der ruhigen Oberfläche dieses Ozeans des Erbarmens und des Mitgefühls.

Laß die Welle vergehen. Laß sanft in die Stille los.

Der Schmerz zerfließt im Licht.

Du atmest die unwillige, furchtsame, quälende Vergangenheit wie dunklen Rauch, der sich im Raum verliert, aus dir heraus.

Du atmest das Licht der Heilung, des Erbarmens, der Herzensgüte in dich ein.

Atme die rauchige Dunkelheit lange schwelenden Kummers aus. Gekräuselte, schwarze Rauchfetzen, deren zerfließende Konturen im Licht vergehen.

Löse dich mit jedem Ausatmen vom lange umklammerten Schmerz.

Atme die goldene Aura der Barmherzigen Mutter ein.

Atme den dunklen, schmutzigen Schmerz aus dir hinaus. Die Panzerung schmilzt.

Laß den goldenen Nebel, der dich durchflutet, allen verborgenen Schmerz zerstreuen.

Atme das uralte Leid aus dir heraus, atme das Licht in dich hinein.

Atme den Schatten aus, laß ihn endlich los. Halte das Leid nicht mehr fest.

Der Verzicht auf unser Leid ist die schwerste Arbeit, der wir je gegenüberstehen werden.

Atme das Licht ein, atme den Schmerz aus.

Laß das Licht in dich ein. Laß den Schmerz aus dir heraus.

Atme die Verklammerung, die Gefühllosigkeit, den geheimen Schmerz aus dir heraus. Laß den Geist mit dem Herzen verschmelzen und unsere tägliche Trauer heilen.

Betrauerte, liebe Menschen, die wir in der Ferne verloren glaubten, sind untrennbar mit unserem Herzen verbunden.

All unsere Wesensarten und all unsere aufgegebenen Träume vergehen gemeinsam im Licht. Sie sind der Schauspielerei und Vorspiegelungen so müde – und so willig, ihr Dunkel zu verlassen. Laß endlich los in die unermeßliche, schimmernde Weite deiner wahren Natur, die dir in Gestalt der Barmherzigen Mutter erschienen ist.

Atme ihr Herz in dein Herz hinein. Laß dein Herz in ihrem Herzen zerspringen.

Atme das heilende Leuchten ins Herz hinein. Atme die Unfreundlichkeit, die Furcht, die abgeleugnete Trauer aus dir heraus. Laß all dies endlich los.

Atme das warme, goldene Feuer ihres Erbarmens direkt in dein Herz.

Den Atem der Liebe.

Während du in diesem Lichte atmest und mehr und mehr losläßt, wird der ausströmende Atem immer blasser, immer transparenter.

Mit jedem Ausatmen löst sich deine Verklammerung. Jeder Atemzug, der direkt in das Herz hineinfließt, nährt die Heilung. Mit dem Einatmen der himmlischen Gnade schwindet die Verhaftung.

Der ausströmende Atem wird klarer und klarer.

Jeder ein- und ausströmende Atemzug ist nun von Licht erfüllt.

Das eingeatmete Licht wird immer heller und klarer. Ein goldener Brennpunkt ist im Zentrum des Herzens entstanden. Alles Leid wird von tiefer Zuversicht und barmherzigem Gewahrsein umfangen.

Während sich der ausströmende Atem klärt, dringt ein immer intensiveres Leuchten in dich ein und strahlt aus dir heraus. Heilung, die wir mit den anderen teilen.

Mehr und mehr atmest du das Licht des Erbarmens und des Mitempfindens heraus zu all denen, die seiner bedürfen. Du teilst diese Heilung mit allen unglücklichen Wesen.

Atme das Licht ein. Atme das Licht aus.

Atme das Licht zu allen Wesen. Sende Herzensgüte zu allen fühlenden Wesen auf allen Ebenen des Lebens.

Bade ihr Leid im goldenen Licht der Barmherzigen Mutter. Sende ihre innige Güte mit deinem Atem heraus zu all denen, die sich im Geist des Schmerzes und der Entfremdung verirrt haben. Halte ihren Schmerz nicht fest, sondern laß ihn im Mitempfinden und in der Fürsorge dahinfließen. Atme das Licht der Heilung zurück in ihre Herzen.

Mögen alle Wesen frei sein von Leid.

Mögen sich die Herzen aller Wesen für ihr Leid öffnen.

Das Licht durchflutet ihr gemeinsames Herz.

Alle Herzen ermutigen die Erde zur Heilung.

Dein Atem trägt das Licht zu allen fühlenden Wesen im ganzen Erdkreis zurück.

Mögen alle Wesen frei sein von Leid.

Mögen alle Wesen Frieden finden.

Mögen alle Wesen die Schatten der Vergangenheit im Licht der heilenden Gegenwart zerrinnen lassen.

Mögen Erbarmen und die Sorge um unser aller Wohl unser gemeinsames Leben bestimmen.

Mögen wir lernen, uns selbst und einander in Achtung zu begegnen.

Und mögen wir lernen, in uns selbst alle Menschen zu achten.

Der Herzatem der Wärme und Geduld

Wenn wir uns erst einmal im Berührungspunkt des Herzens verankert haben, kann die vorangegangene Meditation zu einer Übung des Atems der Herzenswärme und Geduld vereinfacht werden. Wir atmen in den Herzpunkt hinein und aus ihm heraus. Wir atmen Wärme ein. Und mit dem Ausatmen öffnen wir uns langsam der Geduld.

Die innige Herzenswärme und Gnade (der Barmherzigen Mutter) strömt mit dem Atem ein. Geduld entwickelt sich. (Kein geduldiges Warten. So etwas gibt es nicht. Entweder wartet man oder ist geduldig. Geduld heißt, in der Gegenwart präsent zu sein.) Dann folgt langsames Ausatmen.

Während die Trauer-Meditation zum Herzen führt, halten der Atem der Herzenswärme und Geduld diese Offenheit aufrecht. So beginnt sich auch unser normaler, schläfriger Alltagskummer zu mildern und zu klären. Wir öffnen uns dem Raum, in dem Befreiung möglich wird.

Mit dem Einatmen kommt die Herzenswärme.
Mit dem Ausatmen folgt langsam, sanft die Geduld.
Und Heilung tritt ein.
Loslösung vom Leid.

Vom Weg abkommen

Wie das Leben verläuft auch die Praxis in Zyklen. Manchmal meditiert man täglich. Manchmal ist man zu beschäftigt, um zu leben. Manchmal ist das Herz offen, manchmal nicht.

Meditation führt den Geist in das Herz. Unser Wachsein kann über Wochen, Monate und sogar Jahre anhalten. Unsere Heilung aber scheint wie eine ansteigende Spirale zu sein. Wir begegnen immer wieder der gleichen Lehre, nur jeweils auf einer neuen Ebene. Hier wartet, wie Buddha sagte, die „Arbeit, die zu tun ist". Manchmal sind wir zu dieser Arbeit bereit. Doch manchmal auch nicht.

In bestimmten Perioden unserer Praxis wird die Arbeit so schwierig und die Heilung geht so sehr in die Tiefe, daß wir uns einfach einmal hinsetzen und umschauen müssen. Manchmal brauchen wir eine Ruhepause, bevor wir uns wieder auf den Weg machen können.

Während einer lebenslangen Praxis kann es Zeiten geben, in denen die Meditation im Hintergrundlärm der Bedürfnisse und Notwendigkeiten unseres Lebens regelrecht untergeht. Und wir befürchten, „vom Wege abgekommen" zu sein. Doch wenn du dich erst einmal dem Herzen verschrieben hast, gibt es nur diesen einen Weg. Seine Beschaffenheit mag sich zwar verändern, aber es wird immer der Weg nach Hause sein.

Laß dich nicht von Stimmen beunruhigen – insbesondere nicht von denen jener Lehrer, die an einer Schar von Schülern verhaftet sind – die schnell mit dem Hinweis bei der Hand sind, daß man „in Ungnade gefallen“ sei. Vertraue deinem eigenen Entwicklungsprozeß, auch wenn sich alte Strukturen auflösen sollten und neue noch nicht gezeigt haben.

Unser Pfad schließt die Zeiten mit ein, in denen wir ihn verlassen. Es sind Augenblicke der Integration und Reflexion. Sie verschaffen uns eine Perspektive. Eine „Denkpause“, wie man so schön sagt – von der wir aber unter Umständen schnell feststellen, daß sie recht unbefriedigend sein kann.

Ein vorübergehender Ausstieg aus der Praxis kann uns auch zeigen, daß das Leben eben keine Methode ist. Daß wir Befreiung suchen und keine handwerkliche Geschicklichkeit. Die Erkenntnis, wie geschickt wir im Umgang mit der spirituellen Technologie geworden sind, bringt uns in den „Anfänger-Geist“ zurück, von dem der Zen-Meister Suzuki Roshi spricht. Und wir vollziehen den nächsten Schritt als „absolute Anfänger“. Wir betreten den Weg von neuem und erkennen, daß es nicht darum geht, gut im Meditieren zu sein, sondern ganz einfach zu *sein* – und zwar mit so viel Erbarmen und Gewahrsein wie möglich. Das Abkommen vom Weg ist oft nichts anderes als ein neuer Schritt auf dem Weg.

Im Verlauf einer lebenslangen Praxis kann sich die Bedeutung des Wortes „Praxis“ beträchtlich wandeln. Praxis ist ein Prozeß. Praxis heißt, jede Gelegenheit zur Aufmerksamkeit, zur Weisheit zu ergreifen. Sie bedeutet, mit Blickrichtung auf die Wahrheit die Prioritäten zu klären.

Das Herz des Mutterschoßes öffnen – Eine heilende Erkundung

Die Heil-Meditationen, um die es im folgenden geht, sind aus der Arbeit mit sexuell mißbrauchten Frauen entstanden, denen sich Ondrea und ich zehn Jahre lang widmeten.

Als es im Verlauf eines zehntägigen Intensiv-Workshops über bewußtes Leben und bewußtes Sterben um die Ergründung der allgemeinen menschlichen Trauer ging, zeigte es sich, daß viele der anwesenden Frauen eine tiefe Schwermut in sich fühlten, die indes nicht auf dem Tod eines nahestehenden Menschen beruhte. Sie betrauerten den Verlust von Vertrauen und Zuversicht, der ihnen aufgrund eines sexuellen Mißbrauchs zugefügt worden war.

Nach einer besonders intensiven Meditation erhob sich eine Frau, um voller Enthusiasmus eine außerkörperliche Erfahrung mit der Gruppe zu teilen, die sie während der Meditation gemacht hatte. Solche Erfahrungen waren zwar nicht der Zweck dieser Meditation, ergaben sich aber immer wieder ganz spontan. Leidenschaftlich schilderte sie ihr Gefühl, mehr als ein Körper zu sein und seine Enge hinter sich gelassen zu haben, als eine andere Frau etwas schüchtern ihre Hand erhob. „Ich will dich ja nicht unterbrechen, aber es ist mir sehr wichtig, etwas zu sagen.“ Sie stand auf. „Wißt ihr, diese ganzen außerkörperlichen Geschichten mögen ja ganz nett und sehr effektvoll sein, aber ich würde viel lieber zur Abwechslung mal eine innerkörperliche Erfahrung machen! Ich wünsche mir, daß mein

Körper mir Sicherheit und Geborgenheit vermittelt und nicht das Gefühl, eine Art Zielscheibe zu sein. Ich möchte mich in meinem Körper wie zu Hause fühlen können – aber das kann ich nicht, denn mein Körper wurde verletzt und verwüstet. Ich habe alle Türen zugeschlagen, und ich finde nicht mehr in ihn zurück." Viele der anwesenden Frauen begann zu weinen, berührt von der Wahrheit, daß ihnen der Körper wahrhaftig keine Sicherheit bot. Und vielen, die sich mit einer schweren Krankheit auseinandersetzen mußten, kamen ebenfalls die Tränen.

Nach dieser ungemein intensiven und bewegenden Sitzung kam eine Frau auf mich zu und sagte: „Weißt du, auch heute ist mein Herz nicht offener und weiter als zu der Zeit, als ich zwei Jahre alt war und von meinem Vater vergewaltigt wurde." Und diese Offenbarung erhellte augenblicklich die Verbindung zwischen dem höheren und dem tieferen* Herzen. Sie zeigte auf, daß viele Frauen nur schwer Zugang zu ihrem höheren Herzen finden, wenn sie um des Selbstschutzes, um des Überlebens willen gezwungen waren, das tiefere Herz, die Gebärmutter, die Genitalien zu verschließen. Daß es ihnen oft nicht möglich ist, sich in einem friedlichen, zuversichtlichen Atemzug zu entspannen. Es wurde deutlich, daß Frauen zwei Herzen haben: das Herz in der Brust und das Herz im Mutterschoß. Und daß die nach einem Mißbrauch des „zweiten", des Mutterschoß-Herzens entstandenen Gefühle der Angst, Skepsis, Wut, Unsicherheit oder sogar Selbstverachtung ihnen den Zugang zu der Weiträumigkeit und Gelassenheit versperren, die ihrem höheren Herzen von jeher innewohnt.

Und wie durch eine gnadenvolle Intuition entwickelte sich aus den Worten jener Frau die Meditation der Öffnung des Mutterschoß-Herzens. Sie wurde von dem Schmerz inspiriert, an dem wir alle Anteil haben. Sie läßt uns teilhaben an der Heilung, für die wir alle die Verantwortung übernehmen müssen. Niemand von uns kann sich von dem Leid isolieren, das der andere in sich trägt.

In den Zeiten, als der gefahrlose Schwangerschaftsabbruch noch nicht legalisiert war, verwendeten Frauen zur Abtreibung oft Mutterkorn, eine Substanz, die eine krampfartige Kontraktion der glatten Muskulatur bewirkt. Wenn aber die Chemikalie

---

* Das Wort „tief" hat hier keinerlei abfällige oder degradierende Bedeutung, sondern kennzeichnet lediglich eine anatomische Gegebenheit.

nicht exakt dosiert, also auf das Gewicht, die Konstitution und den Stoffwechsel der betreffenden Person abgestimmt wurde, dann stellte sich gelegentlich auch Herzrasen ein. Denn Frauen besitzen zwei glattmuskuläre Organe: das Herz und den Uterus.

Wie jede Heilung basiert diese Meditation auf einer behutsamen, teilnahmsvoll und mit dem Gewahrsein vollzogenen Annäherung an das, was erbittert und angstvoll verneint und der Hilflosigkeit preisgegeben wurde. Sie ruft Verlassenes und Enttäuschtes ins Leben zurück. Sie erfüllt die furchtsame Gebärmutter mit dem Licht des Herzens. Sie konzentriert ein tiefes Erbarmen auf uns selbst. Ein inniges Loslassen des Schmerzes in einer unermeßlichen Güte, eines barmherzigen Gewahrseins.

Als diese Praxis unter Hunderten, vielleicht auch Tausenden von Frauen Verbreitung fand, setzten viele von ihnen sie auch zur Lösung anderer Probleme des tieferen Herzens ein. Manche entdeckten, daß diese Meditation nicht nur den hier angesammelten seelischen Schmerz heilen, sondern auch den Rückgang von Gewebswucherungen bewirken oder die Auswirkungen prämenstrueller Syndrome (PMS) mildern konnte. Andere gebrauchten ihre große Gabe der Heilung, indem sie diese Therapie unerledigter Geschäfte in der Gebärmutter auf die Heilung der (unerwarteten und doch vorhandenen) seelischen Nachwirkungen einer Abtreibung abstimmten oder sich mit ihrer Hilfe den Abschied und die innere Klärung nach einer Hysterektomie erleichterten. Manche berichteten, daß sich ihr Krebs zurückentwickelt habe. Und manche gebrauchten die Meditation, um dem neuen Leben in ihrem Schoß zu einer sanften Geburt zu verhelfen.

Schließlich berichteten auch einige Frauen von einem Einfluß dieser Meditation auf ihre Fruchtbarkeit. Von einer solchen Heilung erfuhren wir erstmals, als eine Frau mich ansprach und sagte: „Stephen, ich bin schwanger, und das ist ganz allein deine Schuld.“ Ondrea und ich lachten. Sie erzählte, daß sie in den zurückliegenden zehn Jahren acht Fehlgeburten erlitten habe. Als sie spürte, daß ihr die Meditation helfen könne, „dem Leben in meinem Uterus ein wenig gastfreundlicher zu begegnen“, gelang es ihr, sich durch diese Praxis von einigen ihrer Ängste und Mißstimmungen zu lösen und sie durch eine neue Sanftheit, durch eine neue Herzlichkeit und Frische zu ersetzen

– etwas, das sie eigentlich gar nicht für möglich gehalten hatte. Ihre Heilung fand den Weg zurück in ihre eigene Geburt und in die Geburt an sich.

Trotz der Überschwenglichkeit, mit der solche Erfahrungen mitunter geschildert wurden, muß man feststellen, daß diese Meditation für viele sexuell mißbrauchte Frauen ein relativ schwieriges Unterfangen darstellt. Manche berichteten, daß sie der problematischste Teil ihres Tagesablaufs sei, ganz gleich, ob sie sich täglich, wöchentlich oder auch nur monatlich mit ihr beschäftigten. Gleichzeitig aber sahen sie in ihr einen wesentlichen Aspekt ihrer Heilung. Es ist nicht einfach, sich mit einem so tiefen Schmerz zu konfrontieren. Und es erfordert Zeit. Aber haben wir eine andere Wahl, als Heilung zu suchen, Erbarmen mit uns selbst zu haben und den gewaltigen Schmerz loszulassen, den wir in uns tragen?

Seit diese ursprünglich einfache Praxis von jener Frau inspiriert wurde, die uns die Analogie der Herzen bewußt machte (siehe auch das Kapitel „Tiefe Wunden" in *SEIN LASSEN – HEILUNG IM LEBEN UND IM STERBEN*), hat sie sich zu einer dreiteiligen, progressiven Meditation weiterentwickelt. Die Heilung des Mutterschoß-Herzens ist die eigentliche Essenz des Heilungsprozesses. Die Anerkennung. Die „Schicksalswende", bei der sich das Erbarmen dem nähert, vor dem die Angst geflohen war. Der machtvolle Eintritt des Erbarmens, die Brücke zwischen Herz und Enttäuschung. Das Loslassen, das in Wahrheit nichts anderes ist als die gewaltige Aufnahmefähigkeit des Herzens, die Magie der Auflösung unseres scheinbar so unentwirrbaren Schmerzes in einem noch größeren Raum. Und diese Heilung mit allen Wesen zu teilen, die sich in der gleichen mißlichen Situation befinden.

Der erste Schritt ist die Meditation der Heilung in den Körper. Vom Scheitel bis zu den Zehenspitzen wandert die Aufmerksamkeit schrittweise durch den Körper und konzentriert sich in den aufeinanderfolgenden Empfindungsbereichen. Wir fühlen uns mit neuem Erbarmen, in neuer Geborgenheit und aus einer tieferen Ganzheit langsam wieder in den Körper ein. Die Dauer dieser Meditation kann sich anfangs zwischen zwanzig und dreißig Minuten bewegen, abhängig davon, wie ihre Abstimmung auf die jeweils ganz persönliche Situation verläuft. Sollte dich auch nur eine Nuance an ihr stören, dann passe sie ohne Zögern deinen Bedürfnissen an. Wenn dir die

Ausdrucksweise nicht passend erscheint oder dir das Tempo der einzelnen Schritte nicht zusagt, dann zeichne die Meditation mit deiner eigenen Stimme oder der eines Partners bzw. vertrauten Menschen so auf Tonband auf, daß sie deinen Gefühlen, deiner Heilung optimal entgegenkommt. Du selbst bist der Pfad der Heilung, und nichts kann dich so leicht, so barmherzig befreien wie dein eigenes, perfektes Herz. Vertraue deiner eigenen, sicheren Intuition für den richtigen Weg. Gebrauche diese Meditationen so, wie es dein eigener Genius der Heilung empfiehlt.

Eine Frau erzählte, daß es ihr auch nach einer mehrwöchigen körperlichen Sondierung (mittels der Meditation der Heilung in den Körper) noch immer nicht gelungen war, tiefer zu gelangen als bis in Augenhöhe. Sobald ihr Gewahrsein eine bestimmte innere Schwelle übertrat, wurde sie von einer riesigen Welle der Angst und des Widerstandes überflutet – so stark war ihr Mißtrauen gegen ein Überschreiten sicheren Territoriums. Ich fragte sie, wie sie es schaffe, so großen Schmerz zu ertragen. Und sie erwiderte: „Ich kann ihn nicht ertragen. Und deshalb mache ich auch diese Meditation." Selbst in den Grenzen ihres extremen Mißtrauens erlebte sie, daß überall dort die Chance der Heilung bestand, wo sich barmherziges Gewahrsein konzentrierte. Sie hatte bemerkt, daß eine Betäubung, eine Erstarrung in den Bereichen zurückblieb, aus denen sie – infolge eines Gefühls der Angst oder Hilflosigkeit – das Gewahrsein zurückgezogen hatte. Indem sie diese Praxis fortsetzte, fand sie schrittweise Zugang zu verleugneten Elementen ihrer selbst. Und mit der Zeit spürte sie, wie ihr Herz wieder vom Körper aufgenommen wurde.

Es kann schwierig sein, Erbarmen auf etwas auszustrahlen, was lange Zeit erbarmungslos behandelt wurde. Das Wunder ist aber, daß selbst in solch tiefem Schmerz Heilung möglich ist. Hunderte haben uns erzählt, daß diese Meditationen ihrer Erfahrung nach zu den mächtigsten Werkzeugen gehören, mit denen man „lebendig" in Geist und Körper zurückkehren kann. Sie holten sich selbst bewußt ins Leben zurück, inspiriert von neuem Erbarmen und Selbstvertrauen, erfüllt von tiefer Fürsorge gegenüber denen, die sie lieben und von denen sie geliebt werden.

Die zweite Meditation ist die der Öffnung des Mutterschoß-Herzens. Sie beruht auf einem sehr feinfühligen und teilnahmsvollen Gewahrsein, einer liebevollen Güte, die alles heilt und stärkt, was sie berührt. Es ist die Stimme deines eigenen Herzens, die wieder Einlaß in deinen Körper findet und ihn ganz sanft für die Heilung öffnet, indem sie zärtlich durch die Vagina in die weite Wölbung der Gebärmutter wandert und dort den Empfindungen von Augenblick zu Augenblick Heilung bringt. Jede Empfindung wird von Erbarmen, Vergebung und Fürsorge empfangen. Was einmal durch die kalte Gleichgültigkeit eines anderen verletzt wurde, wird nun von Liebe erfüllt. Man heilt das tiefere Herz und öffnet den Zugang zum Herzen, das wir alle miteinander teilen. In dieser Meditation der Öffnung des Mutterschoß-Herzens sollte jeder sein eigenes Zeitmaß und seine eigene Route finden, sollte die Meditation in seine persönliche Heilung integrieren und auch andere hierzu ermutigen.

Wahrscheinlich gibt es niemals zwei Personen, die diese Meditation auf genau dieselbe Art und Weise ausführen. Jede wird ihrem eigenen, einzigartigen Pfad folgen, ihrem eigenen Weg in ihr eigenes Herz. Sie wird dem Herzen ihres Mutterschoßes lauschen. Und sie wird endlich wieder in der Geborgenheit der Herzensgüte geboren, im heiligen Körper des Seins.

Eine Frau, die einige Monate mit der Meditation gearbeitet hatte, berichtete, daß sie sich jeden Tag ein wenig leichter fühle, obwohl diese Praxis immer die „größte Strapaze“ für sie sei. Jeden Tag erlebte sie einen weiteren, winzigen Hauch neuen Vertrauens und Erbarmens, neuer Zuneigung für sich selbst. Eines Morgens, als sie den Frühstückstisch für ihre Kinder deckte, schaute sie auf und erblickte die Wand. „Ich *sah* einfach die Wand“, sagte sie, und Tränen liefen über ihr Gesicht. „Es war ein Wunder. Ich war einfach nur da. Alle Angst und Wut, aller Zweifel war verflogen. Ich war einfach da – und sah nur die Wand. Es gab nicht den geringsten Wunsch, *irgendwo* anders, *irgendjemand* anders, *irgendetwas* anderes zu sein. Dieser Raum, in dem ich stand, war mein Zuhause. Ja, die Welt war endlich mein Zuhause.“ In den folgenden Jahren half sie vielen Menschen, mit dieser Meditation zu arbeiten und den eigenen perfekten Weg in ihr eigenes perfektes Herz zu finden.

Die letzte Meditation, die Gemeinsame Heilung, ist eine Meditation der Herzensgüte. Sie schöpft aus der heilenden Arbeit an uns selbst und übermittelt sie allen, die dasselbe Leid erfahren. Auch wenn wir uns in einem solchen Zustand einsamer fühlen mögen als irgendwann sonst, sind wir in Wirklichkeit doch Teil eines gewaltigen Leidensstromes, der in diesem einen Augenblick Tausende, Zehntausende, ja vielleicht Millionen fühlender Wesen erfaßt, die ebenso wie wir selbst nach Erlösung streben. Die ebenso wie wir nichts anderes wollen, als friedlich in dieser konfusen und oft aggressiven Welt zu leben.

Viele der Frauen, die mit diesen Meditationen gearbeitet haben, bekundeten, daß sie nach einigen Sitzungen körperlicher Sondierung und Integration recht schnell zur zweiten Stufe, der Mutterschoß-Meditation übergehen konnten. Nach einer gewissen physischen Einfühlung genügten ihnen schon wenige Minuten, um sich in den Körper hinein zu öffnen und diesen nächsten Schritt zu gehen. Natürlich erlebten sie neben Perioden, in denen der Geist klar, der Körper entspannt und das Herz voller Erbarmen war, auch solche, in denen sie glaubten, dieser Praxis zum allerersten Mal gegenüberzustehen. Es ist die Natur des sich ewig wandelnden Geistes, daß seine Konzentration und Energie, Geduld und Entschlossenheit ständig variieren. Befinden sich diese Faktoren jedoch im Gleichgewicht, ermöglichen sie ein vereintes Fließen heilender Kräfte. Und aus dieser inneren Fokussierung entwickelt sich das Gefühl einer ungeahnt klaren Lebensorientierung.

Eine Frau sagte: „Wenn ich hiermit klarkomme, dann komme ich mit allem klar! Ich glaubte immer, daß körperliche Liebe für mich absolut unmöglich sei, und nun empfinde ich für fast alles Liebe, was ich sehe und höre. Es war so hart, diese Praxis zu durchleben, und doch war ich in meinem Leben nie glücklicher als jetzt."

Wenn man sich zu diesen Praktiken hingezogen fühlt, mag es ratsam sein, mit einem Therapeuten oder einem Menschen zusammenzuarbeiten, dem man tiefes Vertrauen entgegenbringt und mit dem man aufrichtig über den Prozeß der Loslösung vom Schmerz und über die Entfaltung eigener, machtvoller Heilkräfte sprechen kann. Arbeitest du mit jemandem in dieser Weise, erwäge auch, die Meditationen mit dieser Person zu teilen, damit sie ihr Gefühl für die Methode und ihre Abstimmung auf deine Situation vertiefen kann.

Nach wie vor befinden sich diese Meditationen in einem Entwicklungsprozeß. Das Herz allein weiß genau, wie sie am besten anzuwenden sind. Setze sie bitte zu deinem Nutzen und zum Wohle aller fühlenden Wesen ein. So entfaltet sich auch die Freude der sich anschließenden Meditation gemeinsamer Heilung in liebevoller Güte. Das Ziel wahrer Heilung ist, daß wir sie an andere weiterreichen.

Die Erfahrung zeigt, daß diese Meditationen auch für Männer von großem Nutzen sein können. Ein Mann, der sich erstmals mit ihnen beschäftigt hatte, kam mit Tränen in den Augen auf uns zu und sagte: „Wißt ihr, ich habe nie jemanden verletzt oder vergewaltigt. Ich bin einfach ein normal veranlagter Mann, aber diese Meditationen haben mich tief bewegt. Und ich weiß jetzt, daß ich eine Frau nie mehr achtlos oder rücksichtslos berühren werde." Wenn Männer ihrer Gebärmutter gewahr werden, vertieft sich in ihrem Herzen die Empfindung, die sie den Frauen und dem Frieden entgegenbringen.

Wenn dir diese Praxis geeignet erscheint, solltest du auch das bereits erwähnte Kapitel „Tiefe Wunden" in *SEIN LASSEN – HEILUNG IM LEBEN UND IM STERBEN* berücksichtigen, das einen vielfältigen Einblick in die Art und Weise vermittelt, wie andere sich dieser Praxis angenähert haben.

Bitte eigne dir diese Meditation innerlich an. Es ist dein angestammtes Recht, diese Heilung zu finden.

Eine Anmerkung zur Meditation der Heilung in den Körper

Die Meditation der Heilung in den Körper gestattet es einem heilenden Gewahrsein, den Körper zu erforschen. Sie ist eine zweckmäßige Vorbereitung auf die Praxis der Mutterschoß-Meditation. Sie bietet einen neuen, sicheren Eintritt in den Körper. Wie jede andere Heil-Meditation belebt sie verlassene Bereiche in Geist und Körper mit neuer Anteilnahme und neuem Gewahrsein.

Viele, die diese Übung mindestens zwanzig Minuten täglich praktiziert haben, beobachteten eine Befreiung von Schmerzen, die der Körper lange umklammerte. Uralte Verhärtung lockert sich, unsere toten Punkte werden mit neuer Lebendigkeit erfüllt und es entsteht eine direkte Verbindung zur Lebenskraft.

Diese durch Mitgefühl und Selbstvergebung sublimierte Ausbreitung von heilendem Gewahrsein im Körper erlaubt das geradlinige Wahrnehmen sinnlicher Empfindung, und dieser Kontakt wird zu einem Kanal für die Energien des Herzens. Wir nähern uns endlich einer Vollendung unserer Geburt. Einer Verbindung unseres Schmerzes wie auch der vom Schmerz betäubten Bereiche mit einem neuen Erbarmen, mit einer tieferen Heilung.

Vielleicht begegnen wir hier der Alchimie, auf die sich Jesu Mahnung bezieht, daß wir von neuem geboren werden müssen. Daß wir immer wieder ins Leben eintreten müssen. Immer wieder müssen wir neu beginnen. Uns zur Oberfläche emporkämpfen (und in die Tiefen hinab), um wieder unseren allerersten Atemzug zu schöpfen. Um neu im Leben zu erwachen. Um in den Körper einzutreten und Geburt anzunehmen, damit wir gemeinsam mit allen fühlenden Wesen Heilung finden. Um heiligen Atem zu schöpfen und jenseits des Schmerzes geboren zu werden. Um ganz und gar lebendig zu werden.

Meditation der Heilung in den Körper

(Man kann sie einem Partner langsam vorlesen oder auch allein mit ihr arbeiten.)

Nimm in einem ruhigen Raum auf einem bequemen Stuhl oder auf einem Kissen Platz.

Fühle einfach, was hier sitzt. Fühle diesen Körper, in dem dein wahres Wesen wohnt.

Lenke deine Aufmerksamkeit zunächst auf den obersten Punkt des Kopfes.

Fühle einfach, wie nach und nach Empfindungen im Gewahrsein entstehen.

Vielleicht braucht das Gewahrsein ein wenig Zeit, um sich dort zu zentrieren.

Laß das Gewahrsein die Weichheit der Kopfhaut gegenüber dem Schädeldach erspüren.

Während sich das Gewahrsein im Körper verankert, tritt der Erkundungsbereich immer klarer hervor. Nimm die Empfindungen wahr, die der Kontakt der weichen Kopfhaut mit dem harten Schädel bewirkt. Laß diese Empfindungen der Rundung des Schädels folgen, die dem Kopf seine Gestalt verleiht.

Erlaube dem Gewahrsein, langsam in die Stirn zu wandern. Spüre alle Empfindungen, die dort aufkommen mögen, vollständig und klar.

Fühle, wie die Stirn zu den Seiten des Kopfes ausläuft, um die Schläfen zu formen.

Begegne jeder Empfindung in diesem Bereich mit der freundlichen Bereitschaft, sie bestehen zu lassen.

Löse alle Spannungen, die um die Augen herum spürbar werden. Laß dies sanfte Gewahrsein erkunden, wie die Augen in ihren Höhlen ruhen, wie fester Knochen sie umschließt.

Nun folgt das forschende Gewahrsein den Empfindungen in die Weichheit der Wangen.

Fühle die Zähne im Innern des Mundes und das Zahnfleisch, das sie umschließt.

Wo auch immer sich das Gewahrsein zentriert, erscheinen unaufhörlich neue Empfindungen.

Beobachte, wie die Zunge im Munde liegt. Drückt sie gegen den Gaumen? Drängt sie sich in die untere Höhlung des Mundes? Schiebt sie sich gegen die Zähne?

Erfahre das Leben im Körper als sinnliche Empfindung.

Erlebe einen Bereich nach dem anderen in einem barmherzigen Gewahrsein, das ganz und gar in das Leben eintaucht.

Registriere das Prickeln an der Nasenspitze. Die Wärme, die Weichheit der Lippen.

Fühle, wie sich die Muskeln des Kiefers entspannen und dem Leben öffnen – voller Erbarmen und Güte.

Nimm die Empfindungen hinter den Ohren wahr. Spüre die Präsenz der Ohren an den Seiten des Kopfes.

Fühle das gesamte Gesicht, den ganzen Kopf – sein weiches Fleisch, seine harten Knochen, sein unmerkliches Vibrieren. Erfühle seine warmen, vielleicht auch kühlen Bereiche.

Du brauchst nichts hervorzurufen. Erlebe die Empfindung so, wie sie aus der Lebenskraft des Körpers entsteht.

Erlaube dem Gewahrsein, die vielfältigen Empfindungen zu erleben, die in verschiedenen Teilen des Kopfes und des Gesichtes erscheinen – während es langsam in den Bereich des Halses wandert.

Auf seinem Weg durch die Kehle wird das Gewahrsein noch sanfter, um alle Spannungen zu erfühlen, die sich dort bemerkbar machen könnten. Vielleicht sitzt dort ein dicker Knoten unausgesprochener Worte, vielleicht dumpfe Furcht. Vielleicht erstreckt sich dort nur ein offener Raum. Achte aber auf alle Geheimnisse, die sich dort eingegraben haben. Manche so oft hinuntergeschluckte Wut und Beklemmung kann sich in einer Verhärtung bemerkbar machen.

Barmherzig und liebevoll nimmt das Gewahrsein die alten Schmerzen in sich auf.

Rufe nichts hervor, sondern öffne dich freundlich diesem Körper und Geist, der schon so lange nach Ganzheit, nach Heilung verlangt.

Gib auf jede Verschlossenheit, auf jede Offenheit acht, die in der Kehle spürbar ist. Empfange sie in einer neuen Gnade – in einer Güte, die Wohlbefinden auf alles ausstrahlt, was so lange vernachlässigt, was immer wieder hinuntergeschluckt wurde, was sich in diesem Körper der Freude und des Schmerzes zu einem Panzer verdichtet hat.

Spüre das Gewicht des Kopfes, das von den willigen Muskeln des Nackens meisterhaft im Gleichgewicht gehalten wird. Und wie perfekt sich der Nacken verbreitert, um die Schultern zu formen.

Spüre, wie sich die langen Muskeln von den Schultern zur Schädelbasis erstrecken – wie sie den Kopf in der Schwebe halten und die Arme tragen. Empfindungen schweben in einem sanften, entspannenden Gewahrsein. Es erlebt diese Schultern, diese Knochen und Gewebe als lebendige Soheit – pulsierend und vibrierend vor Lebendigkeit.

Spüre, wie die Schultern die Arme tragen, wie sich die Arme an die Seiten des Körpers schmiegen.

Spüre die Stärke der Schultern, ihre Muskulatur, ihre Knochen und Sehnen, die ihre wunderbare Fähigkeit zur Bewegung, zum Handeln, zum Dienen so bereitwillig entfalten.

Folge den Empfindungen in den Schultern weiter in die Arme und hinab durch den Bizeps. Fühle, welche Empfindungen im Ellbogen entstehen.

Laß das Gewahrsein durch den Unterarm wandern. Spüre, wie sich dieses Wunder des Lebens in den Armen entfaltet, wie es die Handflächen erfüllt und bis in die Fingerspitzen als feines Vibrieren zu spüren ist.

Fühle, wie diese vibrierende Kraft die Muskeln belebt – wie sie das Gewebe und Fleisch beseelt, welches die Schultern, die Arme und die Hände bildet.

Gestatte es dem Gewahrsein, auch die subtilste Regung der Energie zu registrieren, und laß es nun durch den anderen Arm nach unten wandern – durch die Gefühle der Schulter, des Unterarmes und der Hand. Vielfältige Empfindungen entstehen und vergehen – Lebensenergie, die in jedem einzelnen Augenblick als Sinnesempfindung spürbar ist.

Erforsche barmherzig das Feld der Wahrnehmung, das wir „Körper" nennen.

Beide Arme sind belebt von der Soheit, von der Vibration des Daseins in einem Körper, das wieder in die Welt kam, um zu lernen, um zu dienen, um zu sein. Spüre, wie die Arme diesen Körper umfangen.

Fühle, wie sich die Brust bei jedem Atemzug ganz natürlich hebt und senkt. Kontrolliere den Atem nicht, sondern laß ihn einfach sein – in einem ruhigen Raum.

Fühle, wie vertrauensvoll sich der Atem atmet, wie mühelos ein Atemzug dem anderen folgt.

Fühle, wie das Herz in dir schlägt. Fühle, wie sich die Lungen sachte weiten, um mit jedem Atemzug das Leben zu empfangen.

Der Atem atmet sich selbst im unermeßlichen Feld der Empfindung.

Fühle den gesamten Rumpf, seine Vorderseite, die Seiten und den Rücken – der ganze Körper schwebt als Empfindung im Gewahrsein.

Wo auch immer das Gewahrsein eintritt, ist Leben zu finden.

Fühle die wechselnde Dichte der verschiedenen Bereiche des Torsos. Spüre ihre Wärme oder Kühle. Hier sind sie voller Empfindungen, dort vielleicht verschlossen, woanders fast gefühllos. Und es mag Bereiche geben, wo Schmerz, erstarrte Angst oder verdichteter Zweifel die Empfindung zu einem Feuer entflammt, das im kühlen Licht eines barmherzigen Gewahrseins langsam wieder verglimmt. Wo sich Gewahrsein konzentriert, breitet sich Heilung aus.

Fühle, wie die Schwere hier und da der Erleichterung weicht, die das Gewahrsein verbreitet, während es den Körper öffnet.

Dieses Wunder des Körpers, welcher von der Magie eines liebevollen Gewahrseins, eines klaren Geistes und eines offenen Herzens berührt wird.

Bewege dieses sanfte Gewahrsein nun durch den Rücken, ausgehend vom oberen Ende der Wirbelsäule, wo der Hals zwischen den Schultern wurzelt. Erlaube dem heilenden Gewahrsein, nach und nach die Wirbelsäule hinunterzuwandern und jeden einzelnen Wirbel wahrzunehmen – ganz langsam und liebevoll bewegt es sich zur Basis der Wirbelsäule hinab.

Das Wunder der Wirbelsäule, die von den flachen Muskeln im oberen Rücken so perfekt gestützt wird, erstreckt sich bis in die langen, seitlichen Muskeln des unteren Rückens.

Spüre die Körperfasern, die Empfindungen, die im Fleisch, in den Knochen, im Gewebe dieses Wunders entstehen und vergehen.

Laß deine Aufmerksamkeit voller Ruhe zum untersten Punkt der Wirbelsäule wandern und den unteren Teil des Rumpfes erreichen.

Beobachte ganz sanft, welche Empfindungen, Gedanken oder Emotionen sich bemerkbar machen, während sich das Forschen nach der Heilung dem Unterkörper nähert. Dominieren bestimmte Gefühle, während das Gewahrsein weiter durch den Körper streift?

Setze nun diese behutsame Erkundung des Torsos auf der Vorderseite des Körpers fort. Werde der festen Knochen gewahr, die sich wie ein schützender Baldachin über die weiche Offenheit des Magens und des Bauches spannen. Mache den Bauch ganz locker und weich, damit er die Heilung in sich aufnehmen kann.

Im weichen Bauch beginnt der Weg zur Vollendung. Fühle einfach, wie sich der Atem im weichen Bauche atmet.

Bei jedem Atemzug heben und senken sich die Muskeln ganz von selbst. Leben, das sich selbst im weichen Bauche atmet – das auf dem Wege ist, sich selbst zu heilen.

Fühle diesen Leib, den Bauch, und beobachte einmal mehr, welche subtilen Empfindungen oder Gedanken erscheinen, während sich das Gewahrsein dem Bereich des Beckens nähert. Welche Spannungen oder Gedanken, welche Freude, welche Melodie, welche Furcht, welche seelisch-körperliche Regung auch erscheinen mag – nimm sie in einem sanften Gewahrsein auf, das sich einzig um ihre Heilung sorgt.

Berühre Furcht, Bewertung, Ungewißheit, Wut mit einem neuen Erbarmen. Laß das Leben in dich ein, öffne dich der Möglichkeit der Heilung.

Nimm die Heilung an und heiße alle Empfindungen, die im Becken entstehen, in diesem barmherzigen Gewahrsein willkommen.

Erfühle diesen Bereich mit großer Sanftheit und Anteilnahme. Kein Zwang, keine Eile besteht – nur ein liebevolles Zulassen der Empfindungen, die sich frei entfalten. Nichts bedrängt dich. Das Gewahrsein heilt alles ganz von selbst, während es immer feinere und zartere Ebenen unserer Verklammerung, unserer Verletzung erreicht.

Die Vollkommenheit kommt immer deutlicher ans Licht, während das Gewahrsein alle Gefühle der Unvollkommenheit in dieser Sanftheit, in dieser nichtbewertenden Herzensgüte aufnimmt.

Ein Gewahrsein, das dem Leid in Geist und Körper mit einer neuen Fürsorge, mit Herzensgüte begegnet – mit dem Wissen um die eigene Kraft des Schmerzes, Heilung zu finden. Heilung, auf die wir ein angestammtes Recht besitzen.

Entspanne den unteren Bauch, entspanne die Hüften, entspanne das Gesäß. Erlaube dem sanften Gewahrsein, sich durch den Unterleib zu bewegen und behutsam durch die Genitalien bis hinab in die Beine zu wandern. Laß es durch die Oberschenkel streifen und die Knie als Empfindung, die Waden als Vibration erfahren. Gefühle der Schwere, Empfindungen der Kühle oder der Wärme, der Rauheit oder der Glätte werden einfach so registriert, wie sie sich inmitten dieses Augenblicks entfalten.

Ganz langsam – so, wie dein eigenes Zeitmaß es bestimmt – streift das Gewahrsein durch die Beine bis in die Fußsohlen hinab, erst auf der einen, dann auf der anderen Seite. Den ganzen Körper, all seine Empfindungen hat es nun geöffnet. Spüre die Kraft und Ausdauer der Beine und der Knie, der Knöchel und der Füße – ihre Bewegungsfähigkeit und die Kostbarkeit jedes Schrittes, den sie dir ermöglichen.

Fühle die Vibration des unteren Körpers. Fühle nun beide Füße, beide Knie, beide Beine bis hinauf zu den Hüften als ein Gewahrsein, als eine Präsenz im Körper.

Spüre an beiden Fußsohlen deine Verwurzelung in der Erde.

Fühle, wie von den Sohlen der Füße her neues Vertrauen in dir wächst. Selbst inmitten schwerer Prüfungen öffnet die Dankbarkeit das Herz für diese Chance – läßt uns von Augenblick zu Augenblick lebendiger werden.

Fühle nun diesen ganzen Körper als Feld der Empfindung, als ein Prickeln, als lebendiges Sein. Der ganze Körper ist erfüllt von vibrierender Soheit.

Empfindung, die von Gewahrsein und Erbarmen berührt wird. Jeder Moment der Empfindung wird von Herzensgüte erfüllt und durchflutet.

Fühle, wie sich dein ganzer Körper mit dem Herzen vereint.

Fühle, wie sich die Bereiche intensiver Empfindung mit denen einer schwächeren langsam miteinander verbinden. Alle Regionen erhalten voneinander Nahrung. Eine Osmose der liebevollen Güte, die das Fehlende aus sich selbst empfängt. Das Herz erleuchtet den ganzen Körper, jede Empfindung strahlt wie ein Stern am nachtschwarzen Himmel.

Das Licht des Seins schimmert in diesem heilenden Körper. In einem Körper des Erbarmens und des Dienens, in einem Körper liebevoller Güte und des Gewahrseins. In einem Körper, der all denen zum Leben, zur Heilung verhelfen möchte, die in diesem einen Moment dieses eine Leid empfinden.

Mögen wir alle frei sein von Leid. Mögen wir aus unserem Schmerz eine neue Heilung schöpfen, die uns über den Schmerz und über das Leid hinaus zum Herzen unserer wahren Natur führt, zum Geburtsrecht unserer Heilung und Ganzheit.

Mögen alle Wesen frei sein von Leid.

Mögen alle Wesen in Frieden leben.

Eine Anmerkung zur Mutterschoß-Meditation

Diese Meditation ist der Kern dieser Heilpraxis. Sie bietet jenen Aspekt, der am tiefsten verinnerlicht und am häufigsten wiederholt wird. Und sie ist in ihrer persönlichen Variabilität für viele zu einer Begleiterin ihres Lebens geworden – ein Schlüssel zum Tor der Befreiung.

Eine Frau, die einige Wochen mit ihr gearbeitet hatte, stellte fest, daß manche Bereiche für die Heilung nicht so leicht zugänglich waren wie andere, so daß sie eine besondere Aufmerksamkeit erforderten. Sie machte Gebrauch von ihrer heilenden Intuition und formte die Meditation entsprechend ihrer eigenen Persönlichkeit und Ausdrucksweise. Sie legte einen besonderen Akzent auf die Regionen, die ihrer Aufmerksamkeit offenbar am meisten bedurften. Sie „modelte" die Meditation so um, daß sie ihren speziellen Bedürfnissen entsprach. Wie mit einer Blindenschrift ertastete sie den Weg zu ihrem Herzen. Sie gab ihrem Leben die Chance, als ein Experiment der Wahrheit zu dienen.

Meditation der Öffnung des Mutterschoß-Herzens

(Man kann sie einem Partner langsam vorlesen oder auch allein mit ihr arbeiten.)

Suche dir einen Raum, der Ruhe und Geborgenheit vermittelt, und nimm eine bequeme Sitzhaltung ein. Laß den Geist zur Ruhe kommen und lenke deine Aufmerksamkeit allmählich auf die Ebene der sinnlichen Wahrnehmung dieses Körpers.

Fühle einfach, was hier sitzt.

Spüre die vielfältigen Empfindungen, die prickelnden Gefühle, die hier und da im Körper entstehen.

Gefühle der Wärme oder Kühle.

Vielleicht Gefühle der Schwere, wo das Gesäß auf dem Kissen ruht.

Laß das Gewahrsein durch jenes vielfach schimmernde und dynamische Feld der Empfindung streifen, das wir „Körper" nennen.

Und lenke das Gewahrsein allmählich auf den Bereich, wo sich die Beine begegnen.

Langsam und sanft zentriert sich das Gewahrsein an den Innenseiten der Oberschenkel, wo die Beine in den Körper übergehen.

Sehr liebevoll empfängt das Gewahrsein die Gefühle, die in dieser so zarten, so machtvollen Region des Lebens, der Geburt, des Daseins entstehen.

Gewahre zärtlich die Empfindungen, die hier hervorgerufen werden, und beobachte auch, welche Gefühle und Emotionen bei der Annäherung an dieses geheiligte Areal in dir aufkommen.

Erlaube deinem sanften Gewahrsein, die Empfindungen an den Schamlippen zu erspüren. Begegne jedem Augenblick der Empfindung mit dem Erbarmen und der Fürsorge, die aus dem Herzen in den Körper strömt.

Fühle, wie dieser heilige Ort der Kraft im Feld der Empfindung von einem barmherzigen Gewahrsein, von einer tiefen Zärtlichkeit getragen wird, die jeden Augenblick der Wahrnehmung in sich einläßt.

Gib dem Gewahrsein Raum, sich frei von aller Bedrängnis nach Belieben zu zentrieren. Gestatte ihm eine teilnahmsvolle Erkundung dieser Region.

Fühle den gekräuselten, fleischigen Saum, der jenen zarten Eingang des Körpers schützt. Laß das Gewahrsein zärtlich und in heilender Gnade dort verweilen – spüre die zunehmende Tiefe der Sanftheit und Fürsorge, die jeden Augenblick der Empfindung willkommen heißt.

Bewege dich zärtlich durch die Schatten und Lichter in den Raum der Vulva hinein.

Empfinde die Stärke, die Kraft ihrer Muskulatur, ihre Ganzheit.

Registriere die vielfältigen Empfindungen, denen das Gewahrsein in der Vagina begegnet. Laß sie in einem heilenden Erbarmen schweben, das den Augenblick in liebevoller Güte, in einer neuen Kraft empfängt.

Fühle, wie das Licht des Gewahrseins den heiligen Körper der Vagina erfüllt.

Erlaube es dem unendlich sanften Licht deines Erbarmens, diese feuchte, gnadenvolle Wiege des Lebens, der Liebe und der Heilung zu erhellen.

Zärtlich berührt es die zarten Falten und die kraftvollen Muskeln der Scheide.

Erfülle die Vagina mit deinem wärmenden Licht, mit einem milden Leuchten, das mit jeder neuen Empfindung, die sich hier entfaltet, heller und strahlender wird. Alles, was sich an Schmerz oder Furcht hier ausgebreitet hat, läßt die Heilung zerrinnen.

In einer immer tieferen Ruhe empfängt das Gewahrsein alles Leben, das den Körper erfüllt. Erbarmen fließt mit den Empfindungen zusammen, die in der Vagina entstehen.

Zärtlich bewegt sich das teilnahmsvolle Gewahrsein in den Muttermund und in die zervikalen Muskeln hinein. Weich und entspannt empfängt das Gewebe dieses heilende Erbarmen, dieses milde Licht, das sich in der weiten Kuppel des Mutterschoßes auszubreiten beginnt.

Goldenes Licht, unendliches Erbarmen und Mitgefühl für sich selbst erfüllen die Gebärmutter.

Das Licht erhellt die Höhle des Lebens, diesen heiligen Mutterleib.

Fühle seine Weite, seine Offenheit, seine Vertrautheit.

Nimm die Gebärmutter im Gewahrsein des Erbarmens und der liebevollen Güte auf, der Liebe für dich selbst – für dieses sanfte Herz.

Erfülle deine Gebärmutter mehr und mehr mit dem Licht, das deinem Erbarmen entströmt, das dieses Herz des Lebens und des Daseins entzündet und erhellt.

Laß das Herz des Mutterschoßes sich öffnen, damit es sich seiner eigenen Natur erinnern, damit es nach Hause zu sich selbst finden kann. Damit in diesem großen Mutterschoß-Herzen Raum für dich entsteht.

Laß das sanfte Licht dieses Herzens in dir leuchten und den Mutterschoß des Erbarmens, der Vergebung, des Mitgefühls mit dir selbst mehr und mehr öffnen.

Ruhe und Entspannung erfüllen die Gebärmutter. Ihr Herz öffnet sich.

Nimm sie nun in deiner liebevollen Güte auf, in deinem sanften, heilenden Erbarmen.

Erspüre auch die Eileitern, die sich wie Äste an diesem Baum des Lebens verzweigen. Erfühle den lebendigen Stamm der Vagina, der sich durch den Muttermund zur weiten Kuppel des Uterus öffnet und seine Äste wie Arme ausbreitet, die zueinander streben.

Fühle die Herzensgüte, die sich allmählich in der Gebärmutter ausdehnt und in die Eileiterkanäle strömt, welche allem Leben als Pforte dienen.

Laß das Licht des Mutterschoßes langsam in diese beiden mächtigen Äste emporsteigen, die der Baum des Lebens trägt.

Erlaube dem Licht dieses großen Herzens, Erbarmen mit sich selbst zu fühlen und in seiner eigenen liebevollen Güte Heilung zu finden. Laß es in seine eigenen Arme sinken und zu seiner eigenen Erfüllung, seiner eigenen Vollendung gelangen.

Fühle, wie das warme, goldene Licht die Äste des Lebensbaums durchstrahlt, wie sein Schein in die Eierstöcke dringt und in den inneren Samen schimmert.

Fühle den ganzen lichterfüllten Baum des Lebens, durchströmt von seiner eigenen heilenden Kraft. Erfüllt von zärtlichem Erbarmen.

Erfühle die federigen Ausläufer der Eileiter, die leuchtenden Früchte an den Enden der Zweige. Die gesamte Gebärmutter wird von zärtlicher Fürsorge erfüllt, findet Heilung in neuem Erbarmen, in tiefer Liebe zu sich selbst.

Öffne dich der Liebe, die der Mutterschoß sich selbst und allen fühlenden Wesen entgegenbringt.

Immer tiefer sinkt das Herz in den Mutterschoß hinein. Das höhere und das tiefere Herz beginnen zu verschmelzen, um das gemeinsame Herz zu formen.

Das höhere und das tiefere Herz bilden einen einzigen schimmernden Stern – das gemeinsame Herz des Seins, das Herz der Vollendung.

Laß es bestehen. Laß die Heilung alle Überreste alten Schmerzes in eine neue Freude verwandeln, in ein neues Gefühl deiner eigenen, heilenden Kraft – deiner Kraft zum *Sein*.

Laß das Herz im Mutterschoß versinken und seine Ganzheit, sein Erbarmen und seine Freude erkennen.

Und während das Licht der Heilung die Gebärmutter durchflutet, während du jede Empfindung, jedes Gefühl mit tiefer Dankbarkeit in dir aufnimmst, besinne dich all der anderen Frauen, die sich in diesem Augenblick nach ihrer Befreiung aus alten Schmerzen sehnen. Laß das Licht des Mutterschoß-Herzens in die Welt hinausstrahlen und teile diese Heilung mit allen, die so sehr nach der Erlösung von diesen Leiden und Ängsten verlangen.

Überflute diese Welt der Schmerzen und Verwirrungen mit dem Licht aus dem Herzen deines Mutterschoßes. Laß alle Menschen an dieser Heilung teilhaben.

Sende das Licht, das heller und heller in deinem Schoß erstrahlt, hinaus zu all den anderen Frauen – laß sie diesen Pfad der Heilung mit dir teilen und in diesem Moment ihre Neugeburt erleben.

Teile die Heilung mit allen, die auf dem Weg zur Vollendung sind.

Laß das Licht strahlen.

Mögen wir alle frei von einer Vergangenheit der Schmerzen und Verwirrungen sein.

Mögen wir alle das ureigene, natürliche Licht unseres Mutterschoßes, unseres Herzens erkennen.

Mögen wir die Ganzheit in uns finden.

Mögen wir in Frieden leben.

Mögen alle Wesen frei sein von Leid.

Mögen alle Wesen die Freude, die Heilung ihres wahren, leuchtenden Wesens erkennen.

Mögen wir uns alle im Erbarmen, im Nichtverletzen, im Mitgefühl begegnen.

Mögen wir Heilung finden.

Mögen wir in Frieden leben.

Mögen alle Wesen frei sein.

Mögen wir alle frei sein.

Eine Anmerkung zur Meditation gemeinsamer Heilung in liebevoller Güte

Die Heilung mit anderen zu teilen oder, wie die Buddhisten sagen, „die Verdienste zu teilen", ist die letzte Stufe der Heilung. Gleichzeitig ist es auch die erste Stufe des Geheilt-Seins. Liebevolle Güte umfaßt den Beginn und das Ende dieses Vollendungsprozesses.

Diese Meditation ist eine Variante der Meditation liebevoller Güte, mit der dieses Buch begann. Sie fördert auch den Herz-Atem, der in den letzten Phasen der Trauer-Meditation behandelt wurde. Sie gehört zu den machtvollsten unserer Heilmethoden, denn sie befreit nicht einfach nur vom Schmerz, sondern führt auf das Ende des Leidens zu. Sie integriert den Geist im Herzen. Sie hilft uns, den Atem zu heiligen. Sie weckt die Ahnung unseres Einsseins im Heiligen.

Eine Meditation gemeinsamer Heilung in liebevoller Güte

(Man kann sie einem Partner langsam vorlesen oder auch allein mit ihr arbeiten.)

Nimm eine bequeme Position ein und verankere dich in ihr.

Entspanne den Körper.

Und lenke deine Aufmerksamkeit auf das Herz.

Ziehe jeden Atemzug in das Herz hinein.

Laß mit jedem Ausatmen den Schmerz aus ihm abfließen.

So viel Verklammerung, so viel Abwehr umschließt das Herz.

So viel ungelebtes, ungeliebtes Leben hat sich dort versammelt.

Atme in das Herz hinein und fühle den Eintritt des Erbarmens.

Langsam breitet sich liebevolle Güte im Herzen aus.

Wieviel Schmerz, wieviel Bewertung, wieviel Rücksichtslosigkeit gegen uns selbst tragen wir doch mit uns herum.

Laß den Schmerz im Atem des Herzens zerrinnen.

Wenn du einatmest, dann sage in deinem Herzen: „Möge ich glücklich sein. Möge ich frei sein von Leid. Möge ich in Frieden leben."

Und wenn du dich sanft vom Atem löst und ausatmest, dann sage: „Mögen meine Schmerzen heilen. Möge ich die Freude meines wahren Wesens entdecken – selbst über dieses Verlangen hinaus, frei zu sein."

Möge ich frei sein von Leid. Möge ich glücklich sein. Möge ich in Frieden leben.

Mit jedem Atemzug strömt das Gefühl des Wohlbefindens in dich ein, der Wunsch nach deiner Heilung und Vollendung.

Möge ich glücklich sein. Möge ich in Frieden leben. Möge ich frei sein von Leid.

Laß dich vom Herzen so betrachten, als wärst du selbst dein einziges Kind. Laß es Gefühle des Wohlbefindens auf dich ausstrahlen. Laß dich in seine Arme sinken. Nimm dich in dir selbst auf.

Atme dich selbst in dein Herz hinein, barmherzig und voller Güte.

Beobachte jede Unzufriedenheit des alten Geistes, die sich in den Weg stellen will: die Selbstbewertung, die Skepsis, die Erbarmungslosigkeit gegen dich selbst – laß sie mit dem Atem los, laß sie in dieser liebevollen Güte zerrinnen, die sich mit jedem Atemzug ins Herz ergießt.

Möge ich glücklich sein.

Möge ich den Zorn, die Bewertung, den Schmerz, die Gleichgültigkeit heilen. Und meine Achtlosigkeit.

Möge ich frei sein von Leid.

Möge ich in Frieden leben.

Jeder Atemzug entspannt den Körper, klärt den Geist, öffnet das Herz.

Jeder Atemzug heilt uns zurück in uns selbst, in unsere grenzenlose Schönheit, in die grenzenlose Weite unserer wahren Natur.

Möge ich glücklich sein.

Möge ich frei sein von Leid.

Möge ich in Frieden leben.

Gestatte es dir, alles loszulassen, was dir den Eintritt in dein Herz verwehrt, was dein angestammtes Recht auf Heilung, Erbarmen und Herzensgüte blockiert.

Jeder Atemzug zieht die Heilung in dich hinein.

Jedes Ausatmen löst den Schmerz, die Panzerung auf.

Friede breitet sich im Herzen aus wie die Strahlen der Morgensonne über dem Ozean. Es ist der Ozean des Mitempfindens. Es ist das strahlende Licht des Erbarmens, das sich ins Herz ergießt. Das in den Körper überfließt. Der ganze Körper entspannt sich in Gnade und Herzensgüte. Schließt sich selbst in die Arme.

Habe Erbarmen mit dir selbst.

Laß die Liebe ein.

Laß dich in deiner eigenen Vergebung und liebevollen Güte Heilung finden.

Und erkenne, daß alle Wesen, wo auch immer sie leben, ebenso glücklich sein möchten wie du. Sende diese heilende Güte, dieses liebevolle Erbarmen einem anderen Menschen. Vielleicht einem engen Freund, einer Freundin, einem Lebensgefährten, deinem Ehepartner, einem lieben Menschen, den du kennengelernt hast. Kommuniziere jetzt mit ihm. Strahle auch auf ihn diesen Wunsch nach Wohlbefinden aus, der tiefe Heilung in deinen eigenen Körper bringt.

Laß diese Person im Ozean des Mitempfindens schwimmen, der nichts anderes ist als dein Herz.

Laß diesen geliebten Menschen tief in deine Herzensgüte tauchen.

Wenn du in dein Herz hineinatmest, dann atme das Erbarmen ein, die Sorge um sein Wohlergehen. Und atme es zu dem anderen heraus. Sage im stillen zu ihm: „Mögest du glücklich sein. Mögest du frei sein von Leid. Mögest du in Frieden leben. Ich weiß, daß du ebenso glücklich sein möchtest wie ich. Möge sich dein Leben mit Licht erfüllen, mit Herzensgüte und Vergebung, in denen du anderen und dir selbst begegnest. Mögest du frei sein von Leid. Mögest du in Frieden leben. Mögest du glücklich sein."

Ziehe diese liebevolle Güte in dein Herz hinein und sende sie ihm zurück. „Mögest du von allen Schmerzen geheilt werden, die dein

Herz umschließen. Möge dein Leben jeden Tag auf die Heilung zustreben, getragen von Mitempfinden und Fürsorge. Mögest du glücklich sein. Mögest du frei sein von Leid. Mögest du die vollkommene Freude deiner vollkommenen Natur erfahren. Mögest du in den Frieden heilen, der unser Geburtsrecht ist."

Jeder Atemzug sendet Energie in sein Herz, erfüllt es mit deiner liebevollen Güte. Erfüllt es mit deiner Fürsorge und Anteilnahme.

Dehne diese Liebe nun auf alle aus, die sich in dem Haus oder in dem Raum befinden, wo du sitzt und diese Meditation in deinem Herzen aufblühen siehst.

Laß diese liebevolle Güte auf alle Menschen ausstrahlen, die du liebst und für die du Fürsorge trägst.

Mögen all diese Wesen frei sein von Leid.

Mögen all diese Wesen vom leuchtenden Glück ihrer Urnatur erfüllt werden. Mögen sie in den Frieden heilen, den wir alle suchen.

Höre nicht auf, diese Energie der Liebe zu verströmen. Laß sie aus deinem Herzen strahlen, bis sie alle Menschen umgibt, die in dieser Stadt, in diesem Lande wohnen.

Nimm ohne Ausnahme alle Leidenden in deinen Armen auf. All jene, deren Herzen noch blind sind. All jene, bei denen übergroßer Schmerz die Ahnung möglicher Heilung erstickt. Atme Erbarmen hinaus zu allen leidenden Wesen. Zu allen, die der Liebe und der Heilung so sehr bedürfen.

Nimm sie alle im strahlenden Glanz deines Herzens auf. Mögen alle Wesen frei sein von Leid.

Der ganze Planet schwebt wie eine Seifenblase über dem Ozean des Mitempfindens, der nichts anderes ist als dein Herz.

Mögen alle Wesen frei sein von Leid.

Mögen alle das offene Herz ihrer wunderbaren Natur erkennen.

Mögen sie frei sein von Leid.

Mögen sie in Frieden leben.

Dieser Planet schwebt in deinem Herzen, im Ozean des Mitempfindens.

Mögen alle Wesen im Licht ihrer Freude, ihres Erbarmens, ihrer liebevollen Güte Heilung finden.

Mögen alle Wesen in Freiheit leben.

Mögen alle Wesen frei sein von Leid.

Mögen wir uns alle dem gemeinsamen Herzen öffnen, dem einen Herzen, das jeder in sich findet.

Führe diese Ausbreitung liebevoller Güte immer weiter fort. Atme alle Wesen in dein Herz hinein – in einen Raum des Erbarmens, der heilenden Güte, der Vollendung und des Friedens.

Dehne diese Herzensgüte auf alle Ebenen der Wirklichkeit aus, seien sie sichtbar oder verborgen.

Mögen alle Wesen, welche Gestalt sie auch angenommen haben, welcher Schmerz sie auch ergriffen hat, frei sein von Leid.

Mögen alle Wesen – von den Heiligen uralter Zeit bis zu jenen, die noch nicht geboren sind – gesegnet sein. Mögen sie alle in Frieden leben.

Mögen alle Wesen frei-sein von Leid.

Mögen sie die Heilung empfangen, für die sie Geburt annahmen.

Mögen alle in der Erlösung des wahren Herzens erwachen.

Mögen alle Wesen, wo immer sie wohnen, frei sein von Leid.

Mögen alle Wesen, wo immer sie leben, Frieden finden.

Sei dein eigener Narr

Sei dein eigener Narr. Vertraue deinem Prozeß. Du selbst weißt am besten, welche Schritte für deine Heilung notwendig sind. Kabir sagt, daß es in jedem von uns Pfade gibt, um die ein anderer niemals wissen wird. Vertraue diesen Pfaden. Du bist der Pfad.

Spiele nicht den Narren eines anderen – von Buddha, von Maria, von Moses – gehe spielerisch mit dir um.

Der vergleichende Geist versucht oft, den Kompaß nach fremden Sternbildern auszurichten, den Sternen eines anderen zu folgen. So verlieren wir uns.

Auch Buddhas Schüler mußten ihren eigenen Weg durch seine Lehren finden. Ein Mönch, der gern das achtsame Reden vergaß, wenn er in der Umgebung des Klosters um Almosen bat, besann sich auf seine eigene Gabe der Heilung und behielt auf seinen Runden einen Schluck Wasser im Mund, bis er mit gefüllter Bettelschale zurückkehrte. Immer wenn er die Achtsamkeit vergaß und spontan über die Schönheit einer Blume oder eines Baumes schwatzen wollte, mußte er das Wasser unwillkürlich schlucken. Und dies bewegte ihn jedesmal dazu, sich niederzusetzen, wo er gerade war, um zu meditieren und auf die Rückkehr der anderen Mönche aus der Stadt zu warten. So fand er seinen eigenen Pfad. Und ähnlich war es bei einem anderen Mönch, der auf seinen Bettelrunden feststellte, daß er das achtsame Gehen vergaß. Also klemmte er sich einen Kieselstein unter die Zehen, der augenblicks zu Boden fiel und ihn aufweckte, sobald seine Aufmerksamkeit von einem schönen Vogel oder einer wohlriechenden Speise abgelenkt wurde. (Natürlich brauchen wir die Meditation meist dann, wenn wir nicht auf unserem Kissen sitzen. Wenn der Pfad unseres Lebens mitten durch den Alltag führt.) Jedes dieser Wesen, mochten sie auch einem großen Lehrer folgen, mußte zur Verwirklichung seiner Lehren einen Pfad ausfindig machen, der dem eigenen Wesen entsprach.

Wir alle müssen, um unserem Gespür für den richtigen Weg folgen zu können, zu Gottes Narren werden. Wir müssen unseren Spielraum voll ausschöpfen und uns jenseits aller Rationalität, im innersten Kern des Lebens dem Mysterium öffnen, um uns im Einklang mit unserer Intuition für den richtigen Schritt im Tanze zu drehen. Auch wenn dieser Schritt alles überschreitet, was wir zuvor „wußten".

Mehr als einmal habe ich Neuland betreten, wenn ich mich während meiner Besuche bei sterbenden Patienten in einer Weise verhielt, die den anderen Leuten im Zimmer wahrscheinlich höchst närrisch vorkam – und es dennoch möglich machte, das Herz dieses Patienten zu erreichen. In unseren bisher erschienenen Büchern finden sich einige Beispiele dafür.

Um dein eigener Narr zu werden, mußt du den urteilenden Geist verzehren und ihn Gott oder dem großen „Nichtwissen" darbringen – je nachdem, was Vorrang bei dir hat. Vergleichender Geist ist urteilender Geist. Er mißtraut dem Boden unter seinen Füßen. Er will besser sein als er ist, und übersieht dabei völlig seine heitere Unermeßlichkeit. Er bildet sich ein, daß ein bestimmter Geisteszustand positiver sei als ein anderer und ist sich äußerst selten der grenzenlosen Erfüllung bewußt, von der auch das Unerfüllte getragen wird.

Unser Freund Wavy Gravy pflegte freiwillig auf einer Krebsstation für Kinder Dienst zu tun und den Narren Gottes zu spielen. Er kam im Clownskostüm mit einer großen roten Nase und einer riesigen Plastikschere ins Krankenzimmer und sagte mit schriller Stimme: „So, jetzt komme ich, um euch die Fäden zu ziehen!" Und die Kinder lachten und umringten ihn. Er saß auf ihren Betten, hörte ihnen zu und streichelte sie. Wenn sie weinten, aß er ihre Tränen. Er war die „Heiterkeit des Seins" in Stoffpantinen. Er war Niemandes Narr.

Jesus sagte, man brauche sein Gesicht nicht zu verstellen, um Gott zu erkennen. Viele spirituelle Suchende leiden jedoch an einer Art Verstopfung, die aus Ängsten und Gefühlen der Unzulänglichkeit resultiert und ihren Fortschritt hemmt. Sie bemühen sich angestrengt um Entspannung, doch jeder Zwang verschließt das Herz. Freilich bedeutet es schwere Arbeit, „unbeschwert loszulassen", aber der Prozeß birgt auch tiefe Freude.

Hast du Freude an deinem Pfad?

Spirituelle Arbeit verlangt nach spirituellem Spiel. Vielleicht nach jenen zehn Prozent Unsinn, die Aldous Huxley als wesentlichen Faktor inneren Wachstums empfahl. Wir brauchen diesen Unsinn aber nicht so ernst zu nehmen wie ein Workshop-Teilnehmer, der nach Erwähnung dieser zehn Prozent fragte: „Ist das jetzt als Minimum oder als Maximum zu verstehen?" Darauf wußte ich keine Antwort. Ein festes Maß scheint es da nicht zu geben.

Unsinn und Herzensgüte sind bei der ernsten Arbeit der Heilung vorzügliche Spielgefährten. Verspieltheit entspannt den Körper und öffnet die Kehle des Herzens. Wir singen unser Lied, so wie es uns in den Sinn kommt, um unter „heiteren Klängen" auf den Feldern des Geistes zu tanzen.

Sei dein eigener Narr. Schiele nicht auf die Pfade der anderen, sondern bleibe auf deinem. Vertraue deiner Vision. Sei dir selbst ein Licht.

Möge dies dein letzter Geburtstag sein: Ein Bewußtseinsexperiment

Als ich in jüngeren Jahren zum ersten Mal an einem längeren Meditations-Retreat teilnahm und an meinem Geburtstag in mein Zimmer zurückkehrte, fand ich auf dem Kissen einen Zettel des Lehrers, auf dem stand: „Möge dies dein letzter Geburtstag sein." Ich war darüber ein wenig verwirrt und dachte mir: „Also, diese Praxis verlangt einem mehr ab als ich ahnte!" Dann aber wurde mir klar, daß dieser Wunsch kein Fluch, sondern ein Segen war. Er erinnerte mich an das ungeborene, unsterbliche Wesen unserer wahren Natur.

An jedem Geburtstag feiern wir den physischen Körper. Wenn wir zum Beispiel sagen: „Ich bin fünfundzwanzig Jahre alt", dann spricht daraus das „Ich", das sich mit dem Körper identifiziert. Es offenbart unsere Angst vor dem Tod. Ein Fall von Identitätsverwechslung.

Das „Ich" feiert Körper und Geburtstage. „Binheit" aber ist das fortwährende Fest unserer ursprünglichen Natur.

Nimm deinen nächsten Geburtstag nicht allzu persönlich. Setze mal ein Jahr aus. Erfreue dich lieber am Leben als an deinem winzigen Körper.

Wenn wir den wirklichen Körper zu feiern beginnen, blasen wir nicht mehr die Kerzen aus, sondern bündeln alle Lichter ringsum zu einem einzigen Glanz, der das Herz in Flammen aufgehen läßt und den Geist in einen klaren, hellen Raum verwandelt.

Dieses eine Licht ist es auch, mit dem wir erforschen, was schon vor unserer Geburt existierte und über unseren Tod hinaus bestehen wird: die reine Istheit.

„Ich" bläst die Kerzen aus. Binheit ist der Atem. Und Liebe ist der Atem innerhalb dieses Atems.

Nimm es leicht, mein Liebling, ganz leicht, auch wenn es ans Sterben geht. Es ist nichts Schwieriges oder Unheimliches oder Ernstes dabei. Es bedarf keiner Affektiertheit, keiner Nervosität, keiner befangenen Persona, die in der gefeierten Rolle Christi oder Goethes oder Little Nells posiert. Und natürlich bedarf es keiner Theologie und keiner Metaphysik. Es handelt sich um die einfache Tatsache des Sterbens und um die Wirklichkeit des klaren Lichts.

A. Huxley

Bewußtes Sterben

Die erste Einsicht, zu der man beim Studium bewußten Sterbens gelangt, ist wohl die, daß die empfohlene Anerkennung, Öffnung und Loslösung eigentlich nichts Neues darstellt. Alles ist immer das gleiche, nämlich „nur so viel". Welche Überraschung!

Die zweite Einsicht macht uns klar, daß wir nicht der Körper sind.

Und die letzte ist, daß wir ganz einfach das Gewahrsein selbst sind – vorübergehend als „Schöpfung im Akt des Werdens" verkleidet.

Es ist ein kurzer Lehrgang, aber ein harter Studienplan. Es bedeutet nichts weniger, als endlich Geburt anzunehmen. Sich den Wehen zu öffnen. Sich auf den ersten Atemzug einzulassen. Und den letzten zuzulassen. Zweifellos ist bewußtes Sterben einfach eine Verkörperung bewußten Lebens. Ohne Unterschied.

Wir haben einen Körper, aber er ist nicht das, was wir sind. Er ist es ebensowenig wie ein Mantel, den wir angezogen haben. Wir achten den Mantel als eine momentane Gegebenheit, denn es wäre töricht, ihn zu verschmähen oder zu den Lumpen zu werfen, solange er uns die Fortsetzung unserer langen Winterreise zur Weisheit und Liebe ermöglicht. Wenn aber der Frühling kommt, brauchen wir den Mantel nicht mehr. Wir hängen ihn weg oder geben ihn in die Reinigung.

Nachdem wir in diesem Buch bei diesem Punkt angelangt sind, bestimmte Übungen des Gewahrseins praktiziert und vielleicht eine Ahnung, ein Gefühl der Unermeßlichkeit gewonnen haben, die dem geistig-körperlichen Prozeß zugrundeliegt, mag unser Herz sehr wohl erkennen, daß ein sich vertiefendes Gewahrsein des Gewahrseins selbst, ein weiterreichendes Bewußtsein des Seins sowohl für bewußtes Leben als auch für bewußtes Sterben die ideale Praxis ist. Es geht um ein und dasselbe.

Wenn der Tod auch eine Illusion ist, in die wir offenbar alle verflochten sind, so müssen wir doch erkennen, daß selbst jene hochgeistigen Konzepte eines „bewußten Sterbens" zu einer noch tieferen Falle werden können. Wenn sie nämlich ein Denkmodell schaffen, das uns sagt, wer oder wie wir sein *sollten*. Jedes Konzept, selbst die Vorstellung einer „Rückkehr zu Gott" kann zu einem Hindernis werden, wenn es die Tendenz der Verhaftung am nächsten Augenblick auch nur im geringsten fördert.

Wir hören, daß Zen-Meister und Heilige, die wir für „ganz außergewöhnliche Menschen" halten, ohne allzu großes Widerstreben gestorben sind, und es erscheint uns, als wären wir von einer solchen Haltung weit entfernt. Doch wie alles andere, was die Aufmerksamkeit des Herzens erweckt, kann auch der Tod das Beste in uns zutage fördern. Wir begegnen vielen Menschen, die dem Tod voller Unsicherheit entgegensehen und doch all ihre Furcht überschreiten und mit diesem Prozeß verschmelzen. Sie scheinen in den letzten, wenigen Lebensmonaten etwas zu durchlaufen, das man fast als „Inkarnationen" bezeichnen könnte. Sie vertiefen sich in die Arbeit, um deren Vollendung willen sie vielleicht Geburt angenommen haben. Sie sind eigentlich keine isolierten Einzelwesen mehr, keine „bewußt Sterbenden". Sie sind ganz einfach ein Raum im Raum und ein Licht im Licht.

Einführung in die Meditation des Sterbens

„Das Sterben", so schrieb Walt Whitman, „ist ganz anders als alle vermuten – und glücklicher." Und auch einfacher.

Mag das herannahende Lebensende auch mit vielen Schwierigkeiten, Schmerzen und Konfusionen verbunden sein, das Ende dieses „Endspiels" ist von einer völlig anderen Qualität.

Der Tod ist ein Prozeß der Ausdehnung. Er umfaßt eine fortschreitende Befreiung von der Dominanz jener Faktoren, aus denen sich alle materielle Substanz zusammensetzt. Es sind dies die Elemente der Erde, des Wassers, des Feuers und der Luft, auf die bereits alte heilige Schriften wie auch zahlreiche ganzheitliche Heilverfahren verwiesen haben. Die Stadien des Sterbens sind Stadien des Übergangs von der kompakten Struktur zur Weiträumigkeit. Jeder Schritt auf diesem Weg vergrößert die Ausdehnung.

Im ersten Stadium des Sterbens – wenn der Atem erloschen ist – beginnt sich das Erdelement aufzulösen, das Gefühl der Massivität und Festigkeit des Körpers. Demzufolge würde ein Beobachter dieses Prozesses zuerst einmal nur bemerken, daß die Festigkeit nicht mehr dominiert – die Person ist bewegungslos. Im Gegensatz zu diesem äußeren Eindruck beinhaltet die innere Erfahrung des Sterbenden jedoch ein Herauslösen aus den Grenzen der Festigkeit. Diese innere Erfahrung gleicht, so schilderte es jemand, dem Ausziehen eines zu engen Schuhes.

Während die Gefühle der Festigkeit schwinden und jede Schmerzempfindung erlischt, macht sich das Wasserelement geltend, das Merkmal der Verflüssigung. Es erzeugt ein zunehmendes Gefühl des Fließens und der Leichtigkeit.

Wenn das fließende Wesen der Lebenskraft, die nun nicht mehr durch den festen Körper eingeschränkt ist, immer wahrnehmbarer wird, entsteht ein Gefühl tiefer Sanftheit oder sogar Freude.

Unter diesem inneren Eindruck des Fließens fühlt man sich nicht mehr wie ein Felsblock, sondern wie ein Ozean.

Merkwürdigerweise wird dieses Stadium in den Augen des betrübten Betrachters äußerlich einzig dadurch gekennzeichnet, daß die Blutzirkulation völlig zum Stillstand gekommen ist. Der bei diesem hingestreckten Körper verweilende Angehörige beobachtet lediglich eine durch Blutansammlung bewirkte tiefe Rötung der Rückenpartie.

Vielleicht kommt uns gerade an diesem Punkt zu Bewußtsein, daß niemand einsam stirbt. Das Fortschreiten des Todes vom Separaten zum Universalen erfolgt in einer Richtung, die der einer zunehmenden Isolation diametral entgegengesetzt ist. Jedes Stadium des Sterbens vermehrt den Eindruck einer Ausdehnung in grenzenlose Weiträumigkeit.

Hier verdeutlicht sich auch, daß sich die von uns beklagten Zeichen einer drastischen Lösung aller Beziehungen zur äußeren Welt so grundlegend von der inneren Erfahrung einer immer tieferen Erwiderung aus dem Raum der eigenen, inneren Wirklichkeit unterscheiden – einer Weite und Offenheit, für die wir stets tiefe Dankbarkeit empfanden. Offensichtlich ist die Natur des schweren, physischen Körpers ganz anders geartet als die des inneren Körpers aus Licht. Das Körperliche erlischt, während der Geist seine Pilgerfahrt fortsetzt.

Während des Übergangs vom Wasserelement in das Feuerelement – in jenen Urstoff, der den Körper erwärmte und die Sinne „entflammte" – entfaltet sich die innere Erfahrung eines schimmernden Glanzes, der dem Geflimmer über einer sonnenbeschienenen Schotterstraße im Hochsommer gleicht. Das Feuerelement ist nicht als physikalisches Feuer zu verstehen. Es ist das Strahlen, welches zurückbleibt, wenn der Faktor der Hitze weggefallen ist. Auch bei dieser progressiven Ausdehnung weitet sich das Gefühl der Ausgeglichenheit, das diesen Prozeß zu einer keineswegs unangenehmen Erfahrung macht.

Von außen betrachtet stellt sich dieser Übergang zum Feuerelement natürlich als Kälterwerden des Körpers dar. Wer einmal die Gelegenheit hatte, beim Körper eines Verstorbenen zu verweilen und die Hand auf seiner Herzgegend ruhen zu lassen, hat vielleicht bemerkt, daß das Herz die Wärme viel länger bewahrt als der übrige Körper.

Die innere Erfahrung läßt sich als ein Schweben, als ein sich weitender Raum, als immer weiter schwindende Begrenzung beschreiben. Es ist der Übergang vom Isolierten zum Universalen. Vom Begrenzten zum Grenzenlosen.

Wie man sich leicht vorstellen kann, wird das innere Erfahren dieser Stadien von Erleichterung und sich vertiefender innerer Ruhe bestimmt. Die so lange aufrechterhaltenen Ängste um die Sicherheit dieses Körpers fallen mit der Vorstellung seiner Schutzbedürftigkeit weg. Anschließend löst sich das Feuerelement im Luftelement auf. Und wir erfahren, vom Atmen entbunden, unmittelbar den Atem innerhalb des Atems, die Leichtheit des Seins.

Solange das Luftelement dominiert, erlebt man sich selbst als Raum, der im Raum zerfließt. Die Tendenz, an irgendetwas festzuhalten, löst sich auf. Und der Verstandesgeist wird auf die gleiche Weise wahrgenommen wie der soeben verlassene Körper – als eine simple Anhäufung persönlicher Vergangenheit, als ein Moment in der Vergangenheit. Und die Vergangenheit schwebt in der unermeßlichen Gegenwart.

Nach außen vermittelt der Körper in diesem Stadium den Eindruck bleierner Schwere, und der Verlust der Lebenskraft läßt ihn mehr und mehr erblassen. Wiederum täuscht die äußere Schwere über die innere Leichtheit hinweg.

Anschließend, so sagt man, lösen sich alle Elemente im reinen Bewußtsein auf. Dies ist das Stadium des Großen Lichtes, auf das so viele heilige Bücher hinweisen. Man erfährt, daß sich „die Vielheit des Geistes" aus Aspekten der Einheit des Herzens formt.

Es mag hier erwähnt sein, daß in den uns bekannten Berichten von Nahtod-Erlebnissen – wo die Betroffenen ihren Körper verließen, ihn manchmal von oben her betrachten konnten und mit dem Eintritt in andere Sphären dem Großen Licht begegneten – nur sehr selten davon die Rede ist, daß sich dieses Licht als das eigene, wahre Wesen zu erkennen gab. Das Große Licht bist du selbst. Es ist unser gewöhnliches, diffuses Bewußtsein, in einem punktförmigen Glanz konzentriert. Wie das weit zerstreute, mit einem Vergrößerungsglas gesammelte Licht der Wintersonne wird es zu einem einzigen Lichtpunkt gebündelt, der imstande ist, die kalte Welt zu entzünden.

Auch nach dem Tod treten wir uns selbst gegenüber, erkennen aber nur selten unsere Unermeßlichkeit. Gibt es denn gar nichts Neues? Wie sagte doch Kabir: „Was du jetzt findest, wirst du auch dann vorfinden." So wie wir unser heiliges Licht jetzt zu achten wissen, werden wir es dann erkennen. Ständig verwechseln wir unsere wahre Natur mit Buddha, mit Jesus, mit Maria, mit Sareda Devi. Wieder ein Fall von Identitätsverwechslung! Wir bieten uns zu billig an. Als Jesus sagte: „Ich bin das Licht", bezog er sich auf das „Ich bin" des reinen Seins, des Lichtes selbst. Das schließt nichts und niemanden aus.

Eine passende Analogie für den Sterbeprozeß sind die Wandlungen eines schmelzenden Eiswürfels in einem warmen Zimmer. In seiner ursprünglichen Form erscheint er solide, seine Konturen sind klar umrissen.

Doch dann beginnt er zu schmelzen. Seine Konturen verlieren ihre Schärfe. Das fließende Element setzt sich gegen das feste durch. Die Festigkeit schwindet, der flüssige Zustand dominiert. Der Würfel wird zu einer Wasserpfütze. Diese Pfütze ist Teil eines Prozesses. Während sich die flüssige Form auf dem Tisch verteilt, ändert sich ihr Wärmefaktor. Sie nimmt Raumtemperatur an. Und beginnt zu verdunsten. Das bedeutet, sie geht von der flüssigen Form, dem Wasserelement, in den gasförmigen Zustand über, in das Luftelement. Schließlich verteilt sie sich wie jedes Gas gleichförmig im gesamten Raum.

Zweifellos hat sich die Essenz dieses Materials, das H_2O, nicht im mindesten verändert. Nur ihre Form hat einen natürlichen Veränderungsprozeß durchlaufen. Und allein diese Form wandelt sich, die Essenz bleibt immer dieselbe und geht nie verloren.

Stelle dir nur einmal vor, wie wunderbar die Erfahrung dieses Prozesses sein mag, insbesondere unter dem Eindruck schwerer Krankheit oder hohen Alters. Du erhältst das Gefühl der Befreiung aus der Enge körperlicher Schmerzen geschenkt. Das Gefühl des Hineinfließens in eine endlose Weite. Weiter Raum, der sich selbst erfüllt. Licht, das mit sich selbst verschmilzt. Keine Probleme. Ein tiefes Gefühl der Befreiung. Und stelle dir vor, dich diesem Großen Licht zu nähern, deiner Göttlichkeit bewußt. Du erkennst deine eigene große Natur im Licht wieder. Male dir aus, welche Erleichterung, welche Wonne dich erfüllen wird. Male dir aus, daß du auf deine Unermeßlichkeit, deine Kraft, deine Schönheit so gut vorbereitet bist, daß du sie nicht mit irgendetwas anderem assoziierst, sondern absolut in ihr aufgehst. Keine Getrenntheit, keine Trennung. Was für eine Heilung!

Vielleicht läßt sich die außerordentliche Gelassenheit und Weitherzigkeit, von der so viele Menschen mit Nahtod-Erlebnissen berichten, der Tatsache zuschreiben, daß sich die Konzentration zum Todeszeitpunkt mindestens verzehnfacht. Das gewohnte Licht erscheint ungewöhnlich verstärkt. Es tritt keine Veränderung der Natur des Lichtes ein, sondern lediglich die Erfahrung seiner konzentrierten Natur. So kann uns diese tiefe Ruhe kaum erstaunen. Ruhe ist ein Nebenprodukt der Konzentration. Dieser ganze Prozeß ist überaus natürlich, überaus lebensbestätigend.

Auch das Buch *WEGE DURCH DEN TOD – WER STIRBT?* basiert auf dieser Orientierung. Wer an einer Selbstverwirklichung interessiert ist, die sich nicht einfach auf erstrebte Selbstbilder beschränkt, sondern der Erforschung, dem Studium der Wirklichkeit folgt, die wir schon immer gewesen sind, wird aus diesen Meditationen großen Nutzen ziehen.

Wenn wir den Tod innerlich annehmen, wird das Leben klar und leicht. Wesentlich in der Konfrontation mit ihm ist vor allem die Wahrnehmungstiefe, in der er uns „ins Auge springt". Die Kunst erfüllten Lebens ist die Kunst des Erweckens unserer Aufmerksamkeit. Gewahrsein befreit uns, nicht das Objekt des Gewahrseins. Könnten wir auch nur für einen Moment erleben, was es heißt, in der Totalität des Gewahrseins präsent zu sein, hätten wir entdeckt, wonach wir immer gesucht haben. Wenn wir dem Tod ebensoviel Aufmerksamkeit widmen würden wie dem aus dem Toaster springenden Toastbrot, würde es mit unserer Befreiung sehr viel schneller gehen.

Diese Meditationen haben in großem Umfang sowohl bei Sterbenden Anwendung gefunden als auch bei denen, die ihr Sterben als Freunde oder Angehörige begleiteten und ihnen halfen, sich darauf vorzubereiten. Noch wichtiger als das Unterstützen dieser Vorbereitung ist jedoch ihr Potential der Ausrichtung unserer Aufmerksamkeit auf das Leben. Wir werden ermahnt, den vergangenen Moment loszulassen und uns dem nächsten zu öffnen. Um bewußt zu sterben, in jedem einzelnen Augenblick.

In gewisser Hinsicht beruht all dieses Reden über den Tod natürlich auf einer Täuschung. Denn was wir für den Tod halten, trifft nur den Körper. Er bedroht unsere (scheinbare) Existenz nur in dem Maße, wie wir es uns vorstellen und uns diese Bedrohung vorgaukeln. Weil uns der Tod aber ins Auge springt, ist die Konzentration auf ihn ein geeignetes Mittel, um lebendiger zu werden. Wo immer sich Aufmerksamkeit, wo immer sich Gewahrsein sammelt, da ist auch unsere Lebendigkeit.

Wenn wir absolut lebendig sind, lassen wir sogar den Tod hinter uns. Wir betreten die Weite des Seins, von der auch der Tod getragen wird. Es ist, als würden wir einen Raum betreten und feststellen, daß er weder Wände noch Türen besitzt und niemand ihn betreten hat. Als würden wir aus einem Traum erwachen und merken, daß wir niemals geschlafen haben (daß auch der Schlaf ein Teil des Traumes war). Es ist ein Ort jenseits von Schöpfung und Zerstörung. Du bist weder der Tänzer noch der Tanz. Du bist nicht einmal der Boden, auf dem sich der Tanz abspielt. Und auch nicht die Musik. Genauso wenig bist du die Elektronen oder der Raum zwischen ihnen, nicht einmal ihre Wahrnehmung – nicht einmal das Bewußtsein, daß du dies alles *nicht* bist, nicht einmal die mit dieser Erkenntnis verbundenen Gefühle. Du bist nicht einmal das Nichtwissen, das dich überhaupt an diesen Punkt gebracht hat. Du erkennst, daß du nicht wissen kannst, wer du bist – du kannst es nur *sein*.

Wenn wir selbst zur Lebenskraft, zur Istheit werden, gehen wir sogar über das Rad von Geburt und Tod hinaus. Wir bewegen uns über das Begriffsvermögen des rationalen Geistes hinaus in die unvergleichliche Intuition des Herzens. Das Sein stirbt nicht, sondern nur die Formen, die es zeitweise bewohnt. Alles Essentielle überlebt den Tod. Er ist nur eine Umstellung des Lebensstils.

Eine Anmerkung zur geleiteten Meditation des Sterbens

Suche dir, bevor du mit dieser Meditation beginnst, in deiner Wohnung einen Platz zum Sterben aus. Gehe durch die Zimmer, prüfe ihre Atmosphäre und versuche zu erspüren – für den Fall, daß du einmal zum Sterben nach Hause kommst – an welcher Stelle und in welcher Weise du dich am besten darauf vorbereiten könntest. Suche den Platz aus, wo du gerne sterben würdest, und setze dich dorthin – einfach, um mit dem Tod zu arbeiten/zu spielen, um mit dieser Meditation zu experimentieren.

Später, wenn du mit der Meditation vertraut geworden bist, wirst du sicherlich gelernt haben, auch woanders zu sterben.

Eine geleitete Meditation des Sterbens

(Man kann sie einem Partner langsam vorlesen oder auch allein mit ihr arbeiten.)

Nimm eine bequeme Position ein und schließe deine Augen.

Lenke deine Aufmerksamkeit auf die Ebene der Sinnesempfindung. Spüre diesen Körper, in dem du sitzt.

Laß Stille im Körper entstehen.

Konzentriere dich auf die Wahrnehmung, in einem Körper zu sein.

Vergegenwärtige dir die materielle Beschaffenheit des Körpers.

Spüre die Festigkeit des Körpers. Spüre, wie schwer er ist, wie seine Masse von der Schwerkraft nach unten gezogen wird.

Erfasse dieses Merkmal der Massivität.

Fühle das Gewicht des Kopfes, der vom Hals getragen wird. Fühle die Muskulatur dieses Halses, seine Stärke, seine Dicke.

Fühle die ausladenden Knochen der Schultern und die starken Gelenkpfannen, die das Gewicht deiner Arme tragen.

Fühle die Schwere der Arme, die an den Seiten deines Körpers ruhen. Spüre diese schweren Hände.

Fühle den Rumpf. Seine Dicke, sein Gewicht. Die irdische Beschaffenheit dieses Körpers.

Fühle diesen schweren Körper, in dem du lebst.

Erfasse die Festigkeit, die Dichte, das Erdelement dieses kompakten Körpers.

Die Gravitation zieht das Gesäß auf das Kissen oder den Stuhl, sie zieht die Füße an den Boden.

Spüre den Einfluß der Gravitation auf den festen Körper.

In diesem Körper entstehen Empfindungen. Kribbeln, heiß und kalt, rauh und glatt, weich und hart. Empfindungen des Körpers.

Nimm dieses flimmernde Feld von Empfindungen wahr.

Reiße die Empfindung nicht an dich. Erlaube diesen Wahrnehmungen einfach, so aufgenommen zu werden, wie sie sich in diesem Körper, den wir bewohnen, bilden.

Öffne dich den Wahrnehmungen in den Beinen – ihrer Dichte, ihrer Schwere. Fühle die Festigkeit dieser Körperteile.

Erforsche dieses Gefäß der Lebenskraft, diesen Körper.

Erforsche die Lebenskraft als erscheinende und vergehende Empfindung.

Und während du den Empfindungen folgst, bemerkst du, daß sie trotz ihres Entstehens im schweren Körper von etwas Subtilerem in seinem Innern wahrgenommen werden. Von etwas Leichterem innerhalb dieser schwereren Form.

Unser schwerer Körper enthält einen Körper des Gewahrseins, einen leichteren Körper, der das Hören, Sehen, Schmecken, Berühren, Riechen mittels des äußeren Körpers erlebt.

Fühle diesen inneren Körper, den Körper des Gewahrseins – diesen leichten Körper, der sich so perfekt in die schwere Form hineinschmiegt und seine Erfahrungen registriert und erlebt.

Erspüre den leichteren inneren Körper. Den Körper des Gewahrseins, der alles erlebt, was durch die Sinne eintritt. Er bemerkt den Klang als Hören. Er vergnügt sich an Musik. Er erlebt Bilder als Schauen. Und wird großer Schönheit gewahr. Er erlebt Nahrung als Geschmack. Er weiß, daß er lebendig ist.

Fühle dich in diesen leichten Körper des Gewahrseins ein.

Verfolge, wie jeder Atemzug, der durch die Nasenlöcher des schweren Körpers strömt, vom leichteren Körper, von dem inneren Gewahrsein als Empfindung erlebt wird.

Beobachte, wie jeder Atemzug den schweren Körper mit dem leichten Körper verbindet. Jeder Atemzug erhält und bewahrt den leichten inneren Körper.

Jeder Atemzug erlaubt dem Leben, dem Gewahrsein, in diesem irdenen Gefäß zu bleiben.

Beobachte, wie der leichte Körper den schweren Körper erlebt.

Fühle diesen Kontakt zwischen dem schweren und dem leichten Körper, den jeder Atemzug ermöglicht. Fühle, wie perfekt der Atem den leichten Körper innerlich im Gleichgewicht hält.

Atme die Verbindung zwischen dem inneren und dem äußeren Körper als Luft in dich ein. Erlebe sie als Empfindung. So kostbarer Atem. Jeder Atemzug bewahrt die Verbindung, gestattet dem Leben, im Körper zu wohnen.

Spüre, wie der Atem den festen Körper mit dem leichten verbindet.

Erlebe jeden Atemzug.

Nur Gewahrsein und Empfindung. Bei jedem Atemzug. Erlebe diese feine Balance in jedem einzelnen Augenblick als Empfindung, als reines Gewahrsein.

Und schöpfe jeden Atemzug, als wäre er der letzte.

Erlebe jedes Einatmen so, als würde nie mehr ein weiteres folgen.

Jeder Atemzug ist der letzte.

Der letzte Atemzug dieser Inkarnation.

Laß den Atem kommen. Laß den Atem gehen.

Der letzte Atemzug eines Lebens, das den schweren Körper hinter sich läßt.

Jeder Atemzug endet. Die Verbindung zwischen dem schweren und dem leichten Körper wird durchtrennt.

Das Ende eines Lebens. Der letzte Atemzug.

Dieser Atemzug ist der letzte.

Laß ihn los. Klammere dich nicht an ihn.

Laß jeden Atemzug los, endgültig und für immer. Löse dich vollständig auch vom nächsten Atemzug.

Folge dem letzten Atemhauch, der dich verläßt. Halte dich an nichts fest. Laß dich sterben. Laß den leichten Körper frei schweben.

Laß dich sterben.

Löse dich jetzt.

Löse dich sanft, ganz sanft von allem. Laß alles frei schweben. Überlasse dich dem Sterben.

Laß den Körper hinter dir zurück und folge dem Licht in den leuchtenden Raum.

Tauche in ihn ein. Stirb in diesen Raum hinein.

Jeder Atemzug vergeht. Jeder Gedanke zerrinnt im Raum. Halte jetzt an nichts fest. Laß einfach los – für immer. Löse dich von der Angst. Löse dich vom Verlangen. Öffne dich dem Wunder.

Laß dich sterben. Öffne dich in den Tod. Du brauchst an nichts festzuhalten. All das ist vergangen. Stirb sanft in diesen Augenblick hinein.

Halte an nichts fest. Laß dich einfach sterben.

Löse dich von deinem Namen. Löse dich von deinem Gesicht. Löse dich von deinem Ansehen. Schwebe frei in die Unermeßlichkeit.

Laß den Körper hinter dir. Wandere hinüber in den unermeßlichen Raum des Seins.

Licht zerfließt im Licht. Nur weiter, leuchtender Raum. Löse dich jetzt. Habe Erbarmen mit dir selbst, laß dich in die Freiheit tragen.

Du verschmilzt mit dem Raum. Raum vergeht im Raum. Licht löst sich auf im Licht.

Unermeßlich, grenzenlos weitet sich Raum im Raum.

Unvergleichlicher Friede.

Alles löst sich. Löst sich auf. Grenzen zerfließen. Unermeßlicher, leuchtender Raum, der sich im Raum verliert.

Zerfließende Konturen schimmernder Wolken. Wolken verlieren sich im Raum. Zerstreuen sich. Lösen sich auf. Zerfließen im Raum.

Laß in diese Weite los. Halte nichts fest. Laß dein Herz mit deinem eigenen, gewaltigen Feuer verschmelzen.

Alles löst sich auf. Strahlt in den Raum. Geht auf im Licht. Löst sich auf im leuchtenden Raum.

Tauche ein in das Licht. In diesem unermeßlichen Glanz findest du alles, wonach du je gesucht hast. Fließe hinein in das Große Herz.

Löse dich vollkommen. Stirb sanft in das Licht hinein.

Schwebe frei im unermeßlichen Raum.

Löse dich von deinem Wissen. Löse dich auch von deinem Nichtwissen. Alles, was dir zu Bewußtsein kommt, ist alt. Jeder Gedanke ist nur ein alter Gedanke. Es gibt nichts mehr, woran du festhalten mußt.

„Es handelt sich um die einfache Tatsache des Sterbens und um die Wirklichkeit des klaren Lichts."

Das Licht taucht ein in das Licht.

Raum im Raum.

Kein Innen, kein Außen. Nur Istheit. Grenzenloses Sein im unendlichen Raum.

Löse dich in ihm auf. Schwebe im Raum, befreit vom Körper, befreit vom Denken. Gehe auf im unbegrenzten Raum.

Raum breitet sich aus im Raum. Löst sich auf im Raum. Schwebt im Unermeßlichen.

Friede. Gnade. Raum.

Und aus dieser unendlichen Weite des Raumes bewegt sich etwas ganz sanft auf dich zu. Das ist der erste Atem neuen Lebens.

Beobachte, wie dieser Atem aus weiter Ferne immer näherkommt. Erlebe seinen Eintritt in den Körper.

Dieser Atemzug ist der erste. Mit diesem Atem schöpfst du den ersten Atem des Lebens.

Jeder Atemzug ist ein Neubeginn.

Jeder Atemzug führt dich in den Körper zurück.

Eine neue Geburt wird angenommen.

Du wirst abermals in einem Körper geboren.

Eine neue Geburt, um zu dienen und dir dienen zu lassen. Um zu lernen. Um zu lehren. Um Fürsorge zu geben und zu empfangen.

Gewahrsein tritt von neuem als Bewußtsein in den Körper ein.

Reines Gewahrsein ergreift von der reinen Form wieder Besitz. Geburt.

Wieder im Körper geboren. Dieser Atem ist der erste. Wieder geboren, um aufs neue Erbarmen und Heilung in die verwundete Welt zu bringen.

Von neuem geboren, um allen fühlenden Wesen Hilfe zu bringen.

Geboren, um zu heilen.

Der schwere Körper wird wieder vom leichten Körper belebt. Jeder Atemzug schafft die Verbindung, erhält den leichten Körper in seiner gegenwärtigen Behausung.

Von neuem kleidet sich das Licht in die Form, damit es handeln und die Heilung vollenden kann, die noch unvollendet ist.

Erbarme dich. Eine neue Geburt in der Welt. Ein neues Leben, um Frieden zu verbreiten, um Güte zu verschenken. Um alle Schmerzen zu heilen – unsere eigenen wie die aller fühlenden Wesen – bis zum letzten Grashalm.

Geboren, um zu lernen. Um zu sein.

So kostbar ist jeder Atemzug. Er erlaubt uns, noch einen Augenblick länger zu verweilen. Gewährt uns die Heilung, für die wir Geburt annahmen.

Geboren, um aus der Lehre zu schöpfen. Geboren, um Erbarmen zu schenken.

Mögen alle kommenden und scheidenden Wesen den Frieden ihrer eigenen großen Natur erkennen. Mögen alle Wesen frei sein von Leid.

Öffne sanft deine Augen.

Sieh dich um. Du bist hier.

Einführung in die Meditation des Todesübergangs

Die folgende geleitete Meditation lehnt sich an *Das tibetanische Totenbuch* und ähnliche Texte an. Sie soll keine Aussage darüber sein, „was dann kommt", sondern ein ergiebiges „Forschungs-Szenarium". Manche setzen diese Meditation ein, um sich auf den Tod vorzubereiten oder anderen bei dieser Vorbereitung zu helfen. Die meisten jedoch richten sie an ihre Freunde und Angehörigen, nachdem diese ihren Körper hinter sich gelassen haben.

Es wird empfohlen, die Worte dieser Meditation durch Kontemplation zu verinnerlichen, sie also nicht einfach mechanisch abzulesen, wenn man bei einem Sterbenden oder bereits Gestorbenen verweilt. Die Unterstützung, die diese Praxis bietet, soll nicht aus dem Verstand, sondern aus dem teilnehmenden Herzen erwachsen.

Diese Führung durch unerforschtes Gebiet wird zu einem Tandem-Aufstieg, bei dem sich zwei Seelen im gemeinsamen Herzen verankern.

Wenn du mit dieser Meditation arbeitest/spielst, dann denke daran, daß sie nicht den Tod selbst, sondern eine Meditation über den Tod reflektiert. Die Wahrheit ist eine direkte Erfahrung, nicht deren Widerspiegelung in Worten und Konzepten. Sie liegt in deiner Hand. Laß los, und sie erscheint. In dieser Meditation wird einfach solches Loslassen geübt. Achtsamkeit verkörpert die perfekte Vorbereitung für diese Praxis.

Mache dir dieses Material zu eigen, damit es sich aus sich selbst heraus entfalten kann, wenn ein anderer seiner bedarf. Laß es aus deinem Herzen fließen. Laß es im Einklang mit deiner Intuition und Liebe hervortreten. Vertraue darauf, daß sich der geliebte Mensch durch dein Mitempfinden und deine Ermutigung auf seinem Weg zurechtfinden wird.

Wenn du beabsichtigst, diese Meditation mit jemandem durchzuführen, der kurz zuvor gestorben ist, dann wäre zu empfehlen, daß du unmittelbar nach dem Tod zunächst die ersten Abschnitte oder Seiten in deinem Herzen aufnimmst, sie wiederholst, und diese gemeinsame meditative Arbeit in den darauffolgenden Tagen intuitiv weiterführst. Wenn du deinem Feingefühl für diesen Prozeß vertraust, möchtest du vielleicht auch bestimmte Abschnitte, die dir hilfreich erscheinen, des öfteren wiederholen – unter Umständen auch mehrmals am Tag. Halte die innige Kommunikation einfach aufrecht und laß das Einfühlen in die Bedürfnisse dieses Gestorbenen aus der Harmonie eurer Herzen entstehen.

Entwickle deine Konzentration aus der Tiefe des Herzens und verankere sie in der Fürsorge um die Befreiung des anderen. Denn es ist die Energie des Herzens, die ihm diese Meditation übermittelt. Durchlaufe sie nicht Wort für Wort, Absatz für Absatz. Überlasse es der Empfindungskraft des Herzens, das für einen bestimmten Augenblick Passende zu finden. Lies die Worte nicht einfach ab, sondern versuche, dich ihrer laut zu erinnern und diese Erinnerung so mit der Person zu teilen, daß sie ihr Herz öffnen und unbeschwert loslassen kann. Stelle es dir frei, manche Abschnitte der Meditation, die dir besonders hilfreich erscheinen, auszudehnen und sie zu erweitern. Mache die Kommunikation des Herzens zum Medium einer noch innigeren Liebe, eines noch tieferen Vertrauens in die wahre, uns allen eigene Natur.

Eine geleitete Meditation des Todesübergangs

(Man kann sie einem Partner langsam vorlesen oder auch allein mit ihr arbeiten.)

Stelle dir vor, daß dein Körper nicht mehr die Stärke, die Energie besitzt, um seine Verbindung zur Lebenskraft, zum inneren Körper des Gewahrseins aufrechtzuerhalten. Und stelle dir nun vor, daß du allmählich den Prozeß des Herauslösens aus diesem Körper durchläufst. Das Erdelement verflüchtigt sich mehr und mehr. Der Eindruck der Festigkeit schwindet dahin, er geht in das Wasserelement über und wandelt sich zu einem Gefühl des Fließens. Die Konturen verschwimmen. Auch das Wasserelement schwindet, es löst sich im Feuerelement auf. Die körperlichen Empfindungen werden immer nebelhafter und verflüchtigen sich, bis nur noch ein Gefühl endloser Weite bleibt. Du löst dich aus dem Körper. Du läßt diese schwerere Form hinter dir zurück. Du gehst über in reines Bewußtsein. Du bist nur noch im Raume schwebender Raum.

Höre mich jetzt, mein Freund, denn nun ist eingetreten, was man den Tod nennt. Löse dich also ganz sanft, ganz behutsam von allem, was dich noch zurückhält. Von allem, was dich vor diesem so kostbaren Moment zurückweichen läßt. Wisse, daß du jetzt an dem

Übergang stehst, den wir Tod nennen. Öffne dich ihm. Gib dich ihm hin.

Erkenne, wie der Geist in stetiger Wandlung seine Trennung vom Körper, seine Auflösung vollzieht.

Der Geist geht jetzt über in die Sphären des reinen Lichtes. Allseits erstrahlt vor dir der Glanz deines wahren Wesens.

Mein Freund, in dieser Befreiung von der schwereren Form enthüllt sich nun das klare Licht deiner ursprünglichen Natur. Tritt in den strahlenden Glanz des Lichtes ein. Nähere dich ihm in Ehrfurcht und Mitgefühl. Nimm es in dir auf und werde, was du schon immer warst.

Mein Freund, bewahre die Offenheit deines Herzens, bewahre die Weiträumigkeit des Seins, die sich an nichts klammert. Laß die Dinge so sein, wie sie sind, ohne auch nur im geringsten eingreifen zu wollen. Verdränge nichts. Greife nach nichts.

Tritt ein in die essentielle Natur deines eigenen Seins, die in dieser gewaltigen Fülle von Licht vor dir erstrahlt. Ruhe im Sein. Erkenne es als das, was es ist. Dieses strahlende, leuchtende Licht ist dein eigenes, erhabenes Wesen.

Mein Freund, in diesem Moment besteht dein Geist aus reiner, lichtvoller Leere. Vor dir erglänzt dein ursprünglicher Geist, die Essenz des Seins. Mitgefühl und Liebe sind seine Natur, pulsierend und leuchtend ist sein Wesen.

Dies ist das Licht, das dem offenen Herzen Jesu entströmt, das reine Licht des Buddha. Dieser absolute Geist besteht in unteilbarer Helligkeit und Leere in Gestalt eines gewaltigen Lichtes. Halte an nichts fest und laß los – in diese unermeßliche Weite. Verschmelze mit dem Licht deines wahren Seins.

Laß ganz sanft, ganz sacht los, ohne jede Gewalt. Vor dir erstrahlt dein wahres Wesen. Es kennt weder Geburt noch Tod. Es ist die ungeborene und unsterbliche Lumineszenz des Seins. Es ist eine Ausstrahlung deines wirklichen Körpers. Es ist das Licht, das in den Augen der Neugeborenen erglänzt. Erkenne es wieder. Es ist das Ewigstrahlende.

Laß alles los, was den Geist ablenkt oder verwirrt, alles, was Enge in dein Leben brachte. Laß dich in die ungeteilte Natur hineinfließen, die vor dir erstrahlt. Schon immer bist du dieses Licht gewesen, das sich dir jetzt enthüllt.

Gehe voller Ruhe in dieses Licht hinein. Löse dich von Furcht und Verwirrung. Weiche nicht vor dieser machtvollen Fülle deines wahren Seins zurück. Dies ist ein Augenblick der Befreiung.

Mein Freund, höre sehr sorgsam zu, denn nun, da du den Übergang vollziehst, kann dich das Lauschen auf diese Worte von der Verhaftung befreien, die dich in der Vergangenheit in manches Leid geführt hat.

Diese Worte können dich von der Verwirrung befreien, die vielleicht aus den Illusionen der Absonderung entstanden ist, denen du in deinem vergangenen Leben einen so hohen Wert beigemessen hast.

Laß dich nicht ablenken und höre zu, denn es ist eingetreten, was man den Tod nennt. Mit deinem Abschied von der Welt stehst du nicht allein. Niemand kann ihm ausweichen. Laß den Körper los, den du soeben hinter dir zurückgelassen hast. In ihm kannst du nicht bleiben. Der Wunsch, unbedingt in jenes Leben zurückzukehren, würde dich nur ziellos und verstört umherirren und in die uralten Illusionen des Geistes hineinstolpern lassen. Du würdest dir Wunder ausmalen und Schrecken erschaffen, die es nicht gibt. Öffne dich der Wahrheit. Vertraue deiner eigenen großen Natur.

Mein Freund, wenn das Licht verblassen sollte oder sich ein Gefühl der Schwäche einstellen will, dann möchte die Sehnsucht dich zurückziehen. Erkenne sie. Laß sie los. Laß sie in dem Prozeß zerfließen, der sich entfaltet. Und lenke deine Aufmerksamkeit wieder auf das Große Licht, dem du gegenüberstehst. Es ist das reine, weiße Licht des reinen Seins, das sich noch nicht durch alte Fixierungen und Ängste in verschiedene Bilder, Gedanken und persönliche Vorlieben aufgespalten hat. Es ist das Licht der Einheit, die grundlegende Natur aller Dinge.

Verschmelze mit ihr und löse dich von allem, was dich so lange in der Absonderung gefangen gehalten hat. Dies ist das Licht, in dem sich die Wahrheit rein und klar widerspiegelt.

Erkenne die Natur der Sehnsüchte, die diese Einheit in Gefühle der Isolation und Angst zerbrechen läßt und dir die zehntausend herrlichen Bilder und die zehntausend schrecklichen Bilder, die der Geist so lange in sich getragen hat, als eine Wirklichkeit vorgaukelt. Lege daher alle Verwirrung und Bestürzung ab.

Erkenne, daß alle wie auch immer gearteten Objekte, die sich zwischen dich und das Licht stellen, nur leere Projektionen des alten Geistes, Ausstrahlungen alter Verlangen und Sehnsüchte sind.

Nun, da du diesen Augenblick des Wunders erreicht hast, brauchst du weder an friedvollen noch an bedrückenden Geisteszuständen festzuhalten, an die du dich in der Vergangenheit so gewöhnt hast. Gestatte es dir barmherzig, jeglichen Widerstand aufzugeben, der dich noch zurückhalten will.

Jetzt sollst du dich an nichts mehr klammern, jetzt sollst du mit dem mächtigen Licht deiner Urnatur verschmelzen. Gehe auf im reinen Sein.

Beobachte dies alles vom Ruhepunkt deines Herzens aus und wünsche allem, was vor dir entsteht und wieder vergeht, die große Freude der Befreiung.

Gehe weiter. Laß es zu, daß alles Entstandene wieder vergeht.

Betrachte jedes Bild mit klarem Blick. Denke daran, daß dies nur Widerspiegelungen des alten Geistes sind, nur scheinbar stabil, nur scheinbar außerhalb deiner selbst existierend. In Wahrheit sind sie nur leere Schatten. Träume des Geistes, die sich während vieler Geburten angesammelt haben.

Laß dich durch nichts ablenken. Gib nicht nach, wenn dich irgendetwas vom Licht deines wahren Wesens weglocken will.

Mein Freund, wenn sich Körper und Geist trennen, dann erscheint die Helligkeit des klaren Lichtes als so gewaltig, daß alte Ängste dich in Versuchung bringen könnten, zurückzuweichen und diesem unbeschreiblichen Glanz zu entfliehen.

Laß dich nicht von Ängsten oder Sehnsüchten der Vergangenheit leiten. Laß dich vom Herzen durch die natürliche Ausstrahlung des Seins führen, die du vor dir erblickst. Erkenne sie wieder. Tritt in sie ein.

Vielleicht ertönt aus diesem Licht ein seltsamer Klang, der einem grollenden Donner oder dem dumpfen Rollen eines Zuges gleicht. Dies ist der mächtige Klang deines natürlichen Wesens.

Du besitzt nicht mehr den physischen Körper, den du vielleicht oft mit deinem wirklichen Körper, mit dem Körper des Gewahrseins, mit dem leichten Körper verwechselt hast, in dem du nun schwebst. Du besitzt jetzt einen leuchtenden Körper des Gewahrseins, welcher Gedanken als äußere Objekte erlebt. Sei wachsam gegenüber den unbewußten Neigungen, die dich ein ganzes Leben lang geleitet und motiviert haben, die leidvolle Sphären der Freude oder der Angst erschaffen haben, wenn es an Klarheit fehlte.

Erkenne dich selbst als das reine, grenzenlose Gewahrsein. Als die vollkommene Soheit der Wahrheit. Vertraue dieser Wahrheit und laß alles los, was sie verdunkelt.

Du besitzt keinen physischen Körper aus Fleisch und Blut. Klänge und Farben, Lichter und geistige Schöpfungen können dir nicht schaden. Nichts, was du in der Vergangenheit gefürchtet hast, kann dich noch körperlich verletzen. Du kannst nicht einmal mehr sterben, denn was man den Tod nennt, ist deinem Körper bereits widerfahren. Und du bewegst dich nun durch jene Bereiche, die zwischen Tod und Wiedergeburt liegen.

Halte in diesen Sphären jenseits des Lebens nicht an deinen alten Ängsten vor körperlichem Schaden fest. Auch wenn der Körper vergangen ist, kann sich der Geist noch an die Todesangst klammern. Erkenne, daß solche Befürchtungen nur Illusionen sind.

Alte Ängste. Alte Fesseln. Laß sie los. Laß los in das Licht. Erlebe die Entfaltung offen und liebevoll. Klammere dich an nichts.

Gehe auf in dem Licht, das aus dem heiligen Herzen Jesu zu erstrahlen scheint, aus der unermeßlichen Stirn des Buddha, aus der geöffneten Hand Marias. Gehe in das Licht hinein, gehe über die Verkörperungen der Wahrheit hinaus in die strahlende Wahrheit selbst. Gehe auch über die wundervollsten und schrecklichsten geistigen Projektionen hinaus.

Erkenne die Klänge und die Lichter als Zustände des Geistes. Betrachte sie so, als würdest du flackernde Feuer, ewig wechselnde Gestalten und Formen sehen, die vorübergehend bestehen und wieder vergehen. Die keine Festigkeit, keine Substanz besitzen. Fürchte dich nicht. Laß dich wie eine Motte in das Licht deines großen Seins hineinziehen, das da vor dir leuchtet.

Mein Freund, wenn du Furcht empfindest oder zurückweichst, dann könnte es geschehen, daß du weiter umherirrst und das Eine in das Viele spaltest. Du könntest dein eigenes erhabenes Wesen vergessen.

Wenn dich die vorüberstreifenden Bilder deiner sexuellen Verlangen verlocken und Sehnsüchte in dir wecken, dann könnte es geschehen, daß du in ihre Schatten hineingezogen wirst, die von fahleren Lichtern stammen. Du könntest das Wissen um dein eigenes, mächtiges Licht verlieren. Erinnere dich deiner tiefsten Wahrheit, tritt in sie ein.

Wenn im Laufe der Zeit Gefühle der Wut oder der Aggression in dir entstehen sollten, wollen diese dich irreführen und auf Abwege leiten. Durchschaue sie als Blockaden deiner absoluten Freiheit. Erkenne ihre enge, bedrückende Natur, beobachte sie wie vorüberziehende Wolken, die kurzzeitig die Sonne verdecken. Und verschmelze direkt mit diesem Sonnenstern.

Erinnere dich ruhig und mitfühlend daran, mit welcher Macht jene Gefühle das Herz immer weiter vom Licht fortziehen. Löse dich sanft von allem, was die Unermeßlichkeit des Seins verschleiert.

Wisse, daß alle Gedanken, alle Bilder, alle Gefühle nichts weiter als Ausstrahlungen des Geistes sind.

Löse dich von trügerischem Wissen. Löse dich von alten Denkmodellen und Aberglauben. Verschmelze wieder ganz und gar mit dir selbst. Öffne dich der Gesamtheit des Seins. Alles Wahrgenommene ist eins mit dem Geist. Gehe in dieser Einheit auf. Werde zur Essenz alles Bestehenden. Finde dich jenseits der Formen des Geistes. Jenseits der Form selbst. Verhafte dich nicht länger an alten Neigungen des Vergnügens und Leidens und laß deinen Geist im reinen Licht Heimat und Ruhe finden.

Hüte dich vor der Macht alter Verlangen, die dich unbewußt in eine neue Geburt hineinziehen wollen. Vertraue der Hingabe des Herzens an die Wahrheit.

Laß dich von deiner Reise durch diese leuchtenden Sphären, die deinen alten Vorstellungen vielleicht überhaupt nicht entsprechen, nicht ermüden. Du bist die Essenz des Gewahrseins selbst.

Erkenne dich selbst als Gewahrsein, das in jedem Augenblick des Bewußtseins präsent ist und alle Erscheinungen in ihrem Sosein erlebt.

Wenn du dich von alten Gedanken, von Visionen alter Freunde und von Gefühlen angezogen fühlst, die dich in frühere Situationen zurückversetzen, dann wisse, daß all dies nur Schattenspiele des bedingten Geistes sind. Gehe über alles Bedingte hinaus in die unbedingte Liebe. Verschmelze mit dem Licht deines eigenen großen Herzens.

Wenn du dich, nachdem einige Zeit verstrichen ist, dazu hingezogen fühlst, eine weitere Geburt anzunehmen, dann solltest du die geeignete Inkarnation sorgfältig auswählen. Es sollte eine Inkarnation sein, welche dich in den Wahrheiten bestärkt, die du nach deinem Tod entdeckt hast. Erinnere dich der Essenz des Seins, damit du nicht blindlings und ohne jegliches Gewahrsein in eine neue Geburt geworfen wirst. Bleibe wach und klar. Erlaube deinem Herzen, dich mit dem Licht seines tiefen Mitempfindens zu führen. Übe dich in unerschöpflicher Geduld.

Mein Freund, du erkennst nun, daß auch der Tod unbeständig ist. Daß das reine Gewahrsein, das du selbst bist, keines groben oder feinen Körpers bedarf, um zu bestehen.

Ruhe also in deinem höchsten Zustand, frei von Tätigkeit und Sorge, frei von Absonderung und Furcht. Ruhe in der Unsterblichkeit deiner erhabenen Natur, frei von Wertungen, frei von der Dualität, die Achtlosigkeit erzeugt. Tritt ein in die absolute Grenzenlosigkeit des Seins. Gehe auf in deiner wahren Natur, in diesem unermeßlichen, lichterfüllten Raum.

Sei achtsam, wenn Neigungen, die aus der Angst geboren werden, Macht über dich gewinnen wollen. Erkenne den schmerzhaften Druck, den sie erzeugen. Ziehe Nutzen aus dieser wunderbaren Gelegenheit. Deine Hingabe an die Wahrheit wird dir als Wegweiser dienen.

Mein Freund, es sind nun viele Tage vergangen, seit du deinen Körper verlassen hast. Erkenne nun die Wahrheit so, wie sie ist. Setze deinen Weg fort und nimm Zuflucht in der Grenzenlosigkeit deines wahren Wesens. Wisse, daß dein Mitempfinden und deine Liebe dir den richtigen Weg weisen. Du bist die Essenz aller Dinge. Du bist das Licht.

Als ich versuchte, aus verschiedenen Übersetzungen des *Tibetanischen Totenbuches* – insbesondere anhand der Interpretationen Chogyam Trungpas und Freemantles – eine anwendbare geleitete Meditation zu formen, stieß ich auf zahlreiche Textpassagen, deren Bedeutung und Anwendung sich mir anfangs verschlossen. Auch wußte ich nicht, ob und wie ich sie den Bedürfnissen sterbender Patienten, mit denen ich arbeitete, anpassen konnte. Wissend, daß „das einzig Wahre" meist nicht allzu weit entfernt ist, spürte ich Lama Yeshe auf, einen tibetischen Lama von hohem Rang, einen wundervoll vielseitigen Mitstreiter auf dem Pfad. Ich bat ihn um die Überprüfung meiner Entwürfe und die Beantwortung einiger Fragen. Wir lachten uns fast „tot".

Diese Meditation ist Lama Yeshe gewidmet, dessen fundiertes Verständnis des Textes ungemein hilfreich war und mir den Mut gab, damit umzugehen.

Nachwort

Bei einer Kontemplation über das mögliche Geschehen nach dem Verlassen des Körpers entsteht leicht die Tendenz, zu glauben, daß es die ganze Wahrheit umfaßt. Daß das Licht und die schillernden Welten, auf die wir vielleicht treffen, die Gesamtheit dessen ausmachen, was wir sind. So soll noch einmal ausdrücklich daran erinnert werden, daß wir nur von einem Prozeß des Lernens sprechen, der einen Körper annimmt – in die Form eintritt – um seine Heilung in der ungeteilten, unbedingten Soheit zu vollenden. Für unsere wesentliche Identität, also jene Unermeßlichkeit (nach der wir suchen), hat sich kaum etwas ereignet. Sie ist die ewig unverletzte und unverletzbare, die ungeborene und unsterbliche Grenzenlosigkeit des Seins. Sie ist der Raum, in dem sich diese unaufhörlichen Dramen von Geburt, Altern und Tod abspielen, bis nur noch das Herz besteht, das „nichts mehr begehrt" und untrennbar mit dem „Ah" seiner wahren Natur verschmilzt.

Wir nehmen Geburt an, um uns selbst immer wieder in einer Welt zu begegnen, die so vom Schmerz zerrissen ist, daß wir diese Lektion nicht ignorieren können. Wir nehmen Geburt an, um zu lernen, die Offenheit unseres Herzens sogar in der Hölle zu bewahren. Um unser Erbarmen, unsere Weisheit zu vervollkommnen. Und um uns zu erinnern, daß selbst diese stetig wiederkehrenden Zyklen von Geburt und Tod, selbst diese verschiedenartigen Körper und Welten, die wir bewohnen, nur einer relativ begrenzten Ebene angehören, die von physikalischen und psychologischen Gesetzen regiert wird. Wir kommen, um etwas zu entdecken, das mehr ist als selbst der subtilste Körper. Es ist die Heilung, für die wir Geburt annahmen. Für diese Gelegenheit haben wir die passende Kleidung gewählt.

Über den Autor

Als Stephen Levine in der Mitte der 70er Jahre mit Ram Dass zusammenarbeitete (*Schrot für die Mühle*, 1976) und in kalifornischen Gefängnissen Meditation lehrte, begegnete er der Sterbeforscherin Elisabeth Kübler-Ross. In den folgenden Jahren leitete er gemeinsam mit ihr zahlreiche Workshops und ließ sich in der Arbeit mit schwerstkranken Menschen zur Erforschung tieferer Heilungsebenen und praktischer Wege eines erfüllenden Dienens inspirieren (*Schritte zum Erwachen*, 1979). 1979 begann die Zusammenarbeit mit seiner Frau Ondrea, die sich von gemeinsamen Workshops bis zur Fortsetzung ihres Dienstes an unheilbar Kranken und von schwerem Verlust Betroffenen erstreckte (*Wege durch den Tod – Wer stirbt?*, 1982). In dieser Zeit leiteten beide das Sterbeprojekt der Hanuman Foundation und unterhielten drei Jahre lang einen kostenlosen Telefondienst für all jene, die angesichts schwerer Krankheit oder der Begleitung eines Sterbenden Hilfe suchten (*Meetings at the Edge*, 1984). Weitere Erfahrungen sammelten sie bei der Arbeit mit Patienten, die sich ihrer Erkrankung mit teilnahmsvollem Gewahrsein öffneten. Diese mit tiefer Hingabe fortgesetzten Studien führten zu einer neuen Reihe meditativer Techniken, die auf die Verinnerlichung heilender Kräfte zielen. Ihre geleiteten Meditationen zur Heilung von Krankheit, tiefer Trauer, bedrückenden Stimmungen oder sexuellem Mißbrauch wie auch subtilere Formen der Lebens- und Todesvorbereitung brachten Stephen und Ondrea Levine internationale Anerkennung (*Sein lassen – Heilung im Leben und im Sterben*, 1987).

Gegenwärtig leben die Levines im Hochgebirge des Südwestens der USA und sind in der Stille der tiefen Wälder „bestrebt, unsere Predigten in die Praxis umzusetzen". Sie suchen „die Heilung, für die wir Geburt angenommen haben". Telefonisch sind sie dort nicht erreichbar, und sie erteilen auch keine persönlichen Beratungen, um ihre Energien für eine Weile hauptsächlich nach innen richten zu können. Um die Vermittlung der geleiteten Meditationen und sporadisch stattfindenden Vorträge fortzusetzen, gründeten sie Warm Rock Tapes (P.O. Box 108, Chamisal, NM 87521). Ihr seit langem erwartetes Buch *IN LIEBE UMARMEN – DER SPIRITUELLE WEGWEISER FÜR LIEBENDE* ist gerade erschienen. Ein Gedichtband mit dem Titel „Heilungen" wie auch eine „Autobiographie des Herzens" stehen vor der Herausgabe.

Tonbandcassetten der geleiteten Meditation und Vorträge von Stephen Levine können bestellt werden bei:

Warm Rock Tapes
P.O. Box 108
Chamisal, NM 87521, USA

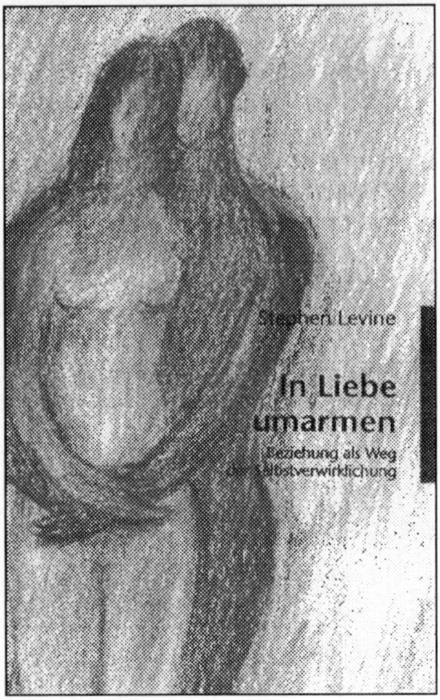

Stephen & Ondrea Levine

In Liebe umarmen

Der spirituelle Wegweiser für Liebende

Stephen und Ondrea Levines phantastisches Buch über das Potential von Liebesbeziehungen. Von beiden gelebt und in einem selbstgewählten siebenjährigen Experiment entwickelt. Ein Buch ohne Beispiel!

360 Seiten,
gebunden
ISBN 3-926257-21-0

„Stephens und Ondreas Arbeit gehört zu den tiefsten, heilsamsten und aufrichtigsten Beiträgen zum modernen spirituellen Leben Amerikas. Was sie uns in ‚In Liebe umarmen' vermitteln, ist voller Segen."

Jack Kornfield

Nur wenige Menschen erkennen, wie machtvoll eine Liebesbeziehung als ein Medium gemeinsamer Heilung sein kann – sowohl im körperlichen als auch im emotionalen oder spirituellen Sinne.

Dieses Buch handelt nicht davon, wie man zu einer ‚netten' Partnerschaft findet, sondern beschäftigt sich damit, wie man eine Partnerschaft als Mittel zu tiefgreifendem inneren Wachstum einsetzen kann.

„Wenn Du danach strebst, Deine Liebesbeziehung in eine gemeinsame innere Reise zur spirituellen Verwirklichung zu verwandeln, dann ist ‚In Liebe umarmen' der am subtilsten artikulierte Ratgeber, den Du gegenwärtig finden kannst."

Ram Dass

LESEPROBE

Unsere Begegnung war trotz aller Intensität stets von einer Art kosmischem Spiel begleitet, welches das Herz zum Mysterium führte. Gleich in der ersten Nacht, die wir zusammen verbrachten, geschah etwas Bemerkenswertes. Wir hatten uns wenige Tage zuvor auf einem Workshop über bewußtes Leben und Sterben kennengelernt, wo sich Ondrea, die an Krebs erkrankt war, auf ihren Tod vorbereiten wollte. Ein Freund hatte uns bei sich aufgenommen, und als wir uns gerade zur Ruhe begeben wollten, bemerkten wir einen Nachtfalter. Er hatte sich auf einem Bild Maharajjis – der Stimme unseres Herzens – das auf der anderen Zimmerseite an den Spiegel einer Frisierkommode gelehnt war, niedergelassen. Ondrea und mir kam gleichzeitig der Gedanke, daß eigentlich sowohl Maharajji als auch der Nachtfalter phototropisch waren – unwiderstehlich angezogen vom Licht. Einige Stunden später weckte uns ein Geräusch, das sich anhörte, als würde ein großer Vogel – vielleicht ein Adler – auf dem Terrazzofußboden mit den Flügeln schlagen. Es klang wie ein wildes, angebundenes Tier, das verzweifelt um seine Freiheit kämpfte. Als wir in der Dunkelheit dieses Rütteln auf dem gefliesten Boden hörten und uns anfaßten, um uns unserer Wachheit zu vergewissern, hörten wir aus dem Rauschen der Flügel die Botschaft an uns: „Nur Angst kann diese Beziehung zerstören." Schweigend lauschten wir eine Weile und fielen dann wieder in Schlaf. Als wir unsere Wahrnehmungen am nächsten Morgen verglichen, zeigte sich, daß wir Wort für Wort dieselbe Botschaft gehört und exakt die gleiche Erfahrung gemacht hatten. Im morgendlichen Dämmerlicht war der Falter im völlig verschlossenen Zimmer nirgends zu entdecken. Aber es gab auch keinen Grund dafür, ihn zu finden. Denn der Falter jenes Augenblicks hatte uns alles gesagt, was wir wissen mußten. Das Übrige blieb uns überlassen. Die Erinnerung an diese Warnung hat es uns seitdem schon tausendmal erleichtert, den Geist zu klären und das Herz wieder zu öffnen.

Dies war die erste Lehre in der Alchimie der Partnerschaft: das Furchtsame, Isolierte und Erstarrte in das Zuversichtliche, Einende und sinnlich Gefühlte zu transformieren. Es hieß, mit der Verwandlung unseres alltäglichen Kummers und Getrenntseins in eine Untrennbarkeit der Herzen das Gewöhnliche ins Außergewöhnliche umzuwandeln.

(Seite 83f)

Stephen Levine

Schritte zum Erwachen

Meditation der Achtsamkeit

Dieses Buch über die Meditation der Achtsamkeit (Vipassana) ist simpel und einfach – es ist klar und wohltuend spontan. Es ist einfach so, wie die Dinge sind.

170 Seiten
Qualitätsbroschur
ISBN 3-926257-17-2

„Dies ist das einfach und liebevoll geschriebene Buch eines Mannes, der uns an seinen persönlichen Erfahrungen und Einsichten in die Wirkungsweise der Meditation und der menschlichen Bewußtseinswerdung teilhaben läßt. Ein wundervolles Buch, das allen zu empfehlen ist, die an ihrer inneren Weiterentwicklung interessiert sind."

Elisabeth Kübler-Ross

Schritte zum Erwachen wird für diejenigen von großem Nutzen sein, die sich der inneren Reise bewußt geworden sind und sich auf den Weg gemacht haben.

Es ist in den USA in weit mehr als einem Dutzend Auflagen erschienen und wurde neben **Wege durch den Tod** zu einem fundamentalen Lehrbuch in Meditationszentren, Krankenhäusern, Hospizen, Gesundheitsprojekten sowie Krebs- und Aids-Initiativen.

Stephen Levine

Wege durch den Tod

Das erste Buch, das uns zeigt, wie die Beschäftigung mit dem Prozeß des Sterbens uns für die Unermeßlichkeit des Lebens öffnet.

400 Seiten
Qualitätsbroschur
ISBN 3-926257-11-3

Stephen Levine, Dichter und Meditationslehrer, früher enger Mitarbeiter von Elisabeth Kübler-Ross, führt uns einfühlsam und voller Poesie auf den Weg des vollkommenen Gewahrseins am Leben als perfekte Vorbereitung für alles, was unerwartet auf uns zukommen kann: Trauer oder Freude, Verlust oder Bereicherung, Tod oder ein anderes neues Lebenswunder.

Das Buch umfaßt zwei Hauptteile,
die Arbeit an uns selbst:

> Levine ermutigt uns, unsere eigenen Gedanken, Ängste, Sorgen und Verlangen - ohne Bewertung - zu erforschen und unser Herz für uns selbst zu öffnen. So erkennen wir, wie wir durch unseren eigenen Widerstand gegen das, was ist, uns unsere eigene ‚Hölle' schaffen.

und die Arbeit mit dem Anderen:

> Bei der Begleitung Sterbender lösen sich die Hindernisse zwischen unseren Herzen auf, wenn wir uns der Einzigartigkeit des Anderen gegenüber öffnen und Gedanken und Bewertungen loslassen.

Eine wertvolle Hilfe für alle auf ihrem Lebensweg, seien sie erkrankt oder gesund, ‚Helfer' oder ‚Betroffene'.

SADHANA VERLAG

Ram Dass & Paul Gorman

WIE KANN ICH HELFEN?

Segen und Prüfung mitmenschlicher Zuwendung

Spirituelle Praktik, die sich nicht auch in fordernden Situationen des Alltags bewährt, stellt ein schwaches Fundament dar. In diesem Buch haben Ram Dass und Paul Gorman unzählige faszinierende Geschichten aus aller Welt (zum Teil aus eigener Erfahrung) und allen Lebenslagen gesammelt, in denen Menschen beschreiben, wie sie geholfen haben, wie ihnen geholfen worden ist und mit welchen äußeren und inneren Hindernissen sie sich dabei auseinandersetzen mußten. Fragen wie: „Werde ich damit fertig?", „Wann habe ich genug gegeben?" und „Was hilft denn wirklich?" werden von den Autoren in einem die Geschichten begleitenden Text interpretiert und kommentiert, bei dem die Praxis der „nicht-beurteilenden Achtsamkeit" im Vordergrund steht.

Kartoniert 240 Seiten DM 29,80

Ram Dass
mit Stephen Levine

SCHROT FÜR DIE MÜHLE

Vorträge über den Dharma

Der Autor von SEI JETZT HIER, SUBTIL IST DER PFAD DER LIEBE und WIE KANN ICH HELFEN? bietet hier ein noch tieferes Verständnis des Seins und des Wachstums an, durch die wir entdecken, wer wir wirklich sind. Der Text ist von Ram Dass´ Freund Stephen Levine aus vielen öffentlichen Vorträgen zusammengestellt und für die schriftliche Form verfeinert worden, ohne daß ihm dabei die Unmittelbarkeit und Intensität der öffentlichen Rede entzogen wurde.

„Diese Worte werden von euch aus mir hervorgeholt. Ich identifiziere mich nicht mit ihnen. Ich bin einfach das Sprachrohr eines Prozesses. Wenn wir dieses Buch lesen, berühren wir unser Selbst. Vergeßt mich, ich bin eine vergängliche Erscheinung. Wir berühren uns selbst." - Ram Dass

Kartoniert, überarbeitete Neuausgabe 240 Seiten DM 29,80

Ernesto & Daniela Tausch-Flammer (Hg)

STERBEN - DAS EINTAUCHEN IN EINE GRÖSSERE WIRKLICHKEIT

Ein Lesebuch für Zeiten des Abschieds vom Leben und von geliebten Menschen

Die Herausgeber haben eine reichhaltige Sammlung von Aufsätzen und Texten gesammelt, die wirkliche Kostbarkeiten zum Thema Sterben und Tod darstellen. Sie möchten mit diesen Beiträgen Menschen ansprechen, die vor der größten und endgültigen Herausforderung dieses Lebens stehen, und ihnen Mut machen, den Prozeß des Sterbens als Möglichkeit eines profunden spirituellen Erwachens zu erkennen. Enthalten sind Texte von Elisabeth Haich, Ram Dass, Jidhu Krishnamurti, Paul Tillich, Ramana Maharshi, Elisabeth Kübler-Ross, Stephen Levine, Dietrich Bonnhöfer, Sogyal Rinpoche, u.v.a.

Kartoniert 240 Seiten DM 29,80

Diese Titel sind auch portofrei direkt vom Verlag per Postkarte, Telefon oder Fax erhältlich (Sendung erfolgt mit Rechnung und Zahlschein). Einen ausführlichen Versandkatalog oder einzelne Prospekte senden wir auf Anfrage gerne zu. Namasté.

SADHANA VERLAG & VERSAND
BUNDESALLEE 123, D-12161 BERLIN, TEL: (030) 852 74 25 - FAX (030) 851 94 98